上海市教育考试院 编

2020 年

上海市普通高等学校
面向应届中等职业学校毕业生招生统一文化考试

考试说明

语文·数学·外语

★ 文言诗文考试篇目
★ 英语词汇表

复旦大学出版社

编 写 说 明

2020年上海市普通高等学校面向应届中等职业学校毕业生招生统一文化考试科目为语文、数学和外语，其中外语的听力考试成绩计入总分。鉴于上海市不同的中等职业学校在办学性质、培养目标等方面存在较大差异，为了使广大的应届中等职业学校学生了解考试要求，有目标、有计划地复习迎考，上海市教育考试院命题办公室在广泛调查的基础上，依据上海市中等职业学校课程标准，结合中等职业学校的教学现状，制定了《2020年上海市普通高等学校面向应届中等职业学校毕业生招生统一文化考试考试说明：语文·数学·外语》(以下简称《考试说明》)。

《考试说明》分为两个部分，第一部分为各科目的考试说明，其中包括：考试性质、目的和对象；能力目标；考试内容和要求(根据学科特点设置)；试卷结构及相关说明；题型示例等。第二部分为附录，其中包括：各科目2019年上海市普通高等学校面向应届中等职业学校毕业生招生统一文化考试试卷及参考答案；语文科目"文言诗文考试篇目"；英语科目"英语词汇表"。

《考试说明》是中等职业学校高考命题的主要依据。命题强调理论联系实际，注重考查学生分析问题、解决问题的能力以及语言的实际运用能力。考试既有利于高校选拔新生，又有助于中等职业学校推进教学改革，同时也有助于培养学生的创新精神和实践能力。

《考试说明》仅适用于参加2020年上海市普通高等学校面向应届中等职业学校毕业生招生统一文化考试的考生使用。

上海市教育考试院
2019年10月

目 录

第一部分 考试说明
语文科 ……………………………………………………………………………（ 3 ）
数学科 ……………………………………………………………………………（20）
英语科 ……………………………………………………………………………（30）
日语科 ……………………………………………………………………………（44）
德语科 ……………………………………………………………………………（49）

第二部分 附录
一、2019年上海市普通高等学校面向应届中等职业学校毕业生招生统一文化考试试卷及
　　参考答案 ……………………………………………………………………（62）
　　语文 …………………………………………………………………………（63）
　　数学 …………………………………………………………………………（72）
　　英语 …………………………………………………………………………（79）
　　日语 …………………………………………………………………………（90）
　　德语 …………………………………………………………………………（100）
二、语文科·文言诗文考试篇目 …………………………………………………（108）
　　1. 伐檀 ……………………………………………………………《诗经》（109）
　　2. 短歌行 …………………………………………………………曹操（109）
　　3. 归园田居（其一）………………………………………………陶渊明（110）
　　4. 从军行七首（其四）……………………………………………王昌龄（110）
　　5. 梦游天姥吟留别 ………………………………………………李白（111）
　　6. 登高 ……………………………………………………………杜甫（112）
　　7. 琵琶行（并序）…………………………………………………白居易（112）
　　8. 过华清宫（其一）………………………………………………杜牧（114）
　　9. 虞美人（春花秋月何时了）……………………………………李煜（114）
　　10. 雨霖铃（寒蝉凄切）……………………………………………柳永（115）
　　11. 念奴娇·赤壁怀古 ……………………………………………苏轼（115）
　　12. 声声慢（寻寻觅觅）……………………………………………李清照（116）
　　13. 书愤（早岁那知世事艰）………………………………………陆游（116）
　　14. 永遇乐·京口北固亭怀古 ……………………………………辛弃疾（117）
　　15. 长亭送别【正宫】【端正好】……………………………………王实甫（118）
　　16. 子路、曾皙、冉有、公西华侍坐 ………………………………《论语》（118）
　　17. 寡人之于国也 …………………………………………………《孟子》（119）

18. 劝学·····················《荀子》(121)
19. 庖丁解牛(节选)·············《庄子》(121)
20. 鸿门宴····················司马迁(122)
21. 陈情表····················李密(125)
22. 师说·····················韩愈(127)
23. 种树郭橐驼传················柳宗元(128)
24. 六国论····················苏洵(129)
25. 石钟山记··················苏轼(130)
26. 项脊轩志··················归有光(131)

三、英语科·词汇表·····················(133)
  附：Ⅰ. 人称代词、物主代词、反身代词表·········(215)
    Ⅱ. 不规则动词表··················(215)
    Ⅲ. 基数词和序数词表················(219)

第一部分　考试说明

第一部分　きな臭い噂

语 文 科

一、考试性质、目的和对象

上海市普通高等学校面向应届中等职业学校毕业生招生统一文化考试是为普通高等学校招生进行的选拔性考试。选拔性考试是高利害考试,考试结果需要具有高信度,考试结果的解释和使用应该具有高效度。语文科高考的指导思想是:有利于高等学校选拔合格的新生,有利于中等职业学校实施素质教育,促进学校的语文教学改革。

考试对象为 2020 年中等职业学校报考高等学校的应届毕业生。

二、能力目标

依据《上海市中等职业学校语文课程标准(2015 修订稿)》规定的学习内容与要求,确定如下能力目标:

1. 现代文阅读能力

1.1 根据《汉语拼音方案》给常用汉字注音或按照汉语拼音写汉字。

1.2 掌握常用汉字的音、形、义,辨识同音字、形似字和常见的多音多义字。

1.3 结合一定的语言环境,理解词语的含义和作用;辨析词义的轻重、范围的大小、感情色彩的褒贬等。

1.4 根据表达需要选用合适的句型(陈述句、疑问句、祈使句、感叹句)。掌握相应的关联词语,辨识单句和复句(并列、选择、递进、转折、因果、假设、条件)。

1.5 识别比喻、比拟、夸张、引用、排比、对比、设问、反问、反语、反复等修辞手法,能在具体语言环境中理解修辞手法的表达效果。

1.6 掌握顿号、逗号、分号、句号、问号、感叹号、冒号、引号、括号、省略号、破折号、书名号等标点符号的用法,理解标点符号在文中的作用和意义。

1.7 掌握基本的中外文学、文化常识。

1.8 理解文章内容。能找出文章的关键词、中心句;能把握文中句子的含义;能提取文中的相关信息。

1.9 把握文章的中心。能理解具体材料对表达中心所起的作用;能用自己的语言阐述文章的中心。

1.10 分析文章的结构。能划分文章的段落或层次,并概括其大意;能分析文章的谋篇布局(线索、开头与结尾、衔接与过渡、伏笔与照应等)。

1.11 分析文章的写作方法:

掌握记叙的要素(时间、地点、人物、事件)。能分析不同的叙述方法(顺叙、倒叙、插叙)在文中的作用。能理解具体语言环境中人物描写(肖像、动作、心理、语言)和环境描写(社会、自然)的作用。

识别主要的说明方法(举例子、列数字、分类别、作比较、列图表),并分析其作用。能从事物特征、说明顺序(时间顺序、空间顺序、逻辑顺序)等方面分析说明文。

掌握议论文的三个要素(论点、论据、论证方法)。掌握论证结构(总分、并列、层进)。辨别论证方法(举例论证、引用论证、比喻论证、对比论证)并分析其作用。

1.12 具有一定的独立见解和鉴赏评价能力。能分析文章的主旨,体会作者的思想感情,感悟作品的内涵。能品味、分析词句的表达效果和语言的主要特色。

1.13 根据阅读材料内容作适当的拓展。

2. **文言文阅读能力**

2.1 根据语境,默写、运用考试篇目中的语句及常见诗文名句。

2.2 掌握常见文言实词的词义。

2.3 掌握常见文言虚词(之、其、而、则、乃、以、于、因、然、为)的基本用法。

2.4 识别和理解通假、词类活用(名词作动词、名词作状语、形容词作动词、意动用法和使动用法)、古今异义等文言现象。

2.5 掌握判断、被动、省略、倒装(宾语前置、介词结构后置、定语后置)句式。

2.6 掌握基本的文学、文化常识。

2.7 用现代汉语翻译文言句子。

2.8 理解文意,分析文章内容,并进行初步的鉴赏评价。

3. **写作能力**

3.1 根据要求改错(词句、搭配、语序、标点符号等)。

3.2 根据要求进行仿写、扩写、缩写。

3.3 掌握常用应用文(条据、通知、启事、说明书、规章制度、邀请信、感谢信、自荐信、倡议书、计划、总结、演讲稿等)的概念、特点、格式等。写应用文时,做到文种准确,表意明确,重点突出,内容完整,格式规范,语言简洁、得体。

3.4 运用记叙、描写、抒情、说明和议论等表达方式进行写作。写作时,做到观点正确,中心明确;内容具体,结构完整;语言通顺、连贯、得体;书写规范,字迹端正,文面整洁。

三、试卷结构及相关说明

1. **试卷结构**

(1) 试卷结构

内容			分值	题量
一、现代文阅读(约26分)	(一)	现代文阅读(一)	约12分	5—6题
	(二)	现代文阅读(二)	约14分	5—6题
二、文言文阅读(约24分)	(一)	默写运用	约7分	5—6题
	(二)	文言文阅读(一)	约8分	4题
	(三)	文言文阅读(二)	约9分	4题
三、写作(50分)	(一)	写作(一)	约6分	1题
	(二)	写作(二)	约14分	1—2题
	(三)	写作(三)	约30分	1题
合计			100分	28—30题

(2) 基本题型

选择题、填空题、简答题、写作题。

2. **相关说明**

(1) 试卷满分值:100分。

(2) 考试时间：150分钟。
(3) 考试形式：闭卷笔试。

四、题型示例

本部分编制的试题仅用于说明考试的能力目标及题型，并不完全代表正式考试的试题形式、内容、难度等。

【例1】 阅读下文，完成第1—5题

舌尖上的大米

① 米和面是主食界的"哼哈二将"——地球人都知道"面"出自小麦，而"米"出自水稻。无论米还是面，原料都是禾本科植物成熟的种子。既然是种子，那就得包含生物学里"种子"该有的一切配置：作为植物体初级原形的胚、为胚供能的胚乳、包裹胚和胚乳的种皮，以及最外面的保护层苞片。

② 只是，水稻的种子还不能称之为"米"，因为那个保护层是鳞片状的硬壳，种皮又富含大量纤维质，直接吃的效果估计跟瓜子带壳吃差不多。真正的米，是谷粒去掉了硬壳、种皮和胚之后，剩下的部分——没错，米就是水稻的胚乳！

③ 把稻穗变成米粒的技术，早在新石器时代人类就已掌握。细小的谷粒肯定不能用手一颗一颗地剥，必须得借助工具批量实现，于是人们发明出各种专门"剥米"的工具。

④ "剥米"的第一道工序就是把稻粒从稻穗上分出来。稻穗在晾干后，稻粒与茎秆的结合就不那么紧密了，通过摔打或轻微碾压，就能分离。而分离后的稻粒，只要在一定的压力下，让它们相互摩擦，那层硬壳就会被剥离——实现这个功能的机械，是个类似磨盘的家伙：砻。

⑤ 砻虽像磨盘，但是由木头制造，因为石头太重，容易压碎谷粒。砻盘上密布着深深的木齿，用以增大产生摩擦的表面积。在两个交合砻盘的转动下，卡在其间的稻粒们相互磨蹭，外壳就会裂开分离。

⑥ 你可别以为"砻"出来的谷粒就是大米了。虽然外壳被砻掉，但种皮还在，此时的谷粒是土黄色的，称之为"糙米"。糙米还要经过"舂"，才能变成白花花的大米。

⑦ 舂米的过程类似于"打年糕"——把糙米放入石臼中，用根粗大的杵来敲捣，种皮便随之破碎。而这个杵，也要用木头制造，同样是为了怕把米捣碎。随着种皮破碎，胚和胚乳也会分离。细小的胚与种皮混在一起被筛掉后，剩下的胚乳便是大米了。这也是为何我们见到的大米粒，都缺了一角儿——那就是胚所在的位置。至于那些被淘汰掉的细碎硬壳、种皮和胚，就是所谓的"糠"。

⑧ 如今，"剥米"早已使用自动化机械来进行，把稻穗直接插入机器后，在其内部就可以实现脱粒、去壳、去皮等工序，流出现成的大米。

⑨ 无论是用电饭锅还是煤气灶做米饭，饭快熟的时候都会飘出浓郁的米香，甚至有人就爱"白嘴"吃那刚出锅的米饭——米饭的香味源自胚乳中的蛋白质和脂肪酸。

⑩ 米粒中的脂肪酸在受热后，会产生类似青苹果和黄瓜的香气，蛋白质则有类似菌菇的气味，虽然各自的量很少，但混在一起就成了"饭香"。只是，这股香味不久就会消散，米饭一凉香气也就没了，即便再加热也不会出现。所以提前做好、批量售卖的米饭，往往没啥香味。当然，导致饭香寡淡的另一个可能，就是米饭是用陈米做的。大米储藏时间过长的话，脂肪酸就会发生变质，蛋白质含量也因分解而降低，做出的米饭，自然也就没了香气，反而有一股陈腐的味道。

⑪ 别看大米都是一粒粒饱满的白胖子，其实它们有着不同派系，我们要说的派系并非产地

和品牌商标,而是它们来自不同的植物——粳稻和籼稻。

⑫粳稻与籼稻分属于水稻的两个不同亚种,由它们得来的大米也就叫"粳米"和"籼米"。粳稻主要生长于温带地区,而籼稻则分布在亚热带和热带地区,所以中国北方的大米几乎都是粳米,而南方的则大都属于籼米。细看之下,粳米和籼米在形态上有很大差异:粳米短而粗,籼米细且长。做出来的米饭也是粳米软糯,籼米较有劲道。

1. 第②段加点词"估计"不能删去,理由是_____。

【参考答案】 这样表述更准确。因为直接吃水稻种子和带壳的瓜子效果类似只是猜测。

【能力目标】 现代文阅读能力/结合一定的语言环境,理解词语的含义和作用。

2. 结合文意,插入下面(2)(3)处对应的机械依次是_____、_____。

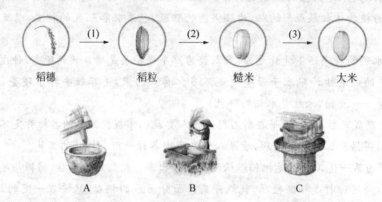

【正确选项】 C A

【能力目标】 现代文阅读能力/理解文章内容。能把握文中句子的含义;能提取文中的相关信息。

3. 第⑩段在说明米饭的香味时,运用的说明顺序是_____。

【参考答案】 逻辑顺序

【能力目标】 现代文阅读能力/能从事物特征、说明顺序(时间顺序、空间顺序、逻辑顺序)等方面分析说明文。

4. 根据第⑫段文意,粳米和籼米的不同体现在二者的种属、□□、形态和□□。

【参考答案】 产地 口感

【能力目标】 现代文阅读能力/能划分文章的段落或层次,并概括其大意。

5. 下列对文章内容理解正确的一项是

A. 胚、胚乳、包裹胚和种皮是生物学里"种子"的标准配置。

B. 糙米是大米加工过程里的中间产物,仍保留着大量纤维质。

C. 机械"剥米"只要把水稻直接插入机器,就能流出现成的大米。

D. 我们日常闻到饭香,是米粒中的脂肪酸受热后释放的香气。

【正确选项】 B

【能力目标】 现代文阅读能力/理解文章内容。能找出文章的关键词、中心句;能提取文中的相关信息。

【例2】 阅读下文,完成第1—5题

马屁股与现代化

①题目并非"风马牛",马屁股与现代化大有"相及"之关系。你知道铁路两轨之间的标准距

离最早是从哪里来的吗?据科学家考证,是由马屁股产生而来的。

②目前大多数国家所采用的铁路轨距都是1.435米(4英尺又8.5英寸),这个国际标准来源于最早发明火车和修建铁路的英国。一向以严谨甚至古板而著称的英国人,为什么采用了这个"拖泥带水"的怪怪数字呢?原来英国的铁路是由造电车的人设计的,他把电车轨道的距离标准"照搬照套"于火车轨道。那么,电车轨道为什么采用这个怪怪数字呢?原来造电车的人以前是马车匠,他把马车两轮的距离标准"活学活用"于电车轨道。那么,马车轮距为什么采用这个怪怪数字呢?原来那时候英国的老路上留下的马车辙迹宽度是4英尺又8.5英寸,如果新造马车的轮距不"重蹈覆辙",就无法在老路上顺利前进。而这个辙迹宽度又是古罗马人留下的"名胜古迹"。因为欧洲包括英国的长途老路都是罗马人为他们的军队而铺设的,而罗马军队的战车轮距正是4英尺又8.5英寸。那么,罗马人为什么采用这个怪怪的数字作为战车的轮距呢?原因很简单,其实就是两匹拉战车的马的屁股的宽度。他们以两匹马的屁股的宽度作为战车的轮距,大约是从实践中总结出来的真知,因为马与车在结构上保持高度一致,就可以使马车协调平衡地顺利行驶。于是,马屁股就成了现代化铁路的"母本",而且相沿成习被当作"国际惯例"。

③英国是一个传统与现代"和平共处"的典型。在他们的国土上,□有现代化的火车在野外漫长的铁路上奔驰,□有最原始的马车在通往首相府的唐宁街上缓行。英国人与马有不解之缘,女王的马队简直是世界上最亮丽的一道风景线。也许是因为马为大英帝国立下了汗马功劳,所以英国人把马当作国宝一样钟爱不已。

④我们中国人对马也是有感情的,具有"中国特色"的画马就是一个重要表现。著名画家徐悲鸿堪称画马高手。在这个传统悠久的艺术上,外国人常常"望马兴叹",可我们有些人妄自fěi薄,认为中国的传统艺术已经"日薄西山",只有西方的"前卫艺术"才能"救中国"。前不久记者采访以画马为"看家本领"的著名画家刘旦宅,他就如何对待传统艺术发表看法说:"凡是称得上传统的,都是有生命力的,有其存在的理由。现在把传统和创新对立起来是不对的。传统的东西虽然源远流长,但不是遥远的过去,现在新的、好的,将来也就成为传统,就像现在的齐白石、黄宾虹,大家都在学他们,将来也就成为传统了。"传统并不是几千年几百年不变的,而是不断有新的融入,逐步积累起来的。有些人一听说创新,就否认传统,就像《阿Q正传》中的赵秀才那样,一听到"革命"就以为是"咸与维新"的时候了,似乎传统的东西不完全丢掉,就不能轻装上阵进入现代化。

⑤从马屁股的故事中,我们应该有所启示。当我们乘坐现代化的火车奔向未来之时,切不可忘记我们屁股下面的轨道是与马屁股有关的。

1. 根据下面的汉语拼音写出汉字

妄自fěi_____薄

【参考答案】 菲

【能力目标】 现代文阅读能力/根据《汉语拼音方案》给常用汉字注音或按照汉语拼音写汉字。

2. 标准铁路轨距的确定,经历了如下过程:两匹马屁股的宽度→____→马车辙迹宽度→马车轮距→____→标准铁路轨距。

【参考答案】 战车的轮距 电车轨道的标准距离

【能力目标】 现代文阅读能力/理解文章内容。

3. 根据文意,在下列方框中填入恰当的关联词语

在他们的国土上,□有现代化的火车在野外漫长的铁路上奔驰,□有最原始的马车在通往首相府的唐宁街上缓行。

【参考答案】 既……又……（既……还……；既……也……；又……又……）
【能力目标】 现代文阅读能力/掌握相应的关联词语。

4. 下列对本文的理解和分析不正确的一项是

　　A. 作者在开头巧妙点题，并用设问的方式导出话题，引发读者阅读兴趣。
　　B. 第④段将"中国特色"的画马与西方"前卫艺术"作对比，阐明了论点。
　　C. 赵秀才认为"革命"就是丢掉传统，这是作者从反面举例进行论证。
　　D. 文章深入浅出，以小见大，采用并列式的论证结构，思路清晰，材料充实。

【正确选项】 B
【能力目标】 现代文阅读能力/能分析文章的谋篇布局。/掌握论证结构（并列）。辨别论证方法（举例论证、对比论证）。

5. 文末说："我们应该有所启示。"这个"启示"是什么？请举一例(不能用文中的例子)加以阐明。
【参考答案】 启示：传统与现代应该融合　　答题说明：例子恰当，分析合理。
【能力目标】 现代文阅读能力/根据阅读材料作适当的拓展。

【例3】 阅读下文，完成第1—5题

　　① 自然界的万千色彩、姿仪和声音，诱发着我们感觉的灵敏，也丰富着我们的心境和意绪。

　　② 比如说雨，春雨、夏雨、秋雨、冬雨，或细密绵软，或粗重急促，衬在何种背景上，击触着什么物件，又因不同年纪、经历和情愫的人在听雨，于是就因雨而生发出独特的感受。

　　③ 杜甫听出了春雨"随风潜入夜，润物细无声"的温馨；孟浩然听雨而萌生"夜来风雨声，花落知多少"的怜惜之意；李商隐从"巴山夜雨涨秋池"中，体会到友情的珍贵，陆游"夜阑卧听风吹雨"，激发的是"铁马冰河入梦来"的报国襟怀；南唐后主李煜的亡国之恨及凄凉，尽显在"帘外雨潺潺，春意阑珊，罗衾不耐五更寒"的哀唱中。

　　④ 而现代作家郁达夫，在西湖"楼外楼"把酒遇雨，想到的是历代名人在西湖留下的身影和诗文，白居易、苏东坡、林逋、欧阳修、苏小小、秋瑾……于是雨中西湖令他感慨万千："楼外楼头雨似酥，淡妆西子比西湖。江山也要文人捧，堤柳而今尚姓苏。"

　　⑤ 记得小时候在古城湘潭听雨，长长的小巷，庭院中的天井，砖木楼房的青瓦、镜瓦、木晒楼，屋檐下导水的木枧、竹溜筒，雨水击打和流淌在它的各个部位，鸣响出各种不同意味的声音，古典而又纯和。

　　⑥ 可惜，这些年来小巷和砖瓦楼房几乎消损一净，那种雨声再也听不到了。在城市听雨，承受物多是钢筋、水泥、沥青、砖石，声音自然是单调而呆板的。当我们久住高楼林立的城市，喧嚣和浮躁，日日如大潮澎湃，席卷着我们的身心，于是感觉变得迟钝，情绪变得单调，也就少了许多人生的乐趣。

　　⑦ 人们渴望与大自然亲密接触，倡导城市的园林化，构建社区的生态环境。我所栖居的城市，全力推行"四化"：绿化、亮化、美化、数字化。工厂与山形水势相依，道路为绿荫花影所掩，楼房立清风酥雨之间。既是一个城市品位的提升，又使市民时刻领受诗情画意的陶冶。在新旧对比中，我隐隐有一种对现代文明"欲说还休"的惆怅和喜悦。

　　⑧ 年前立春，年后暖日和风，我的住地，一树树玉兰花洁白如雪，小池边的杨柳新芽串串，紫藤架上柔藤盘绕、花苞待放。忽然，"倒春寒"来了，大雨夹雪。这时候，自然没有客人来叩访，于是撑着伞到社区散步，宁静极了。玉兰花打落不少，柳芽(古人称为柳眼)瑟瑟卷缩。而农村正在忙着备耕，牛喂壮了，犁头、镰刀磨亮了。"倒春寒"正如人生的小插曲，自会很快过去，该干啥还干啥。

⑨ 清人张潮在《幽梦影》一书中说:"春雨宜读书,夏雨宜弈棋,秋雨宜检藏,冬雨宜饮酒。"这当然是古人的某种生活形态。现代人要效法的,是在每一个季节不同的雨声中,做自己怡然而乐的事,体味不同的心理感受,与大自然声气相通。

⑩ 让我们在下雨天,细细聆听和品味雨声吧。

1. 下列加点字注音不正确的一项是
A. 温馨(xīn)   B. 澎湃(bài)   C. 栖居(qī)   D. 陶冶(yě)

【正确选项】 B

【能力目标】 现代文阅读能力/根据《汉语拼音方案》给常用汉字注音或按照汉语拼音写汉字。

2. 下列对本文的理解和分析正确的一项是
A. 作者在文中展示了雨声的独特魅力,认为听雨是人生最大的乐趣。
B. 第③段通过引用历代诗词,描绘了丰富多彩的雨声,增添了文采。
C. 第⑧段描写倒春寒时听雨看雪的情景,表现了作者寂寥落寞的心情。
D. 作者希望现代人也能像古人那样在自然中体会到生活的各种意趣。

【正确选项】 D

【能力目标】 现代文阅读能力/理解文章内容。/把握文章的中心。/具有一定的独立见解和鉴赏评价能力。

3. 第⑥段画线部分运用了比喻的修辞手法,其表达效果是_____。

【参考答案】 形象地表现了喧嚣和浮躁不断影响着城市生活的各个方面

【能力目标】 现代文阅读能力/能在具体语言环境中理解修辞手法的表达效果。

4. 第⑦段中作者"隐隐有一种对现代文明'欲说还休'的惆怅和喜悦","欲说还休"的原因是:
(1)_____;(2)_____。

【参考答案】 (1)既对现代文明破坏传统生活方式感到无奈 (2)又肯定现代文明提高了人们的生活质量

【能力目标】 现代文阅读能力/具有一定的独立见解和鉴赏评价能力。

5. 作者在文末希望人们"细细聆听和品味雨声"。请就你的经历,谈谈你在聆听雨声时的感受。

【评分标准】 得分点:具体场景 感受

【能力目标】 现代文阅读能力/根据阅读材料内容作适当的拓展。

【例4】 默写运用

必答题

1. 对酒当歌,_____!(曹操《短歌行》)

选答题

2. 中国古代军事家强调"_____,百战不殆",意指对敌方和我方的情况都需要透彻了解。

3. 请从下列名句中选择最适合的一句,填在下文横线上。

失之毫厘,谬以千里   锲而不舍,金石可镂

圣人千虑,必有一失   合抱之木,长于毫末

许多孜孜以求的手工艺者都认为"_____,_____",因而常以"零误差"的标准来严格要求自己。

【正确答案】

1. 人生几何

· 9 ·

2. 知彼知己(亦可作"知己知彼")
3. 失之毫厘,谬以千里

【能力目标】 文言文阅读能力/根据语境,默写、运用考试篇目中的语句及常见诗文名句。

【例5】 阅读下文,完成第1—4题

仲尼适楚,出于林中,见痀偻者承蜩,犹掇之也。仲尼曰:"子巧乎!有道邪?"曰:"我有道也。五六月,累丸二而不坠,则失者锱铢;累三而不坠,则失者十一;累五而不坠,犹掇之也。吾处身也,若厥株枸,吾执臂也,若槁木之枝。虽天地之大,万物之多,而唯蜩翼之知。我不反不侧,不以万物易蜩之翼,何为而不得!"孔子顾谓弟子曰:"用志不分,乃凝于神,其痀偻丈人之谓乎!"

1. 解释下列句中加点的字
 (1) 仲尼适楚　　　　　　　(2) 孔子顾谓弟子曰
【参考答案】 (1) 到……去　(2) 回头
【能力目标】 文言文阅读能力/掌握常见文言实词的词义。

2. 下列加点字与"不以万物易蜩之翼"中"之"的用法相同的一项是
 A. 见痀偻者承蜩,犹掇之也
 B. 吾执臂也,若槁木之枝
 C. 虽天地之大
 D. 其痀偻丈人之谓乎
【正确选项】 B
【能力目标】 文言文阅读能力/掌握常见文言虚词(之、其、而、则、乃、以、于、因、然、为)的基本用法。

3. 用现代汉语翻译下面的句子
 而唯蜩翼之知
【评分量表】

分值	等级描述	答案示例
2分	全句翻译准确	但(我)只知道有蝉的翅膀
1分	"唯"理解错误,或句式错误	(1) 但是我知道唯一的蝉的翅膀 (2) 但是只有蝉的翅膀我知道
0分	全句翻译错误,或没有作答	但蜩翼我知道的

【能力目标】 文言文阅读能力/用现代汉语翻译文言句子。

4. 痀偻丈人承蜩之"道"指的是_____和_____。
【参考答案】 苦练　专心致志
【能力目标】 文言文阅读能力/理解文意,分析文章内容,并进行初步的鉴赏评价。

【例6】 阅读下文,完成第1—4题

孔子观于鲁桓公之庙,有欹器①焉。
孔子问于守庙者曰:"此为何器?"
守庙者曰:"此盖为宥坐②之器。"

孔子曰:"吾闻宥坐之器者,虚则欹,中则正,满则覆。"

孔子顾谓弟子曰:"注水焉。"

弟子挹水而注之。中而正,满而覆,虚而欹。

孔子喟然而叹曰:"吁!恶有满而不覆者哉!"

【注】①欹器,倾斜易覆之器。②宥坐,座位右边。

1. 解释下列句中加点的词。
   (1) 孔子顾谓弟子曰   (2) 弟子挹水而注之
   【参考答案】 (1) 回头 (2) 舀(取、盛、打)
   【能力目标】 文言文阅读能力/掌握常见文言实词的词义。

2. 对下列句中加点词的意义和用法判断正确的一项是
   (1) 此为何器   (2) 此盖为宥坐之器   (3) 吾闻宥坐之器者   (4) 弟子挹水而注之
   A. (1)(2)相同,(3)(4)相同   B. (1)(2)相同,(3)(4)不同
   C. (1)(2)不同,(3)(4)相同   D. (1)(2)不同,(3)(4)不同
   【参考答案】 B
   【能力目标】 文言文阅读能力/掌握常见文言虚词(之、其、而、则、乃、以、于、因、然、为)的基本用法。

3. 用现代汉语翻译下面的句子。
   恶有满而不覆者哉!
   【评分量表】

分值	等级描述	答案示例
2分	全句翻译准确	哪有装满了水却不会翻倒的呢!
1分	"恶""覆"有一词翻译错误或未翻译	(1) 没有装满了水却不会翻倒的呢! (2) 哪有装满了水却不会盖住的呢!
0分	(1) 全句翻译错误 (2) 没有作答	自满却不会盖住的人哪!

【能力目标】 文言文阅读能力/用现代汉语翻译文言句子。

4. 文章以欹器为喻,揭示了人不能_____的道理。
   【参考答案】 骄傲自满
   【能力目标】 文言文阅读能力/理解文意,分析文章内容,并进行初步的鉴赏评价。

【例7】 阅读下文,请找出其中6处表达上的错误,并依次加以改正(不能改变原意)

早年间,中国大闸蟹"移民"到了德国,由于较快繁殖,导致近年来大闸蟹在德国泛烂。毁坏渔网,伤害鱼类,破坏堤坝……罗列了大闸蟹一大堆罪状。的确,大闸蟹破坏了当地的生态,造成了总计8 000万欧元的经济损失。于是乎,大闸蟹在德国声名狼藉,令德国人恨之入骨,忍无可忍。即使这样,德国人还是采取了"宽大政策"和克制,忍耐的态度,并未运用欲除之而后快的极端措施。当一些德国游客看到几只大闸蟹在夕阳的余晖中,悄悄向柏林的德国联邦大厦挺进的时候,他们没有善自除掉这些大闸蟹,却是选择了报警,让动物保护组织捕捉它们。德国人对他们深恶痛绝的大闸蟹的忍让,我们看到了循章办事的态度。

【参考答案】
(1) "较快"移到"繁殖"后面
(2) "泛烂"改成"泛滥"
(3) "罗列了大闸蟹"前加"德国人"
(4) "克制,忍耐"中的","改为"、"
(5) "并未运用"改成"并未采取"
(6) "善自"改成"擅自"
(7) "却是"改成"而是"
(8) "我们看到"前加"使(让)"或在"德国人对他们……"前加"从"

【能力目标】 写作能力/根据要求改错(词句、搭配、语序、标点符号等)。

【例8】 结合语境,仿写填空

2016年是猴年,芒种这一天揭开了"猴年马月"的序幕。生活中由于各种原因,往往有太多的事似乎总也做不成,让人觉得遥遥无期,只好叹一声"这要等到猴年马月啊!"——这也许是一次怎么也聚不起来的同学会,也许是_____,也许是_____……勤勉不足也好、运气不济也罢,对于这样的"猴年马月",自娱一把也无伤大雅。

【参考答案】 一次说走就走的旅行　一篇久未动笔的论文

【能力目标】 写作能力/根据要求进行仿写、扩写、缩写。

【例9】 请写一篇短文,将下面6个词融入文中(不分先后顺序)

蓝天　口罩　童年　排放　清澈　健康

要求:(1) 6个词在文中须画线标识,例:"<u>清澈</u>的河水"。同一词语不重复标识。
(2) 字数250字左右,不分段。

【评分量表】
评分项1：主题

分值	等级描述
4分	主题明确、立意新颖
3分	主题尚明确,立意一般
1—2分	主题不明确
0分	无主题,或没有作答

评分项2：内容

分值	等级描述
6分	内容充实,组织衔接自然
4—5分	内容较充实,组织衔接较自然
1—3分	内容空泛,组织衔接生硬
0分	内容与试题无关,或没有作答

评分项3：语言

分值	等级描述
4分	语言通顺
3分	语言基本通顺
1—2分	语言不够通顺，语病较多
0分	语言无法理解，或没有作答

【参考例文】

　　曾几何时，我们要戴着口罩出门。漫天尘雾，让人们想看到蓝天白云，变成了一种奢望。高度物质化的城市生活带来诸多问题：太多的汽车尾气排放，无节制的自然资源耗费……我们的生存空间被压缩，我们的健康被侵害。在我们的回忆中，从童年时代起，就鲜见清澈的河水、洁净的空气。环境治理、空气质量，成了我们无法绕开的话题。也许，我们真的应该反思我们的发展模式，真的应该改变我们的生活方式。对于我们学生来讲，增强环保意识，参与到环保行动中，从我做起，可能更实际，也更有效。还我蓝天，让我们下一代有一个值得回忆的童年。

【能力目标】　写作能力/根据要求进行仿写、扩写、缩写。

【例10】　根据下面的选文，把全文缩写成不超过200字的短文。要求：中心突出，线索清晰，句意衔接连贯合理，语言简洁。

　　①中国历史上由行伍出身，以武起事，而最终以文为业，成为大词人的只有一人，这就是辛弃疾。这也注定了他的词及他这个人在文人中的唯一性和在历史上的独特地位。

　　②在我看到的资料里，辛弃疾至少是快刀利剑地杀过几次人的。他天生孔武高大，从小苦修剑法。他又生于金宋乱世，不满金人的侵略践踏，22岁时他就拉起了一支数千人的义军，后又与以耿京为首的义军合并，并兼任书记长，掌管印信。一次义军中出了叛徒，将印信偷走，准备投金。辛弃疾手提利剑单人独马追贼两日，第三天提回一颗人头。为了光复大业，他又说服耿京南归，南下临安亲自联络。不想就这几天之内又变生肘腋，当他完成任务返回时，部将叛变，耿京被杀。辛大怒，跃马横刀，只率数骑突入敌营生擒叛将，又奔突千里，将其押解至临安正法，并率万人南下归宋。说来，他干这场壮举时还只是一个二十几岁的英雄少年，正血气方刚，欲为朝廷痛杀贼寇，收复失地。

　　③但世上的事并不能心想事成。南归之后，他手里立即失去了钢刀利剑，就只剩下一支羊毫软笔，他也再没有机会奔走沙场，血溅战袍，而只能笔走龙蛇，泪洒宣纸，为历史留下一声声悲壮的呼喊、遗憾的叹息和无奈的自嘲。

　　④老实说，辛弃疾的词不是用笔写成，而是用刀和剑刻成的。他永以一个沙场英雄和爱国将军的形象留存在历史上和自己的诗词中。时隔千年，当今天我们重读他的作品时，仍感到一种凛然杀气和磅礴之势。比如这首著名的《破阵子》：

　　醉里挑灯看剑，梦回吹角连营。　八百里分麾下炙，五十弦翻塞外声。　沙场秋点兵。
　　马作的卢飞快，弓如霹雳弦惊。　了却君王天下事，赢得生前身后名。　可怜白发生。

⑤ 我敢大胆说一句,这首词除了岳飞的《满江红》可与之媲美外,在中国上下五千年的文人堆里,再难找出第二首这样有金戈之声的力作。虽然杜甫也写过"射人先射马,擒贼先擒王",军旅诗人王昌龄也写过"欲将轻骑逐,大雪满弓刀",但这些都是旁观式的想象、抒发和描述,哪一个诗人曾有他这样亲身在刀刃剑尖上滚过来的经历?"列舰层楼""投鞭飞渡""剑指三秦""西风塞马",他的诗词简直是一部军事辞典。他本来是以身许国,准备血洒大漠、马革裹尸的。但是南渡后他被迫脱离战场,再无用武之地。像屈原那样仰问苍天,像共工那样怒撞不周,他临江水,望长安,登危楼,拍栏杆,只能热泪横流。比如这首《水龙吟》:

楚天千里清秋,水随天去秋无际。遥岑远目,献愁供恨,玉簪螺髻。落日楼头,断鸿声里,江南游子。把吴钩看了,栏杆拍遍,无人会,登临意……

⑥ 谁能懂得他这个游子的心情,实际上是亡国浪子的悲愤之心呢?这是他登临建康城赏心亭时所作。此亭遥对古秦淮河,是历代文人墨客赏心雅兴之所,但辛弃疾在这里发出的却是一声声悲怆的呼喊。他痛拍栏杆时一定想起过当年的拍刀催马,驰骋沙场,但今天空有一身力,一腔志,又能向何处使呢?我曾专门到南京寻找过这个辛公拍栏杆处,但人去楼毁,早已了无痕迹,惟有江水悠悠,似词人的长叹,东流不息。

⑦ 我常想,要是为辛弃疾造像,最贴切的题目就是"把栏杆拍遍"。他一生大都是在被抛弃的感叹与无奈中度过的。当权者不使为官,却从反面为他准备了锤炼思想和艺术的环境。他被九蒸九晒,水煮油炸,千锤百炼。历史的风云,民族的仇恨,正与邪的搏击,爱与恨的纠缠,知识的积累,感情的浇铸,艺术的升华,文字的锤打,这一切都在他的胸中、他的脑海翻腾激荡,如地壳内岩浆的滚动鼓胀,冲击积聚。既然这股能量一不能化作刀枪之力,二不能化作施政之策,便只有一股脑地注入诗词,化作诗词。他并不想当词人,但武途政路不通,历史歪打正着地把他逼向了词人之道。终于他被修炼得连叹一口气,也是一首好词了。说到底,才能和思想是一个人的立身之本。像石缝里的一棵小树,虽然被扭曲、挤压,成不了旗杆,却也可成一条遒劲的龙头拐杖。但这前提,你必须是一棵树,而不是一苗草。从"沙场秋点兵"到"天凉好个秋";从决心为国弃疾去病,到最后掰开嚼碎,识得辛字含义,再到自号"稼轩",辛弃疾走过了一个爱国志士、爱国诗人的成熟过程。诗,是随便什么人都能写的吗?诗人,能在历史上留下名的诗人,是随便什么人都能当的吗?"一将功成万骨枯",一员武将的故事,还要多少持刀舞剑者的鲜血才能写成。那么,有思想光芒又有艺术魅力的诗人呢?他的成名,要有时代的运动,像地球大板块的冲撞那样,他时而被夹其间感受折磨,时而又被甩在一旁被迫冷静思考。所以集三百年北宋南宋之动荡,才产生一个辛弃疾。

【评分标准】辛弃疾人物形象特点(2分):行伍出身、以文为业(1分),大词人(1分)。辛弃疾人生历程(6分):早年金戈铁马(2分);南渡后北望泪流的悲愤、呼喊和无奈(2分);只能把史迹情感注入诗词(刀剑刻词)(2分)。辛弃疾其人其词的意义(2分):金戈杀敌之力化为栏杆拍遍之词,闪烁思想光芒和艺术魅力。语言(4分):能成文,语句通顺(2分);书写正确(2分)。

【参考例文】

中国历史上由行伍出身,最终以文为业,成为大词人的只有辛弃疾。他早年率部抗金杀敌,南渡后却再没有机会奔走沙场,只能临江登楼,拍遍栏杆,笔走龙蛇,泪洒宣纸,为历史留下一声声悲壮的呼喊、遗憾的叹息和无奈的自嘲。辛弃疾的词用刀剑刻成,在当权者为他准备的锤炼思想和艺术的环境中感受折磨和冷静思考,走过了一个爱国志士、爱国诗人的成熟过程,在中国历史上造就了一个"把栏杆拍遍"的独特典型,他永以一个沙场英雄的形象留存在历史上和自己的诗词中。

【能力目标】 写作能力/根据要求进行仿写、扩写、缩写。

【例 11】 为响应"大众创业、万众创新"的号召,激发中职学生的创业意愿,培养其创业能力,"上海市××学生发展中心"拟面向全市中职校招收 30 名学业扎实、富有团队精神、综合素养良好的学生,参加 2019 年 7 月 10 日至 7 月 20 日的"上海中职学生创业夏令营"。夏令营将举办"创业基本知识学习""行业大师讲座""与创业者'面对面'"等系列活动。请你以××职业学校学生的身份,写一封自荐信,表达参加夏令营的愿望。

要求:(1)涉及个人信息时,一律用××代替;(2)700 字左右。

【评分量表】

评分项 1:内容

分值	等级描述
16—18 分	目的、诉求明确 内容完整、充实、针对性强
11—15 分	目的、诉求较为明确 内容较为完整、具体,有一定的针对性
6—10 分	目的基本明确,但诉求不清 内容不够完整、具体,针对性不强
1—5 分	目的不明确,诉求不清 内容不够完整、具体,没有针对性
0 分	不合题意或没有作答

评分项 2:结构、语言

分值	等级描述
7 分	结构完整,条理清晰 语言简明、得体,书写规范
4—6 分	结构完整,条理较清晰 语言较为简明、通顺,书写较规范
1—3 分	结构不完整,条理混乱 表述不得体,语言欠通顺,有较多语病
0 分	结构、表意混乱或没有作答

评分项3：格式

分值	等级描述	说明
5分	要素齐全 位置准确	(1) 标题(居中) (2) 称谓(顶格) (3) 问候语 (4) 敬语 (5) 落款(上下顺序、后缩进)
1—4分	要素欠缺 位置不准确	要素缺一项扣1分 位置错一处扣1分
0分	格式完全错误或没有作答	

【能力目标】 写作能力/掌握常用应用文(条据、通知、启事、说明书、规章制度、邀请信、感谢信、自荐信、倡议书、计划、总结、演讲稿等)的概念、特点、格式等。写应用文时，做到文种准确，表意明确，重点突出，内容完整，格式规范，语言简洁、得体。

【例文内容与格式参考】

自荐信

上海市××学生发展中心负责老师：
□□您好！
(正文要点)

1. 个人基本信息介绍、自荐目的。
2. 针对招募要求，多角度自我推介(创新创业意识、团队精神、学业基础、综合素养等)，充分展现自我面貌，突出自身优势、特长及素养。
3. 阐述对营地活动的认识(创业基本知识学习、行业大师讲座、与创业者"面对面"等)；表达想进一步提升职场、创业能力的诉求。
4. 结束语(再次表达自荐意愿及感谢)。
5. 联系方式。

□□此致
敬礼

×××(署名)□□
×年×月×日□□

【例12】 以"因为年轻……"为题，写一篇700字左右的文章。

要求：(1) 不能写成诗歌；

(2) 不得透露个人信息。

【评分标准】

一类卷：题意把握正确，立意新颖；紧密联系实际，选材恰当充实；条理清晰，结构严谨；语言简洁流畅。

二类卷：题意把握正确，能联系实际，内容充实；条理清楚，结构完整；语言通顺。

三类卷：题意把握基本正确，尚能联系实际，内容较充实；结构比较完整；语言基本通顺。

四类卷：偏离题意，内容空泛；层次不清；语言不通顺，语病较多；全文不足500字。

五类卷：凡属下列情况之一者：①脱离题意；②思想观点有严重错误；③通篇文理不通；④全文不足350字。

评分说明：①卷面脏乱扣1—2分；②错别字满3个扣1分（重现者不计），扣满3分为止；③标点错误较多或标点书写很不规范的扣1—2分。

【能力目标】 写作能力/运用记叙、描写、抒情、说明和议论等表达方式进行写作。写作时，做到观点正确，中心明确；内容具体，结构完整；语言通顺、连贯、得体；书写规范，字迹端正，文面整洁。

【例13】 阅读下面的材料，按要求作文。

在某市职业教育校企合作工作推进会上，一位家长说："三年前，拿到一纸中专录取通知书，我的孩子一声叹息；三年后，孩子回家兴奋地说，妈妈，想到我将来可以造飞机就特别激动，读中职校，同样可以有精彩的未来。"从"一声叹息"到"满腔热情"的转变，可以看出职业教育的机遇和学生成才的光明前景。

请以"明天同样精彩"为题，写一篇700字左右的文章。

【评分标准】 同例12

【能力目标】 写作能力/运用记叙、描写、抒情、说明和议论等表达方式进行写作。写作时，做到观点正确，中心明确；内容具体，结构完整；语言通顺、连贯、得体；书写规范，字迹端正，文面整洁。

【例14】 毛竹一生的最初几年中，几乎观察不到它的生长，即使生存环境十分理想也是如此。但只要几年一过，它就像被施了魔法一样急速生长，并在几个月内直入云霄。

其实，这个世界上是没有魔法的，毛竹的快速生长所依赖的是那长长的根系。看上去默默无闻的毛竹一直都在地底下悄悄地壮大着它的根系。

请根据上述材料自拟题目，写一篇700字左右的文章。

【评分标准】 同例12

【能力目标】 写作能力/运用记叙、描写、抒情、说明和议论等表达方式进行写作。写作时，做到观点正确，中心明确；内容具体，结构完整；语言通顺、连贯、得体；书写规范，字迹端正，文面整洁。

附1：文言诗文考试篇目

序号	篇目	出处/作者	背诵说明
1	伐檀	《诗经》	背诵
2	短歌行	曹操	背诵
3	归园田居（其一）	陶渊明	
4	从军行七首（其四）	王昌龄	背诵
5	梦游天姥吟留别	李白	背诵

续表

序号	篇目	出处/作者	背诵说明
6	登高	杜甫	背诵
7	琵琶行(并序)	白居易	背诵第一、二段
8	过华清宫(其一)	杜牧	背诵
9	虞美人(春花秋月何时了)	李煜	背诵
10	雨霖铃(寒蝉凄切)	柳永	背诵
11	念奴娇·赤壁怀古	苏轼	背诵
12	声声慢(寻寻觅觅)	李清照	背诵
13	书愤(早岁那知世事艰)	陆游	背诵
14	永遇乐·京口北固亭怀古	辛弃疾	背诵
15	长亭送别(【正宫】【端正好】)	王实甫	背诵
16	子路、曾皙、冉有、公西华侍坐	《论语》	
17	寡人之于国也	《孟子》	
18	劝学	《荀子》	背诵
19	庖丁解牛(节选)	《庄子》	
20	鸿门宴	司马迁	
21	陈情表	李密	
22	师说	韩愈	背诵
23	种树郭橐驼传	柳宗元	
24	六国论	苏洵	背诵第一、四、五段
25	石钟山记	苏轼	背诵第三段
26	项脊轩志	归有光	

附2：仿写、扩写、缩写的特点和基本要求

仿写，就是模仿给定的范例进行写作，即在理解范例的文本特点的基础上，按照题目要求，写出在形式上与范例相似、内容上与范例呼应的语言材料。仿写可以分为叙述仿写、描写仿写、议论仿写等类型。仿写的基本要求：准确分析范例的文本特点是进行仿写的基础。仿写时应依据文本特点，考虑形式和内容两方面。在形式上，应关注结构、修辞、句式、字数等；在内容上，应做到联系范例，并依照题目具体要求。仿写不是简单重复，应写出自己的个性化感受和理解。

扩写，就是把原文(或词句)篇幅扩展。扩写后的短文既要充实原文的内容，又要符合规定

的字数要求。不同文体的扩写有不同的要求。例如：扩写记叙文，不但要写好景物描写，更要对人物的肖像、动作、心理、语言等进行描写，同时要注意细节描写，使故事有声有色，使人物有血有肉；扩写议论文，则应该补充确凿有力的论据，运用多种论证方法，展现合乎逻辑的论证过程；扩写说明文，则要合理运用多种说明方法，把说明对象的本质特征说明清楚，从而让读者更好地掌握有关知识。

缩写，就是压缩原文篇幅。缩写后的短文既要体现原文的主要内容，又要符合规定的字数要求。不同文体的缩写有不同的要求。例如：缩写记叙文，必须保留原文的记叙要素；缩写议论文，必须准确表达原文的论点及主要论据；缩写说明文，必须准确表达原文对事物形态、性质、分类、功用等知识所作的解说。缩写原则上应采用原文的体裁，符合原文的基本结构。

数 学 科

一、考试性质、目的和对象

上海市普通高等学校面向应届中等职业学校毕业生招生统一文化考试是为普通高等学校招生进行的选拔性考试。选拔性考试是高利害考试，考试结果需要具有高信度，考试结果的解释和使用应该具有高效度。数学科高考的指导思想是既要有利于高等学校选拔合格的新生，又要有利于中等职业学校实施素质教育，促进学校的数学教学改革。

考试对象为2020年中等职业学校报考高等学校的应届毕业生。

二、能力目标

本考试考查考生的数学建模能力、数学解模能力和数学释模能力。依据《上海市中等职业学校数学课程标准（2015 修订稿）》规定的数学能力结构，确定如下具体能力目标：

1. **数学建模能力**
1.1 能选择适当的数学语言表达具体情境中的信息。
1.2 将具体情境抽象成数学问题，建立相应的数学模型。

2. **数学解模能力**
2.1 能判断数学模型类型，选择解题策略。
2.2 能运用运算、空间想象、逻辑推理以及有关数学知识技能获得数学问题的正确结果。

3. **数学释模能力**
3.1 能在原情境中解释解模结果，并进行分析和判断。
3.2 能对问题解决的方法、过程、策略作出合理的反思，并对是否需要修正作出判断。

三、考试知识内容和要求

（一）考试知识内容中各水平层级的内涵

依据《上海市中等职业学校数学课程标准（2015 修订稿）》，考试知识内容的学习水平层级分为四个层次，各层次水平的内涵见下表。

学习水平	内涵描述
A水平	在结构完备、简单且熟悉的问题中，通过模仿，能直接运用概念、公式或常用结论等，按常规的步骤解答知识点单一的数学问题
B水平	在类型易于判别的问题中，通过清晰的步骤，能找出相关知识点间的联系，选择和运用简单的解决策略，直接运用运算、推理等数学方法解答数学问题
C水平	在各类熟悉情境中，通过选择和运用常见的建模方法，建立明确的数学模型。运用娴熟的运算、灵活的推理等解决数学问题，能将得到数学问题的结果回到原情境中加以合理解释，并能简单交流表达自己的观点
D水平	在各类情境中，能通过符号化等数学策略，建立清晰的数学模型。比较、选择和适当重组解题策略，运用较高水平的数学运算、推理等，解决相对复杂的数学问题。将得到数学问题结果在原情境中进行反思，明确地表达交流自己的观点，合理回顾、解释和反思建模、解模和释模三环节

（二）考试知识内容及相应水平层级

依据《上海市中等职业学校数学课程标准（2015 修订稿）》，具体考试知识内容及相应水平层级如下表。

主题	知识点	水平层级
1. 集合	1.1 集合的概念与表示	B
	1.2 集合间的基本关系	B
	1.3 集合的基本运算（交、并、补）	C
2. 不等式	2.1 不等式的概念	A
	2.2 不等式的性质	B
	2.3 一元二次不等式的解法	C
	2.4 绝对值不等式的解法	C
	2.5 不等式的应用	D
3. 函数	3.1 函数的概念	B
	3.2 函数的表示法（解析法、列表法、图像法）	C
	3.3 函数关系的建立	C
	3.4 函数的性质（奇偶性、单调性、最值）	C
	3.5 函数的应用	D
	3.6 简单的幂函数	C
4. 指数函数与对数函数	4.1 指数及运算性质	B
	4.2 指数函数的概念	B
	4.3 指数函数的图像和性质	C
	4.4 对数及运算性质	B
	4.5 对数函数的概念	B
	4.6 对数函数的图像和性质	C
	4.7 指数函数、对数函数的应用	D
5. 三角函数	5.1 角的概念的推广	B
	5.2 弧度制	B
	5.3 任意角的三角比	B
	5.4 简化公式	B
	5.5 正弦函数的图像和性质	C
	5.6 余弦函数的图像和性质	B
	5.7 正弦型函数的图像和性质	C
	5.8 正弦定理与余弦定理	D
6. 空间几何体	6.1 空间几何体	B
	6.2 直观图	C
	6.3 三视图	C
	6.4 简单几何体的表面积和体积	C
7. 直线与圆	7.1 直线的倾斜角与斜率	B
	7.2 直线的方程	C

续表

主题	知识点	水平层级
7. 直线与圆	7.3 两条直线的位置关系	B
	7.4 两条直线的交点	C
	7.5 点到直线的距离公式	B
	7.6 圆	B
	7.7 圆的标准方程	C
	7.8 圆的一般方程	C
	7.9 直线与圆的位置关系	D
8. 数系的扩展	8.1 数的概念扩展	A
	8.2 复数的有关概念	B
	8.3 复数的四则运算	C
	8.4 实系数一元二次方程在复数范围内的解	B
9. 平面向量与矩阵	9.1 向量的概念	B
	9.2 向量线性运算的几何意义	B
	9.3 向量的坐标表示及线性运算	C
	9.4 矩阵的概念	B
	9.5 矩阵的线性运算	C
10. 数列	10.1 数列的概念	A
	10.2 等差数列的通项公式	B
	10.3 等差数列前 n 项和公式	C
	10.4 等比数列的通项公式	B
	10.5 等比数列前 n 项和公式	C
	10.6 等差、等比数列的应用	D
11. 排列与组合	11.1 两个基本原理	A
	11.2 排列的概念及排列数公式	B
	11.3 组合的概念及组合数公式	B
	11.4 排列组合应用问题	C
12. 概率与统计初步	12.1 随机事件	B
	12.2 频率与概率	B
	12.3 古典概型	C
	12.4 统计图表	C
13. 流程框图	13.1 流程的概念	B
	13.2 流程框图的基本逻辑结构	C
	13.3 流程设计应用问题	D

四、试卷结构及相关说明

1. 试卷结构

（1）试题题型、题量和分值如下表。

题型	题量	分值
选择题	6题	18分
填空题	12题	36分
解答题	6题	46分

（2）试卷能力结构如下表。

能力目标	分值比例
数学建模能力和数学释模能力	约25%
数学解模能力	约75%

（3）试卷知识内容结构如下表。

知识内容	分值比例
几何（含空间几何体、直线与圆）	约20%
其他部分	约80%

（4）容易题、中等题、较难题分别占总分的40%、40%、20%左右。

2. 相关说明

（1）考试形式：闭卷笔试，分为试卷与答题纸两部分，考生必须将答案全部做在答题纸指定的位置上。

（2）考试时间为100分钟。

（3）试卷满分为100分。

（4）本考试数学试卷及答案中统一使用国标符号。

（5）关于携带计算器的规定

沪教院高招〔2002〕38号文件："对带入考场的计算器品牌和型号不作规定，但附带计算器功能的无线通讯工具、记忆存储等设备和附带无线通讯功能、记忆存储功能、具有图像功能的计算器不得带入考场。"

五、题型示例

本部分编制的试题仅用于说明考试的能力目标及题型，并不完全代表正式考试的试题形式、内容、难度等。

（一）选择题 其中每题都给出代号为A、B、C、D的四个选项，其中有且只有一个选项是正确的，必须把正确选项的代号涂在答题纸的相应位置上。

例1 某天半夜，小鹏同学因病开始发烧，清晨服药后，逐渐退烧，中午测得体温为37.0℃，午后体温又开始上升，傍晚再次服药，半夜基本退烧．下面大致能反映小鹏这一天（0时～24时）

体温 T 随时间 t 变化趋势的图只可能是

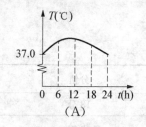
(A)

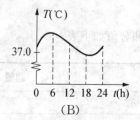
(B)

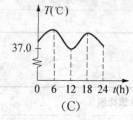
(C)

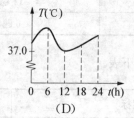
(D)

【正确选项】 C

【能力目标】 数学建模能力/能选择适当的数学语言表达具体情境中的信息

【知识内容】 函数/函数的表示法

例 2 满足式子 $\log_2 x > \log_2 3$ 的 x 的取值范围是

(A) $(-\infty, 3)$； (B) $(0, 3)$；

(C) $[3, +\infty)$； (D) $(3, +\infty)$.

【正确选项】 D

【能力目标】 数学解模能力/能运用运算、空间想象、逻辑推理以及有关数学知识技能获得数学问题的正确结果

【知识内容】 指数函数与对数函数/对数函数的图像和性质

例 3 已知 O、A、B 是平面上不共线的三点,若点 C 满足 $\overrightarrow{AC} = \overrightarrow{CB}$,则向量 $\overrightarrow{OC}$ 等于

(A) $\overrightarrow{OA} - \overrightarrow{OB}$； (B) $\overrightarrow{OA} + \overrightarrow{OB}$；

(C) $\frac{1}{2}\overrightarrow{OA} - \frac{1}{2}\overrightarrow{OB}$； (D) $\frac{1}{2}\overrightarrow{OA} + \frac{1}{2}\overrightarrow{OB}$.

【正确选项】 D

【能力目标】 数学解模能力/能运用运算、空间想象、逻辑推理以及有关数学知识技能获得数学问题的正确结果

【知识内容】 平面向量与矩阵/向量线性运算的几何意义

例 4 某中职学校社区志愿者服务队由 2 名女生和 5 名男生组成,现从中选派 3 名学生参加三个不同的志愿者活动,假设每名学生被选中的可能性相同,则被选派的 3 名学生中至少有 1 名女生的概率为

(A) $\frac{2}{7}$； (B) $\frac{4}{7}$； (C) $\frac{5}{7}$； (D) $\frac{6}{7}$.

【正确选项】 C

【能力目标】 数学建模能力/将具体情境抽象成数学问题,建立相应的数学模型

【知识内容】 概率与统计初步/古典概型

（二）填空题 其中每题只要求直接填写结果,请将正确的结果填在答题纸的相应位置上.

例 1 某市出租车运价 y(元)与行驶里程 x(千米)的关系如图 1 所示,若输入的 x 为 8,则输

出的 y 为_____.

【参考答案】 26

【能力目标】 数学解模能力/能运用运算、空间想象、逻辑推理以及有关数学知识技能获得数学问题的正确结果

【知识内容】 流程框图/流程框图的基本逻辑结构

例2 已知集合 $A = \{-1, 1, 3\}$、$B = \{x \mid x \geqslant 1\}$，则 $A \cap B =$ _____.

【参考答案】 $\{1, 3\}$

【能力目标】 数学解模能力/能运用运算、空间想象、逻辑推理以及有关数学知识技能获得数学问题的正确结果

【知识内容】 集合/集合的基本运算

例3 若复数 $z = (a^2 - 2) + (a + \sqrt{2})\mathrm{i}$ (i 是虚数单位) 是纯虚数，则实数 $a =$ _____.

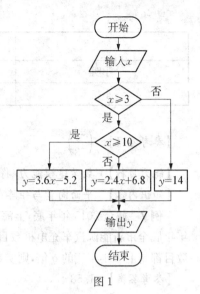

图1

【参考答案】 $\sqrt{2}$

【能力目标】 数学解模能力/能运用运算、空间想象、逻辑推理以及有关数学知识技能获得数学问题的正确结果

【知识内容】 数系的扩展/复数的有关概念

例4 已知函数 $f(x) = a\sin x + bx (x \in \mathbf{R}, a, b$ 为常数$)$，若 $f(1) = -2$，则 $f(-1) =$ _____.

【参考答案】 2

【能力目标】 数学解模能力/能运用运算、空间想象、逻辑推理以及有关数学知识技能获得数学问题的正确结果

【知识内容】 函数/函数的性质

例5 迪士尼乐园单日门票票价如表1所示，则所售出任意两张单日门票的票价之和共有_____种不同的金额.

表1

	平日票	高峰日票
常规门票	370元	499元
优惠门票（儿童、老年人、残障游客）	280元	375元

【参考答案】 10

【能力目标】 数学建模能力/将具体情境抽象成数学问题，建立相应的数学模型

【知识内容】 排列与组合/排列组合应用问题

例6 某书店的所有文学书按原价九折销售，所有科技书按原价八折销售.小明和小亮各自在该书店购买了一本文学书和一本科技书，这四本书的原价如表2所示，那么他们两人各自需支付的金额可以用一个列矩阵表示为_____.

表2

	文学书原价	科技书原价
小明	50元	60元
小亮	60元	30元

【参考答案】 $\begin{pmatrix} 93 \\ 78 \end{pmatrix}$

【能力目标】 数学建模能力/将具体情境抽象成数学问题,建立相应的数学模型

【知识内容】 平面向量与矩阵/矩阵的线性运算

例7 截至2015年年底,上海市已建各种新能源汽车充电桩共计2.17万个,计划到2020年年底全市新能源汽车充电桩数目达21.1万个.按该计划,假设从2016年起,每年年底充电桩数目都是上一年年底的q倍,则实数q的值为_____.(精确到0.01)

【参考答案】 1.58

【能力目标】 数学建模能力/将具体情境抽象成数学问题,建立相应的数学模型

【知识内容】 数列/等差、等比数列的应用

例8 汽车行驶一百公里所消耗汽油的量称为百公里油耗.某汽车百公里油耗(升/百公里)与行驶速度(公里/小时)的关系如图2所示,则该汽车以80公里/小时的速度匀速行驶1.5小时消耗汽油_____升.

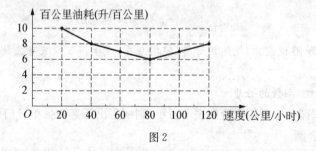

图2

【参考答案】 7.2

【能力目标】 数学建模能力/将具体情境抽象成数学问题,建立相应的数学模型

【知识内容】 函数/函数的应用

(三)解答题 其中解答各题必须写出必要的步骤,请在答题纸的相应位置上作答.

例1 现将一个底面半径为1,高为2的圆柱挖去一个与其底面相同、高相等的圆锥后,所形成的几何体如图3所示,图4是该几何体的直观图.

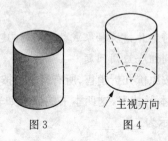

图3   图4

(1)在答题纸上画出该几何体的主视图;

(2) 求该几何体的体积.(结果保留 π)

【参考答案】

(1)
主视图

(2) 圆柱体积 $V_1 = Sh = \pi r^2 h = 2\pi$,

圆锥体积 $V_2 = \dfrac{1}{3} Sh = \dfrac{1}{3} \pi r^2 h = \dfrac{2\pi}{3}$,

则该几何体的体积 $V = V_1 - V_2 = 2\pi - \dfrac{2\pi}{3} = \dfrac{4\pi}{3}$.

【能力目标】

(1) 数学建模能力/能选择适当的数学语言表达具体情境中的信息

(2) 数学解模能力/能运用运算、空间想象、逻辑推理以及有关数学知识技能获得数学问题的正确结果

【知识内容】

(1) 空间几何体/三视图

(2) 空间几何体/简单几何体的表面积和体积

例2 某地区 2015 年农村低保家庭最低年补助标准是 2 300 元."十三五"期间(2016 年—2020 年),当地政府计划每年都将农村低保家庭最低年补助标准提高 350 元.设 2015 年之后的第 n 年该地区农村低保家庭最低年补助标准为 $a_n (0 < n \leqslant 5, n \in \mathbf{N}^*)$,单位:元).

(1) 求数列 $\{a_n\}$ 的首项 a_1 及通项公式 a_n;

(2) 问当地一个农村低保家庭在"十三五"期间至少可获得政府低保补助多少元?

【参考答案】 (1) $a_1 = 2\,300 + 350 = 2\,650$.

$a_n = 2\,650 + (n-1) \times 350$

$= 2\,300 + 350n \quad (0 < n \leqslant 5, n \in \mathbf{N}^*)$.

(2) 一个农村低保家庭在"十三五"期间至少可获得政府低保补助为

$S_5 = 5 \times 2\,650 + \dfrac{5 \times (5-1)}{2} \times 350$

$= 16\,750$(元).

答:当地一个农村低保家庭在"十三五"期间至少可获得政府低保补助 16 750 元.

【能力目标】

(1) 数学建模能力/将具体情境抽象成数学问题,建立相应的数学模型

(2) 数学建模能力/将具体情境抽象成数学问题,建立相应的数学模型

【知识内容】

(1) 数列/等差数列的通项公式

(2) 数列/等差数列的前 n 项和公式

例3 图 5 中的摩天轮上轿舱 A 的底部距地面的高度 y(米)与旋转时间 x(分钟)之间的关系可表示为 $y = f(x) = 25\sin\left(\dfrac{\pi}{10}x\right) + 30 \quad (x \geqslant 0)$.

(1) 写出轿舱 A 的底部距地面可达到的最大高度;求此摩天轮旋转一周所需要的时间;

(2) 按照"五点法"作图步骤,在答题纸上完成表 3 的填空,并画出函数 $y=f(x)$ 在一个周期内的大致图像;问摩天轮在旋转第一周的过程中,旋转时间在什么范围内,轿舱 A 在下降,且其底部距地面的高度不低于 30 米?

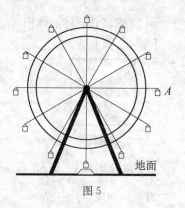

图 5

【参考答案】

(1) 轿舱 A 的底部距地面可达到的最大高度为 55 米.

由题意,$\omega = \dfrac{\pi}{10}$,则最小正周期 $T = \dfrac{2\pi}{\omega} = 20$ 分钟.

答:此摩天轮旋转一周所需要的时间为 20 分钟.

(2)

表 3

$\dfrac{\pi}{10}x$	0	$\dfrac{\pi}{2}$	π	$\dfrac{3\pi}{2}$	2π
x	0	5	10	15	20
y	30	55	30	5	30

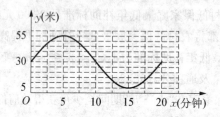

答:旋转时间在 5 分钟与 10 分钟之间,轿舱 A 在下降,且其底部距地面的高度不低于 30 米.

【能力目标】

(1) 数学释模能力/能在原情境中解释解模结果,并进行分析和判断

(2) 数学释模能力/能在原情境中解释解模结果,并进行分析和判断

【知识内容】

(1) 三角函数/正弦型函数的图像和性质

(2) 三角函数/正弦型函数的图像和性质

例 4 设函数 $f(x) = a^x$,其中 $a > 0$ 且 $a \neq 1$.

(1) 函数 $y = f(x) + 1$ 的图像都经过同一个点,写出该点的坐标;

(2) 若函数 $f(x)$ 在闭区间 $[1,2]$ 上的最大值与最小值之差不小于 2,且 $f(-1) = 1 + b$,分别求 a 和 b 的取值范围.

【参考答案】 (1) 该点坐标为 $(0,2)$.

(2) ① 当 $a > 1$ 时,函数 $f(x)$ 在闭区间 $[1,2]$ 上单调递增,

由题意,$f(2) - f(1) = a^2 - a \geqslant 2$.

可得 $a \geqslant 2$.

② 当 $0 < a < 1$ 时,函数 $f(x)$ 在闭区间 $[1,2]$ 上单调递减,

由题意，$f(1) - f(2) = a - a^2 \geqslant 2$.

此时，满足条件的 a 不存在.

综上所述，a 的取值范围为 $[2, +\infty)$.

由 $f(-1) = 1 + b$，得 $b = \dfrac{1}{a} - 1$.

又因为 $a \in [2, +\infty)$，所以 b 的取值范围为 $\left(-1, -\dfrac{1}{2}\right]$.

【能力目标】

(1) 数学解模能力/能运用运算、空间想象、逻辑推理以及有关数学知识技能获得数学问题的正确结果

(2) 数学解模能力/能运用运算、空间想象、逻辑推理以及有关数学知识技能获得数学问题的正确结果

【知识内容】

(1) 指数函数和对数函数/指数函数的图像和性质

(2) 指数函数和对数函数/指数函数的图像和性质

例 5 已知圆 C 的方程为 $(x-1)^2 + (y-4)^2 = 16$，设直线 l 的方程为 $x + ky - 1 = 0$，其中 $k \in \mathbf{R}$.

(1) 当 $k = 2$ 时，判断直线 l 与圆 C 的位置关系，并说明理由；

(2) 设直线 l 与圆 C 相交于 A、B 两点，当 k 取何值时，$\triangle ABC$ 的面积最大？并求出面积的最大值.

【参考答案】

(1) 由题意，得圆心 C 的坐标为 $(1, 4)$，圆的半径为 4，

点 C 到直线 $x + 2y - 1 = 0$ 的距离 $d = \dfrac{|1 + 2 \times 4 - 1|}{\sqrt{1^2 + 2^2}} = \dfrac{8}{\sqrt{5}} < 4$，所以直线与圆相交.

(2) 由方程 $x + ky - 1 = 0$ 可得直线 l 过定点 $(1, 0)$.

由圆 C 的方程可知，点 $(1, 0)$ 在圆 C 上，不妨设 $A(1, 0)$，$B(x_0, y_0)$，

则 $S_{\triangle ABC} = \dfrac{1}{2} |CA| \cdot |x_0 - 1| = 2|x_0 - 1|$，

由圆 C 的方程，得 $|x_0 - 1| \leqslant 4$.

当 $|x_0 - 1| = 4$，即 $x_0 = -3$ 或 5 时，$S_{\triangle ABC}$ 的最大值为 8，

此时，B 点的坐标为 $(-3, 4)$ 或 $(5, 4)$，代入直线 l 方程，解得 $k = \pm 1$，

所以 $k = \pm 1$ 时，$\triangle ABC$ 的面积最大，面积的最大值为 8.

【能力目标】

(1) 数学解模能力/能运用运算、空间想象、逻辑推理以及有关数学知识技能获得数学问题的正确结果

(2) 数学解模能力/能运用运算、空间想象、逻辑推理以及有关数学知识技能获得数学问题的正确结果

【知识内容】

(1) 直线与圆/直线与圆的位置关系

(2) 直线与圆/直线与圆的位置关系

英　语　科

一、考试性质、目的和对象

上海市普通高等学校面向应届中等职业学校毕业生招生统一文化考试是为普通高等学校招生进行的选拔性考试。选拔性考试是高利害考试，考试结果需要具有高信度，考试结果的解释和使用应该具有高效度。英语科高考的指导思想是：有利于高等学校选拔合格的新生，有利于中等职业学校实施素质教育，促进学校的英语教学改革。

考试对象为2020年中等职业学校报考高等院校选考英语的应届毕业生。

二、能力目标

英语科考试旨在考查考生的英语基础知识以及运用英语的能力。在语言知识和语言能力两者之间侧重考核语言能力。

（一）语言知识

测试考生的英语语音、语法、词汇、惯用法及语言功能等方面的知识。其中对语音知识的测试主要体现在听力测试之中；对语法和惯用法知识（参见"语法项目表"）的测试主要针对考生在句子和语篇层面上对所学知识的应用；对词汇知识（参见"词汇表"）的测试除了要求考生对所学词汇能认知、区分和运用外，还要求考生具备初步的构词法知识（参见"构词法"）。

（二）语言能力

测试考生运用语言知识获取和理解信息的能力，以及按情景或要求传递信息和表达思想的能力。

依据《上海市中等职业学校英语课程标准（2015修订稿）》，确定如下能力目标：

Ⅰ．"听力"部分主要测试考生理解口头英语的能力。

Ⅰ.1　获取重要的事实信息的能力。

Ⅰ.2　理解对话或短文中隐含意义的能力。

Ⅰ.3　归纳总结对话或短文大意的能力。

Ⅱ．"语言知识"部分主要测试考生在具体语境中对基础语法、常用词汇及语言功能的理解和应用。

Ⅲ．"阅读理解"部分主要测试考生理解书面英语的能力。

Ⅲ.1　从各类体裁和题材的语篇中获取事实信息的能力。

Ⅲ.2　根据上下文正确理解语篇和运用词语的能力。

Ⅲ.3　根据语篇内容和上下文情景进行逻辑推理的能力。

Ⅲ.4　理解和归纳语篇基本内容的能力。

Ⅳ．"汉译英"部分主要测试考生正确运用英语词语以及语法、惯用法，并用较规范的英语组织句子的能力。

Ⅴ．"写作"部分主要测试考生的书面表达能力。

Ⅴ.1　按规定情景传递信息的能力。

Ⅴ.2　正确运用语法、词汇知识的能力。

Ⅴ.3　用通顺的英语进行叙述、描绘、解释、评论等的能力。

三、考试内容和要求

依据《上海市中等职业学校英语课程标准（2015修订稿）》，确定考试内容和要求如下：

(一) 词汇：参照本书所附的《英语科·词汇表》
(二) 语法
Ⅰ. 词法
1. 构词法
 (1) 合成法：如 blackboard，everyone，up-to-date
 (2) 派生法
  ① 加前缀：如 dis-，in-，im-，non-，re-，un-，en-
  ② 加后缀：如-able，-al，-ful，-ive，-er，-ist，-ness，-tion，-ly，-y，-ize，-ment，-en
 (3) 转化法：如 hand(n.)— hand(v.)；break(v.)— break(n.)；empty(adj.)— empty(v.)
2. 数词
 (1) 分数、小数、百分比表达法
 (2) 基本数学运算表达
3. 连词
4. 动词
 (1) 情态动词
  ① 情态动词＋动词原形　② 情态动词＋动词完成式
 (2) 时态
  ① 一般现在形式的构成和用法　② 一般过去形式的构成和用法　③ 一般将来形式的构成和用法　④ 现在进行形式的构成和用法　⑤ 现在完成形式的构成和用法　⑥ 过去进行形式的构成和用法　⑦ 过去完成形式的构成和用法
 (3) 语态
  ① 一般现在形式被动语态的构成和用法　② 一般过去形式被动语态的构成和用法　③ 一般将来形式被动语态的构成和用法　④ 现在进行形式被动语态的构成和用法　⑤ 现在完成形式被动语态的构成和用法　⑥ 情态动词的被动语态
 (4) 不定式
  A. 构成
   ① 一般式　② 完成式　③ 被动式
  B. 用法
   ① 作主语　② 作宾语　③ 作状语　④ 作宾语补足语　⑤ 作表语　⑥ 作定语
 (5) 动词 ing 形式
  A. 构成
   ① 一般式　② 完成式　③ 被动式
  B. 用法
   ① 作宾语　② 作主语　③ 作表语　④ 作状语　⑤ 作宾语补足语
 (6) 动词 ed 形式
  A. 用法
   ① 作表语　② 作定语　③ 作状语　④ 作宾语补足语
Ⅱ. 句法
1. 状语从句

(1) 时间状语从句
(2) 原因状语从句
(3) 条件状语从句
(4) 目的状语从句
(5) 让步状语从句
(6) 地点状语从句
(7) 方式状语从句
(8) 结果状语从句
2. 宾语从句
3. 表语从句
4. 主语从句
5. 定语从句
(1) 限制性定语从句
(2) 非限制性定语从句

(三) 语言功能

1. Greeting and saying goodbye(问候与道别)

(1) 问候

A. Hello/Hi!
Good morning/afternoon/evening!
How are you/How are you doing?
How's everything going?
How's it going?

B. Hello/Hi!
Good morning/afternoon/evening!
Fine, thanks. And you?
Very well, thank you. And you?
Just so so.
Pretty well.
Not bad.
Please give my regards/best wishes/love to...
Please remember me to...

(2) 告别

Goodbye/Bye-bye/Bye!
See you later/tomorrow. /See you.
Good night!
Well, I must be off now.
I really must be going.
I have to leave now.
Hope to see you again.

It's getting late, I'm afraid.
I must be leaving.
Please keep in touch.

2. Introducing oneself and others(引荐与介绍)

A. This is...
I'd like to introduce you to...
Let me introduce you.
Allow me to introduce you to...

B. Hello/Hi!
How do you do?
Nice/Glad/Pleased to meet you.

C. How do you do?
Nice/Glad/Pleased to meet you, too.
My name is...
I'm...

3. Expressing thanks and making apologies
(道谢与道歉)

(1) 道谢

A. Thank you (very much).
Thank you for...
Many thanks.
Thanks for...
Thank you very much indeed.
That's very kind of you.

B. Not at all.

You're welcome.

It's a pleasure.

My pleasure.

Don't mention it.

(2) 道歉

A. Sorry.

I'm (very) sorry.

I'm sorry for/about ...

Excuse me (for ...)

I apologize for ...

B. That's all right. /That's OK.

It doesn't matter.

It's/That's nothing.

Don't worry.

Never mind (about that).

4. Making appointments and invitations

（预约与邀请）

A. I'd like to invite you to ...

Would you like to ...?

How/What about ...?

B. Yes, I'd love to.

Yes, it's very kind/nice of you to ...

Thank you. I'd be glad to.

Sure. What time?

I'd be delighted to ...

That sounds great.

C. I'd like to, but ...

I'm sorry, but ...

I wish I could come, but ...

5. Expressing wishes and congratulations

（祝愿和祝贺）

A. Good luck!

Best wishes to you.

Wish you a pleasant journey.

Have a good time/weekend.

Have a nice day.

Congratulations!

Congratulations on your success!

Happy birthday (to you)!

Merry Christmas!

Happy New Year!

B. Thank you.

Thank you. The same to you. /You too.

Merry Christmas!

Happy New Year!

6. Expressing agreement and disagreement

（赞成与反对）

A. Yes.

All right/OK.

Sure/Certainly/Of course.

Yes, I think so.

That's a good idea.

I agree with you.

So do/did/can/am I.

Exactly.

I couldn't agree with you more.

B. No, I don't think so.

I'm afraid not.

I'm afraid I don't/can't agree with you.

7. Accepting and rejecting（接受与拒绝）

A. Can/Could/Will/Would you ...?

Please ...

Don't ..., please.

No ..., please.

B. OK.

Sure/Certainly/Of course.

I'd be glad/happy to.

C. I'm afraid ...

I'm sorry ...

8. Likes and dislikes（喜欢与不喜欢）

A. Do you like ...?

B. I like/love ... (very much/best).

C. I don't like ...

I hate ...

D. I ('d) like ...

I ('d) prefer ... (to ...)

I like ... better than ...

9. Ability and inability（能够与不能够）

A. Can you ...?

Can't you ... ?
B. I can ...
I cannot/can't ...

10. Satisfaction and dissatisfaction（满意与不满意）

A. This is very good/nice.
It couldn't be better.
It is/was wonderful/marvelous/great.
What a great success!
That's a good idea.
B. I don't like ...
What a disappointment!

11. Asking for and offering help（求助与提供帮助）

A. Can/Could/Shall I help you?
What can I do for you?
Let me ... for you.
Do you want me to ... ?
Would you like (to) ... ?
Would you like me to ... for you?
Is there anything (else) I can do for you?
Would you like some ... ?
B. Yes, please.
Thanks. That would be nice/fine.
C. No, thanks. Thank you (all the same/anyway).
That's very kind of you, but ...

12. Seeking and offering information（询问与提供信息）

Are/Do you/they ... ?
Is he/she/that ... ?
When/Where/Why do you ... ?
What do you ... ?
What ... do you ... ?
What's the matter with you?
What's wrong with you?
What's the problem/trouble?
Which one?
What's the ... like ... ?

What day is it today?
What's the date today?
Who/How ... ?
How far/much/long/often ... ?
What/How about ... ?
Can/Could you tell me ... ?
How would you like ... ?

13. Giving advice and making suggestion（劝告与建议）

A. You'd better ...
You should/ought to ...
You need (to) ...
I suggest that ... /I suggest (doing) ...
B. Shall we ... ?
Let's ...
Let's ... , shall we? (Yes, let's ...)
What/How about ... ?

14. Complaining and blaming（投诉与责备）

I'm sorry to say ...
I'm afraid ...

15. Praising and encouraging（表扬与鼓励）

I think so.
I think (that) ...
I'm sure (of that).
I'm sure (that) ...

16. Giving instructions and making requests（指令与要求）

I/You/He/They have to ...
I/You/He/They should/ought to ...
I/You/He/They must ...
It is necessary to ... /that ...

17. Regret and Sympathy（遗憾和同情）

A. What a shame!
What a pity!
It's a pity that ...
B. I'm sorry to ...
I'm sorry for/about ...

四、试卷结构及相关说明

卷号	大题	题型	题量	分值	能力目标	时间
第Ⅰ卷	听力理解	A. 短对话理解	8题	8分	语言能力	20分钟
		B. 长对话理解	6(3+3)题	6分		
		C. 语篇理解	6(3+3)题	6分		
	语言知识	语法	8题	8分	语言知识	80分钟
		功能	5题	5分		
		词汇	7题	7分		
	阅读理解	A. 综合填空	10题	10分		
		B. 语篇理解(选择)	15(5×3)题	15分		
第Ⅱ卷	阅读理解	C. 语篇理解(回答问题)	5题	10分	语言能力	
	汉译英	汉译英	5题	10分		
	写作	写作	1题	15分		
	全卷		76题	100分		100分钟

考试方法为书面闭卷考试。考试时间为 100 分钟,试卷总分为 100 分。

试卷分为客观题和主观题两部分。客观题用机器阅卷;考生必须将所有答案涂(客观题)或写(主观题)在答题纸上,若答案写在试卷上则无效。

五、题型示例

本部分编制的试题仅用于说明考试的能力目标及题型,并不完全代表正式考试的试题形式、内容、难度等。

Ⅰ. 听力理解(从下列各题的四个选项中选择一个最恰当的答案)

Part A　短对话理解

1. M：Police department. May I help you?

   W：Hello. I'd like to report a stolen bicycle.

   Question：What happened to the woman?

   A. She found a bicycle.　　　　B. She bought a bicycle.

   C. She lost her bicycle.　　　　D. She fell off her bicycle.

   【正确选项】　C

   【能力目标】　Ⅰ.1 获取重要的事实信息的能力。

2. W：So, do we have everything on the shopping list?

   M：Yes. I think so. Oh! We need some tomatoes. They're over there.

   Question：Where does this dialogue probably take place?

   A. In a garden.　　　　　　　B. In a park.

   C. In a restaurant.　　　　　　D. In a supermarket.

   【正确选项】　D

   【能力目标】　Ⅰ.2 理解对话或短文中隐含意义的能力。

3. M: How do you like the black dress? You look like a princess.
   W: Come on, Dad. It doesn't suit me at all. I look like a waitress in a cheap restaurant.
   Question: What are the two speakers talking about?
   A. A dress.   B. A princess.
   C. A restaurant.   D. A waitress.
   【正确选项】 A
   【能力目标】 Ⅰ.3 归纳总结对话或短文大意的能力。

Part B 长对话理解
录音材料

M: We raised £2,020 for the sick children at our quiz night last year. Do you remember it?

W: Yes. It was great fun! Let's have another quiz this year.

M: We could do something different... Why don't we have a karaoke night?

W: Good idea! I love karaoke.

M: I've heard you sing. You have a beautiful voice. Then, we'll need a karaoke machine.

W: I'll hire one if you like. There's a shop near my home.

M: Yes. That'd be great, thank you. Also, can you make some posters? They looked fantastic last year.

W: Of course. I can print them, too. By the way, do you want to put an advertisement in the paper?

M: No. It'll be too expensive. Thanks anyway. Will you organize the tickets?

W: Sure. But tickets won't take long. What else can I do?

M: You could practise your singing!

Question 1: How much money did they raise for the sick children last year?
   A. £2,000.   B. £2,002.
   C. £2,020.   D. £2,200.
【正确选项】 C
【能力目标】 Ⅰ.1 获取重要的事实信息的能力。

Question 2: What do they plan to do this year?
   A. Have another quiz night.   B. Organize a party.
   C. Look after the sick children.   D. Have a karaoke night for charity.
【正确选项】 D
【能力目标】 Ⅰ.2 理解对话或短文中隐含意义的能力。

Part C 短文理解
录音材料

When we think of famous film stars and musicians, we think of the attractive and exciting lives they have. It's hard to imagine their lives were ever normal, difficult and boring. But everybody has to start somewhere. Take Jennifer Aniston for example. She worked as a waitress before becoming a successful TV and film actress. She also spent some time as a telemarketer. She had to telephone hundreds of people every day to sell them things they didn't want.

Jennifer Aniston wasn't the only star to start her working life selling things. Tom Hanks, now one of Hollywood's top actors, sold popcorn and peanuts at a cinema in California.

While most stars had indoor jobs, others started working outside. Actor Michael Douglas worked for a while at a petrol station. And Steven Spielberg, now one of the richest men in Hollywood, had to protect fruit trees from insects in his first job.

So whatever your job is now, or even if you're looking for your first job, don't feel bad about it. Even the most boring or unpleasant job can be a great way to learn about what you can do, what you want to do — and what you never want to do again!

Question 1: How did Jennifer Aniston sell things to people?

A. She sent emails.　　　　　　　　B. She opened a shop.

C. She made phone calls.　　　　　D. She went from door to door.

【正确选项】 C

【能力目标】 Ⅰ.1 获取重要的事实信息的能力。

Question 2: What does the passage try to tell us?

A. When the musicians started their jobs.

B. First jobs are important to people.

C. How the movie stars became famous.

D. Everybody has to start somewhere.

【正确选项】 D

【能力目标】 Ⅰ.3 归纳总结对话或短文大意的能力。

Ⅱ. 语言知识

Part A 语法(从下列各题的四个选项中选择一个最恰当的答案)

Interviews, meetings or phone calls — your conversations are important. But what if you ____1____ understand the person you are talking to? In the English culture, it can be rude to repeatedly ask "What?" ____2____ you don't know what someone has said. You don't want that person to think his pronunciation is unclear. There are many ways to politely ask someone to repeat.

Start by apologizing ____3____ not hearing what the person said. You can begin with "excuse me" or "pardon me" or "sorry". Then politely say that you did not hear or understand what ____4____. For instance, you could say, "I'm sorry, but I didn't quite hear you."

1. A. mustn't　　　B. needn't　　　C. shouldn't　　　D. can't

【正确选项】 D

【能力目标】 语言知识/语法

【知识内容】 情态动词

2. A. when　　　B. where　　　C. until　　　D. unless

【正确选项】 A

【能力目标】 语言知识/语法
【知识内容】 连词

3. A. with   B. in   C. from   D. for
【正确选项】 D
【能力目标】 语言知识/语法
【知识内容】 介词

4. A. said   B. is said   C. was said   D. has said
【正确选项】 C
【能力目标】 语言知识/语法
【知识内容】 被动语态

Part B 语言功能(从下面的方框中选择最恰当的选项补全对话)

(A)

A. No, but I saw you at a party from a distance.
B. No problem. I can show you the way to the national park.
C. That would be great! Please drop me off at the post office.
D. Come on, Maria. You can do it.

1. — Would you like me to give you a ride?
   — _____
【正确选项】 C
【能力目标】 语言知识/语言功能
【知识内容】 提供帮助

2. — I'm so nervous that I can't give a talk before so many people.
   — _____
【正确选项】 D
【能力目标】 语言知识/语言功能
【知识内容】 鼓励

Part C 词汇(从下面方框中选择最恰当的选项补全短文。每个选项只能用一次)

A. model   B. various   C. uncomfortable   D. possibly   E. attract
F. solution G. properly   H. admire   I. station   J. realize

When young people get their first real jobs, they may face a lot of new, confusing situations. They may find that everything is different from the way things were at school. It is also possible that they will feel ___1___ and insecure in both professional and social situations. Eventually, they ___2___ that university classes can't be the only preparation for all of the different situations in the working world.

How to behave ___3___ in the working world? Perhaps the best way is to identify a

· 38 ·

worker you ___4___ and observe his behavior. In doing so, you will be able to see a lot from this person. For example, you will observe how he does in a crisis. Perhaps even more important, you will be able to see what his ___5___ to day-to-day problems is.

While you are observing your colleague, you should be asking yourself whether his behavior is like yours and how you can learn from his ___6___ responses to different situations. By watching and learning from a ___7___, you will probably begin to adopt good working habits.

1. 【正确选项】 C
   【能力目标】 语言知识/词汇
   【考查内容】 形容词

2. 【正确选项】 J
   【能力目标】 语言知识/词汇
   【考查内容】 动词

3. 【正确选项】 G
   【能力目标】 语言知识/词汇
   【考查内容】 副词

4. 【正确选项】 H
   【能力目标】 语言知识/词汇
   【考查内容】 动词

5. 【正确选项】 F
   【能力目标】 语言知识/词汇
   【考查内容】 名词

6. 【正确选项】 B
   【能力目标】 语言知识/词汇
   【考查内容】 形容词

7. 【正确选项】 A
   【能力目标】 语言知识/词汇
   【考查内容】 名词

Ⅲ. 阅读理解
Part A 综合填空(根据上下文选择一个最恰当的答案)

There are two paths that people can choose. They can either play now and pay later or pay now and play later. Whatever ___1___ you make, one thing is certain. Life will demand a payment.

My father taught me this important rule. Each week he would ___2___ some housework for the next seven days. Most could be done any time during the week. Our goal was to complete them by Saturday noon. If completed ___3___, we could do something fun with the family. If not, the individual had to ___4___ the fun. He had to stay home to complete the housework. It took me a couple of times to ___5___ that I needed to finish my work on time.

This lesson has been ___6___ to me, so I'm teaching it to my children. I want them to understand that life is not a ___7___ — it is something that you need to invest for your future.

There is no such thing as a "free lunch".   8   , it is wise for them to pay now and play later. The sooner they can take control of their desires, the more   9   they will become. "When we pay later the price is   10   ." My father's words are always kept in my mind.

1. A. achievements   B. choices   C. mistakes   D. preparations
   【正确选项】 B
   【能力目标】 Ⅱ. 读/根据上下文理解词句的能力。

2. A. finish   B. try   C. forget   D. arrange
   【正确选项】 D
   【能力目标】 Ⅱ. 读/根据上下文理解词句的能力。

3. A. in advance   B. for nothing   C. with care   D. at all
   【正确选项】 A
   【能力目标】 Ⅱ. 读/根据上下文理解词句的能力。

4. A. give up   B. take up   C. start with   D. look for
   【正确选项】 A
   【能力目标】 Ⅱ. 读/根据上下文理解词句的能力。

5. A. guess   B. understand   C. explain   D. expect
   【正确选项】 B
   【能力目标】 Ⅱ. 读/根据上下文理解词句的能力。

6. A. simple   B. serious   C. valuable   D. interesting
   【正确选项】 C
   【能力目标】 Ⅱ. 读/根据上下文理解词句的能力。

7. A. race   B. gift   C. business   D. battle
   【正确选项】 B
   【能力目标】 Ⅱ. 读/根据上下文理解词句的能力。

8. A. However   B. Instead   C. Besides   D. Therefore
   【正确选项】 D
   【能力目标】 Ⅱ. 读/根据上下文理解词句的能力。

9. A. successful   B. considerate   C. wealthy   D. helpful
   【正确选项】 A
   【能力目标】 Ⅱ. 读/根据上下文理解词句的能力。

10. A. steadier   B. fairer   C. higher   D. better
    【正确选项】 C
    【能力目标】 Ⅱ. 读/根据上下文理解词句的能力。

Part B 语篇理解(根据短文内容,从各题的四个选项中选择一个最恰当的答案)

It is not easy to take great photographs, but you can learn to take good ones if you remember these simple principles.

Take lots of photographs, and ask your **subjects** to try different poses. Don't take only one picture of your friends at a party; take more. Besides having a variety of poses, you will also be less likely to get a shot where your best friend has his or her eyes closed.

Make sure the camera is well supported. Keep your arms tight against your body. Keep well balanced, with feet apart, and stand against something if possible.

Always be aware of what is in the photo. Before taking the picture, see if anything you don't want is in the picture. Things you don't want might be a telephone pole, parked cars, people — anything that draws attention away from the subject. If you can't change the view, look for another angle to take the shot from.

What can you do to create focus on your subject? Following are a few techniques.

1) Placement. You may have heard of the "rule of thirds". This is simply dividing the picture into thirds and putting your subject at the crossing of one of these imaginary divisions. Thus your subject will be slightly off centre. This makes for a more interesting photograph, one that will help pull focus onto your subject.

2) Relative size. This is simple. Make sure that the subject is large in the picture relative to other elements in the picture. Fill the picture with your subject!

3) Lighting. You can use lighting to help create emphasis on your subject. For example, you can arrange your photograph so that your intended subject is lit while other elements of the picture are in darkness.

1. What does the underlined word "**subjects**" mean in Paragraph Two?

    A. The persons to be photographed.
    B. The persons taking photographs.
    C. The topics you are talking about.
    D. Courses like English, Chinese, etc.

    【正确选项】 A
    【能力目标】 Ⅲ.2 根据上下文正确理解语篇和运用词语的能力。

2. When you are taking a picture of your friends, you don't want a telephone pole in it because _____.

    A. the angle is not perfect
    B. the pole may draw people's attention
    C. the pole fills up the picture
    D. the picture does not follow the "rule of thirds"

    【正确选项】 B
    【能力目标】 Ⅲ.3 根据语篇内容和上下文情景进行逻辑推理的能力。

3. In order to create focus, we should pay attention to the relative position, size and _____ of the subject in the picture.

    A. pose   B. shape
    C. distance   D. brightness

    【正确选项】 D
    【能力目标】 Ⅲ.1 从各类体裁和题材的语篇中获取事实信息的能力。

4. What is the passage mainly about?

    A. The difficulties in taking good pictures.
    B. Some general rules of taking good pictures.

C. Some skills of creating focus on the subject.

D. The main steps of creating focus on the subject.

【正确选项】 B

【能力目标】 Ⅲ.4 理解和归纳语篇基本内容的能力。

Part C 语篇理解(根据短文内容,回答下列问题)

  Japanese workers expect to work overtime very often. Nigerian workers may work when they need money and stop working when they have made enough money to live. Workers in England will work from Monday to Friday, but are often unwilling to work overtime.

  Different nationalities have different attitudes about how important work is. "Some people work to live and some people live to work." For those who work to live, they have a job because they need money to live. They spend about one third of their lives at work, but often hate it. They complain about their jobs and count the minutes until quitting time each day. **These people** look forward to their two-week vacation all year.

  However, some people live to work, that is, they enjoy their work. They often work overtime. They think about work on their days off and they take work home on the weekend. These people are called workaholics because they can't stop working.

  Being a workaholic has a number of disadvantages. A workaholic's lifestyle may lead to stress and health problems. His inability to relax may cause high blood pressure or heart problems. However, workaholism does have benefits. Many workaholics are ambitious and are often successful in whatever they do. This means that they have financial security. Workaholics find great satisfaction while doing their jobs. When they are successful in a project, a workaholic feels proud of himself and proud of his contribution to society.

1. According to Paragraph One, what do workers in England refuse to do?

  【参考答案】 (They refuse to) work overtime.

  【能力目标】 Ⅲ.1 从各类体裁和题材的语篇中获取事实信息的能力。

2. Who does the underlined phrase "**these people**" in Paragraph Two refer to?

  【参考答案】 Those who work to live.

  【能力目标】 Ⅲ.2 根据上下文正确理解语篇和运用词语的能力。

3. What can be the title for the passage?

  【参考答案】 (Any reasonable answers.)

  【能力目标】 Ⅲ.4 理解和归纳语篇基本内容的能力。

  【评分标准】

  1. 内容正确,语法正确,得2分。

  2. 内容基本正确,语法有错误但不影响理解,得1分。

  3. 内容错误,得0分。

Ⅳ. 汉译英(运用括号内所给的词语,将下列句子译成英语)

1. 对于年轻人来说,追逐自己的梦想永不言晚。(too … to)

  【参考答案】 For young people, it is never too late to follow his own dream.

【能力目标】 Ⅳ. 译/正确运用英语词语及语法,并用较规范的英语组织句子。

2. 我们不知道飞往纽约的航班是否会准点起飞。(whether)

【参考答案】 We don't know whether the flight to New York will take off on time.

【能力目标】 Ⅳ. 译/正确运用英语词语及语法,并用较规范的英语组织句子。

【评分标准】

1. 整句意思通顺、表达正确、无语法和拼写等错误,给满分。
2. (1) 未用指定词语,但句子完全正确,扣0.5分。
   (2) 句子谓语部分有错误,或整句时态、语态、句法等出现重大错误,每处扣一半分。
   (3) 标点、单词拼写、单复数、冠词等错误,每两处扣0.5分(只错一处不扣分)。本大题中几小题出现同样错误超过一次,共扣0.5分。
3. 只写出一两个单词或词不成句不给分。

Ⅴ. 短文写作

假如你是ABC职校的优秀毕业生,学校邀请你在毕业典礼上为学弟学妹们作一次演讲。请你以"To get a good job, you'd better …(为了找到一份好工作,你要……)"为主题,写一篇演讲稿,内容不少于70词。

演讲中不得出现具体人名、校名等个人信息,否则不予评分。

【参考答案】 略

【能力目标】 Ⅴ. 书面表达能力。

日 语 科

一、考试性质、目的和对象

上海市普通高等学校面向应届中等职业学校毕业生招生统一文化考试是为普通高等学校招生进行的选拔性考试。选拔性考试是高利害考试,考试结果需要具有高信度,考试结果的解释和使用应该具有高效度。日语科高考的指导思想是:有利于高等学校选拔合格的新生,有利于中等职业学校实施素质教育,促进学校的日语教学改革。

考试对象为2020年中等职业学校报考高等院校选考日语的应届毕业生。

二、能力目标

日语科考试旨在测试考生掌握语言知识的程度及综合运用语言知识的能力和水平。

(一) 语言知识

指考生对语音、词汇、语法和句型、习惯用法等语言知识的辨别、记忆、理解以及这些语言知识在单词、短语和句子等各层次中的运用。其中,对语法和习惯用法等知识的考核是指测试考生在句子中运用这些规则的能力,而不是指考生对语法或句型本身的记忆。

(二) 运用能力

指考生在句子或文章中通过分析、综合多种知识获取信息,对其进行理解后再运用所掌握的语言知识将其以某种形式表达出来。

各大题的具体能力目标如下:

Ⅰ. "语言知识"部分主要测试考生在具体语境中对基础语法、常用词汇及语言功能的理解和应用。

Ⅱ. "阅读理解"部分主要测试考生理解书面日语的能力。

Ⅱ.1 能理解文章主旨大意。

Ⅱ.2 能根据上下文正确理解词语和句子。

Ⅱ.3 能判断作者的观点、态度。

Ⅱ.4 能归纳段落或文章的主旨大意。

Ⅱ.5 能理解句子、段落之间的逻辑关系。

Ⅲ. "写作"部分主要测试考生的书面表达能力。

Ⅲ.1 能根据要求,运用所学的语言知识写出语义清晰、表达正确的语句。

Ⅲ.2 能运用所学的语言知识选择出正确通顺的句子。

三、考试内容和要求

日语科的考试内容范围主要参考上海外语教育出版社出版的《新编日语》第一、二册以及人民教育出版社出版的新版《标准日本语》(初级上下册、中级上册)等教材。要求学生熟练掌握书中出现的常用词汇(以约2 000个核心词汇为主)和包括动词、形容词、形容动词、助动词的词尾变化与助词的使用方法,以及100多个包括常用句型在内的基本语法项目。

四、试卷结构及相关说明

大题	题型	题量	分值	能力目标
词汇	日语汉字读音选择	5题	5分	语言知识
词汇	日语汉字写法选择	5题	5分	语言知识
语法	副词选择填空	5题	5分	语言知识
语法	助词选择填空	10题	10分	语言知识
语法	用言活用选择填空	10题	10分	语言知识
语法	句型完型选择填空	10题	10分	语言知识
日常会话	日常会话选择填空（单句/语篇）	10题	10分	语言能力
翻译	日译中	5题	10分	语言能力
翻译	中译日	5题	15分	语言能力
阅读理解	语篇理解（选择/回答问题）	10题	20分	语言能力
全卷		75题	100分	

考试方法为书面闭卷考试。考试时间为100分钟。试卷总分为100分。

五、题型示例

本部分编制的试题仅用于说明考试的能力目标及题型，并不完全代表正式考试的试题形式、内容、难度等。

問題一　次の漢字の読み方　あるいは平仮名の漢字表記として、正しいものをＡ・Ｂ・Ｃ・Ｄの中から一つ選びなさい。（从A、B、C、D中选择日语汉字的正确读音或者日语单词的正确汉字写法。）

1. 細い
   A ほそい　　　B ふとい　　　C ながい　　　D こまかい
2. 物知り
   A ものじり　　B ぶつしり　　C ものしり　　D ぶつじり
3. 比べる
   A ならべる　　B くらべる　　C しらべる　　D たべる
4. さむけ
   A 吐気　　　　B 元気　　　　C 人気　　　　D 寒気
5. はげしい
   A 難しい　　　B 易しい　　　C 著しい　　　D 激しい
6. まかせる
   A 任せる　　　B 行かせる　　C 聞かせる　　D 書かせる

【正确选项】　1. A　2. C　3. B　4. D　5. D　6. A

問題二 次の(　)に最も適切なものをA・B・C・Dから一つ選びなさい。(从A、B、C、D中选择正确的选项填空。)

1. あまり驚いたので、(　)声を上げました。
　　A すぐ　　　B ほっと　　　C はっと　　　D 思わず
2. 森部長をはじめ、みなさまに(　)お伝えください。
　　A よく　　　B よろしく　　C うまく　　　D やさしく
3. 目がだんだん悪くなり、(　)見えなくなりました。
　　A 少しも　　B ついつい　　C とうとう　　D そろそろ
4. なにか悪いものを食べたようで、ひどい吐き気(　)しました。
　　A が　　　　B を　　　　　C に　　　　　D へ
5. いい(　)悪い(　)みんな違ったことを言っています。
　　A か、か　　B と、と　　　C や、や　　　D とか、とか
6. 知ってい(　)知らない顔をしていました。
　　A ので　　　B から　　　　C ながら　　　D のに
7. この家は駅から近くて(　)のに、買う人がいません。
　　A 便利な　　B 便利だ　　　C 便利で　　　D 便利に
8. いつか一人で海外旅行に(　)と思っています。
　　A 行く　　　B 行こう　　　C 行きたく　　D 行きましょう
9. すみません、お(　)しました。
　　A 待たせ　　B 待ち　　　　C 待ちさせ　　D 待たれ
10. 道に迷わない(　)、地図を調べておきました。
　　A そうに　　B ように　　　C に関して　　D に対して
11. 行って見ましたが、見る(　)ものは何一つありませんでした。
　　A べき　　　B だけ　　　　C はず　　　　D ような
12. この酒は弱い(　)、かなり強いです。
　　A からこそ　B どころか　　C 以上　　　　D あげく

【正确选项】 1. D　2. B　3. C　4. A　5. D　6. C
　　　　　　7. A　8. B　9. A　10. B　11. A　12. B

問題三 次の(　)に入る会話表現として、最も適切なものを□の中から一つ選びなさい。(从方框中选择最适当的选项完成会话。)

> A　はい、おかげさまで
> B　全然構いませんよ
> C　ありがとうございます

1.「お元気ですか。」
　「(　　　)。」
2.「お休みのところを突然お邪魔して申し訳ありません。」
　「いいえ、(　　　)。」

【正确选项】 1. A　2. B

> A 失礼します。
> B ごめんください。
> C お入りください。
> D いかがですか。
> E かまいません。
> F いただきます。

A:（ 1 ）
B:いらっしゃい。どうぞ（ 2 ）。
A:（ 3 ）
B:コーヒーは（ 4 ）。
A:ありがとうございます。
B:どうぞ。
A:（ 5 ）。

【正确选项】 1. B 2. C 3. A 4. D 5. F

問題四　次の日本語を中国語に訳しなさい。（日译中）
1. もうすぐ試験ですが、かれは何もせずに遊んでばかりいます。
2. 面接の時、いろいろな質問に答えさせられて、ちょっと大変でした。

【参考答案】
1. 快要考试了，可他什么也不做一个劲儿地玩。
2. 面试时不得不回答各种各样的问题，有点吃不消（·有点难搞）。

問題五　次の中国語を日本語に訳しなさい。（中译日）
1. 这才是真正的日本料理。真好吃！
2. 我家到（地铁）车站很近，走过去就可以了。

【参考答案】
1. これこそ、本当の日本料理です。美味しいですね。
2. 家から駅までは近いです。歩いて行けるくらいです。（·家から駅までは、歩いて行けるくらい近いです。）

問題六　次の文章を読んで、後の問いに答えなさい。（阅读文章回答问题。）

　　塾帰りの小学生にインタビューをして「①今一番欲しいものは?」と聞くと、「時間」と答える子どもが多い。その上、彼らは「遊ぶ時間よりも、ゆっくり眠れる時間が欲しい」と言う。まるで疲れきったサラリーマンのようだ。また、「どうして勉強するのか」という質問には、「いい大学に入るため」と答える。そして、「なぜ、大学に入りたいのか」と尋ねると、「いい大学さえ出れば、大きくて有名な会社に入ったり医者になったりしてお金持ちになれるからだ」と言う。

　　私たちが子どものころは、実現できるかどうかは別として、みんな子どもは何か夢を持っていたはずである。しかし、最近では、インタビューに答えた子どもたちのように、「勉強していい学校に入って偉くなるのが一番幸せだ」という現実的な考え方をする子どもが増えてきた。もっとも、②これは、子ども自身の考えというよりも、親がかけた大きな期待に子どもが応えようとしている姿といった方がいいかもしれない。子どもの将来を心配しない親はいない。しかし、子どもにとって、果たして、この競争のシステムに適応することだけが良いことなのだろうか。何のための教育か、だれのための教育か——今、改めて考え直すべき時期にきていると言えよう。

1. ① 子供が今一番ほしいものは何でしょうか。
　　A　時間　　　　　　　　　B　遊ぶ時間
　　C　寝る時間　　　　　　　D　勉強する時間
2. ②「これ」というのは、何を指していますか。
　　A　勉強していい学校に入りたい　　B　有名な会社に入りたい
　　C　お医者さんになりたい　　　　　D　現実的な考え方
3. 筆者が一番言いたいことはなんですか。
　　＿＿＿＿＿＿＿＿＿＿＿＿＿＿＿＿＿＿＿＿＿＿＿＿＿＿＿＿＿＿

【正确选项】 1. C　2. D　3. 教育について改めて考え直すことです。

德 语 科

一、考试性质、目的和对象

上海市普通高等学校面向应届中等职业学校毕业生招生统一文化考试是为普通高等学校招生进行的选拔性考试。选拔性考试是高利害考试,考试结果需要具有高信度,考试结果的解释和使用应该具有高效度。德语科高考的指导思想是:有利于高等学校选拔合格的新生,有利于中等职业学校实施素质教育,促进学校的德语教学改革。

考试对象为2020年中等职业学校报考高等院校选考德语的应届毕业生。

二、能力目标

德语科考试旨在考查考生的德语基础知识以及运用德语的能力。在语言知识和语言能力两者之间侧重考核语言能力。

(一) 语言知识

测试考生的德语语音、语法、词汇及语言功能等方面的知识。其中对语音知识的测试主要体现在听力测试之中;对语法的测试主要针对考生在句子层面上对所学的知识的应用;对词汇知识的测试则是针对考生在语篇层面对所学词汇的理解和应用。

(二) 语言能力

测试考生运用语言知识获取和理解信息的能力,以及按照情景或要求传递信息和表达思想的能力。

各大题的具体能力目标如下:

Ⅰ."听力"部分主要测试考生理解口头德语的能力。

Ⅰ.1 获取重要的事实信息的能力。

Ⅰ.2 理解对话或短文整体意义的能力。

Ⅰ.3 理解对话或短文中隐含意义的能力。

Ⅱ."语言知识"部分主要测试考生在具体语境中对基础语法、常用词汇及语言功能的理解和应用。

Ⅲ."阅读理解"部分主要测试考生理解书面信息的能力。

Ⅲ.1 从常见体裁和题材的语篇中获取重要事实信息的能力。

Ⅲ.2 根据上下文正确理解词句意义的能力。

Ⅲ.3 根据语篇内容和上下文情景进行逻辑推理的能力。

Ⅲ.4 理解和归纳语篇大意的能力。

Ⅳ."写作"部分主要测试考生的书面表达能力。

Ⅳ.1 按规定的情景传递信息的能力。

Ⅳ.2 正确运用语法和词汇知识的能力。

Ⅳ.3 用通顺的德语进行叙述或表达情感的能力。

三、考试内容和要求

德语科的考试内容范围主要参考由江苏教育出版社出版的《全新标准德语教程》第一册(上/下)和第二册(上/下)。要求学生掌握书中出现的常用词汇(约2 000个词汇),以及涉及的常用语言功能和基本语法知识。主要考试内容和要求如下:

(一) 语法

Ⅰ. 词法

1. 冠词

    (1) 定冠词、不定冠词在第一、三、四格中的用法

    (2) 否定冠词 kein

2. 代词

    (1) 人称代词在第一、三、四格中的用法

    (2) 物主代词在第一、三、四格中的用法

    (3) 反身代词在第三、四格中的用法

    (4) 关系代词在第一、三、四格中的用法

3. 数词

    基础词和序数词，日期和年份的表达方法

4. 形容词

    (1) 变格（第一、三、四格，第二格不涉及）

    (2) 比较级和最高级的构成和用法

5. 介词

    (1) 常见的支配第四格的介词：für, durch, um, gegen, ohne

    (2) 常见的支配第三格的介词：aus, bei, mit, nach, seit, von, zu

    (3) 变换型介词（支配第三格或第四格）：in, an, auf, über, unter, vor, hinter, neben, zwischen

6. 连词

    (1) 常用并列连词：und, aber, oder, denn

    (2) 从属连词：weil, dass, wenn

7. 动词

    (1) 变位

    (2) 助动词 haben 和 sein

    (3) 情态动词 dürfen, können, müssen, sollen 和 wollen 的肯定和否定用法

    (4) 可分动词

    (5) 反身动词

    (6) 常见的支配介词的动词

    (7) 带 zu 的不定式

    (8) 时态：现在时、现在完成时、过去时和将来时的构成和用法

    (9) 语式：直陈式、命令式的用法和构成

Ⅱ. 句法

1. 常用句子类型：陈述句、一般疑问句、特殊疑问句、祈使句

2. 从句

    (1) dass 引导的主语和宾语从句

    (2) weil 引导的原因状语从句

    (3) wenn 引导的时间状语从句和条件从句

    (4) damit（um ... zu）引导的目的从句

（5）关系从句（第一格、第三格和第四格）
（二）语言功能

1. sich begrüßen（互相问候）

Hallo!
Grüß Gott!
Guten Morgen.
Guten Tag.
Guten Abend.
Gute Nacht.
Wie geht's?
Wie geht es dir/Ihnen?
Danke,（sehr）gut, und Ihnen?
Danke, prima, und dir?
Na ja, es geht.
Ach, nicht so gut.

2. sich verabschieden（互相告别）

Auf Wiedersehen!
Tschüss!
Tschau!

3. gute Wünsche und Gratulation（美好的祝愿）

Gute Reise!
Schönes Wochenende!
Viel Glück!
Viel Spaß!
Guten Appetit!
Zum wohl!
Prost!
Gute Besserung!
Gesundheit!
Frohe Weihnachten/Ostern!
Alles Gute fürs neue Jahr!
Herzlichen Glückwunsch zum Geburtstag!

4. sich bedanken（感谢）

Danke（schön）für das Geschenk.
Vielen Dank für Ihre Hilfe.
Herzlichen Dank für die Informationen.
Bitte（schön/sehr）!
Gern geschehen.
Nichts zu danken.

5. sich entschuldigen（道歉）

Entschuldigung!
Verzeihung!
Das tut mir leid!
Das macht nichts.
Nicht so schlimm.
Das kann passieren.

6. nach Namen, Herkunft und Wohnort fragen und antworten（针对姓名、来处和居住地进行问答）

Wie heißen Sie? /Wie ist Ihr Name?
Ich heiße . . ./Mein Name ist . . .
Woher kommen Sie/kommst du?
Ich komme/bin aus . . .
Wo wohnen Sie?
Ich wohne in . . . .

7. nach dem Alter fragen（询问年龄）

Wie alt sind Sie/bist du?
Ich bin 30（Jahre alt）.
30 Jahre.
Wann sind Sie geboren?
An welchem Tag sind Sie geboren?
Wann haben Sie Geburtstag?
Ich bin 1979 geboren.
Am 17. Mai 1979.

8. nach dem Beruf fragen（询问职业）

Was machen Sie beruflich?
Was sind Sie von Beruf?
（Ich bin）Mechanikerin.
Ich arbeite als Mechanikerin.
Wo arbeiten Sie?
（Ich arbeite）in Mannheim.
Ich arbeite bei Siemens.

9. am Telefon（打电话）

Hier ist Bilgin.
Ist Herr Chaptal da? /Kann ich bitte Herrn/Frau . . . sprechen?
Ja, . . ./Nein, tut mir leid, er/sie ist

leider nicht da.

Entschuldigung, ich habe mich verwählt.

Wie ist die Nummer von …?

Könnten Sie mir bitte die Nummer von … geben?

Ich möchte/hätte gern/brauche die Nummer von …, bitte.

10. nach Freizeitinteressen fragen（询问业余爱好）

Was sind Ihre Hobbys?

Welche Hobbys hast du?

Was machen Sie in Ihrer Freizeit?

Was tust du am liebsten?

Gehen Sie gerne schwimmen?

Ich gehe am liebsten ins Kino.

Ich fahre sehr gern Rad.

Ich spiele oft Gitarre.

Ich mache am liebsten gar nichts.

Nein, ich jogge lieber.

11. nach dem Essen und der Rechnung fragen（询问餐食情况并支付账单）

Der Braten ist sehr fett.

Das Steak ist zart.

Das Gemüse ist etwas fad.

Wie ist/Wie schmeckt …?

Schmeckt es Ihnen/dir?

Die Suppe ist zu salzig.

Der Salat schmeckt ausgezeichnet/lecker/scheußlich.

Der Salat ist sehr gut/o. k./nicht so gut.

Entschuldigung, die Rechnung, bitte.

Können wir bitte bezahlen?

Zahlen, bitte!

Zusammen oder getrennt?

12. fragen, was eine Person gern mag/isst/trinkt（询问某人饮食喜好）

Mögen Sie/Magst du Pizza?

Essen Sie gern/Isst du gern Salat?

Trinken Sie gern/Trinkst du gern Bier?

13. sich verabreden（约会）

Hast du morgen/am Wochenende/… schon was vor?

Was machst du heute Abend/am Samstag/am Wochenende …?

Kommen Sie/Kommst du mit ins Kino?

Haben Sie/Hast du Lust, mit mir morgen essen zu gehen?

Gute Idee. Ich komme mit.

Danke, ich komme gern.

Nein, danke, ich habe heute keine Lust.

Heute, das geht leider nicht.

Morgen ist o. k.

Wir treffen uns um …

Geht es auch etwas früher/später?

Bis dann/später/morgen.

14. nach der Urzeit fragen（询问时间）

Wie spät ist es?

Wie viel Uhr ist es bitte?

Wann beginnt das Fest?

Wann fängt der Film an?

Um wie viel Uhr kommst du?

Es ist genau halb sieben.

Es ist eins/ein Uhr.

(Der Film beginnt) um Viertel nach acht.

15. nach dem Wochentag fragen（询问星期几）

Welcher Wochentag ist heute?

Welchen Wochentag haben wir heute?

Heute ist Mittwoch.

Am Samstag.

Am nächsten Sonntag.

16. nach dem Datum fragen（询问日期）

Der wievielte/Welcher Tag ist es heute bitte?

Der 17. Mai./Heute ist der 17. Mai.

Wann hast du Geburtstag?

Am wievielten/An welchem Tag ist das Konzert?

Am 17. Mai./Am 17.5.

17. die eigene Familie vorstellen（介绍自己的家庭成员）

Das ist/sind ...

Er/Sie ist ... Jahre alt.

Er/Sie arbeitet als ...

Er/Sie wohnt in ...

Er/Sie hat eine Tochter/einen Sohn/x Kinder.

Er/Sie ist（mit ...）verheiratet.

Sie sind geschieden.

Sie leben getrennt.

Er/Sie lebt allein. Er/Sie ist Single.

18. nach Kleidungsstücken fragen（询问服装,如尺寸、价格等）

Ich suche ein T-Shirt in Größe 38.

Ich hätte gerne die Schuhe in Größe 43.

Haben Sie den/diesen Pullover in Braun?

Gibt es auch Hosen/Jacken/Blusen aus Seide/Wolle/Leder/...?

19. fragen, ob ein Kleidungsstück gefällt/passt ...（询问某件衣服是否合适/合身/……）

Wie sieht der Pullover aus?

Wie findest du/Wie finden Sie den Anzug/das T-Shirt/die Jacke?

Finden Sie das Kleid gut?/Passt der Mantel?

Mögen Sie/Magst du ...?

Sehr gut!/Den/das/die mag ich nicht.

Der/Das/Die ist prima.

Das sieht (nicht) gut aus.

Ja, das sieht super/klasse aus!

Er/es/sie ist ein bisschen zu lang/weit/teuer/...

Aber die Krawatte passt nicht zum Hemd.

20. nach dem Befinden fragen（询问健康状况）

Wie geht es dir/Ihnen?

Was hast du/haben Sie?

Was fehlt dir/Ihnen?

Was ist denn mit dir/Ihnen los?

Wo tut es weh?/Wo haben Sie/hast du Schmerzen?

Haben Sie/Hast du Fieber?

Bist du/Sind Sie krank?

Mir geht es nicht gut.

Mein Arm tut weh./Meine Beine tun weh.

Ich habe Halsschmerzen/Rückenschmerzen.

Ich fühle mich krank.

Nein, es ist alles in Ordnung.

21. Zum Arzt gehen（看病）

Kann ich dir/Ihnen helfen?

Kann ich etwas für dich/Sie tun?

Trink doch/Trinke Sie doch einen Tee.

Ich schreibe Ihnen ein Rezept für ...

Nehmen Sie das dreimal täglich.

Holen Sie das in der Apotheke.

22. nach dem Weg fragen（问路）

Entschuldigung, wie komme ich zu ... bitte?

Verzeihung, wo geht es hier zu ...

Ich suche ...

Wo ist ...

Gehen Sie geradeaus/die ... Straße entlang.

Gehen Sie die erste/zweite/dritte Straße links/rechts.

Gehen Sie über den ... Platz.

Gehen Sie bis zur Hauptwache/bis zum Museum.

Da ist/der/das/die ...

Dann sind Sie an dem/der ...

23. Informationen auf dem Bahnhof erfragen（在火车站询问信息）

Wann fährt der nächste Zug nach Hannover?

Wann komme ich in Hannover an?

Muss ich umsteigen?

Was kostet die Fahrkarte mit BahnCard?

Brauche ich einen Zuschlag?
Zahlen Sie bar oder mit Kreditkarte?

24. Zimmer reservieren(预定房间)
Ich möchte ein Doppelzimmer vom 1.3. bis 5.3. reservieren.
Haben Sie vom 1.8. bis 3.8. ein Einzelzimmer frei?
Wie weit ist es von Ihrem Hotel zum Hauptbahnhof?/Wie weit ist Ihr Hotel vom Hauptbahnhof entfernt?
Hat das Hotel einen Parkplatz?
Gibt es eine Sauna?
Was kostet ein Doppelzimmer bei Ihnen pro Nacht/für zwei Nächte?
Ist das Frühstück dabei?

25. fragen, was man möchte(询问他人想要什么)
Was möchten Sie?
Sie wünschen, bitte?
Ja, bitte?
Möchtest du/Möchten Sie …?
Ich möchte …/Wir möchten …
Ich nehme …/Wir nehmen …
Ich hätte gern …/Wir hätten gern …
Bringen Sie mir/uns …
Für mich/uns …
Haben Sie …?
Nein, danke. Ich möchte/nehme lieber …
Tomatensuppe, bitte.
Einmal die Gemüsepfanne.

四、试卷结构及相关说明

大题	题型		题量	分值	能力目标	时间
听力理解	A	短对话理解	5题	5分	语言能力	20分钟
	B	长对话/短文理解	5题	5分		
	C	听力填空	5题	5分		
语言知识	A	语法	15题	15分	语言知识	80分钟
	B	词汇	10题	10分		
语言功能	A	情景问答	5题	5分	语言能力	
	B	情景交际	5题	5分		
阅读理解	A	语篇理解（判断）	5题	10分		
	B	语篇理解（选择）	5题	10分		
	C	语篇理解（问答）	5题	10分		
写作	写作		1题	20分		
全　卷			66题	100分		100分钟

考试方法为书面闭卷考试。考试时间为100分钟，试卷总分为100分。

五、题型示例

本部分编制的试题仅用于说明考试的能力目标及题型，并不完全代表正式考试的试题形式、内容、难度等。

Ⅰ. 听力理解

Part A 短对话理解：根据所听到的对话内容，选出正确选项。

1. A：Du Linda, sag mal, wie war dein Urlaub in Rügen?

B：Naja, das Wetter war ja OK. Die Reise kostete auch nicht sehr viel. Aber du kennst ja meinen Partner Peter. Der war immer so oft schlecht gelaunt.

Frage：Was gefällt Linda nicht im Urlaub?

A. das Wetter

B. die Kosten

C. der Reisepartner

【正确选项】 C

【能力目标】 Ⅰ.1 获取重要的事实信息的能力。

2. A：Thomas, wie sieht deine Traumfrau aus?

B：Tja, groß und schlank muss sie nicht sein, viel Make-Up mag ich auch nicht. Wichtig ist die Toleranz. Außerdem möchte ich eine ruhige Freundin haben.

Frage：Wie sieht Thomas' Traumfrau aus?

A. groß und schlank

B. viel Make-Up

C. das Aussehen ist nicht so wichtig

【正确选项】 C

【能力目标】 Ⅰ.3 理解对话或短文中隐含意义的能力。

Part B 长对话理解：根据所听到的内容，选出正确的答案。

录音材料

A：Guten Tag!

B：Guten Tag. Ich habe ein Zimmer reserviert.

A：Ja. Auf welchen Namen?

B：Bernhard. Nobert Bernhard.

A：Ja. Ich habe hier als Reservierung ein Doppelzimmer, zwei Übernachtungen. Ein Nichtraucherzimmer. Wenn Sie bitte das Anmeldeformular ausfüllen würden.

B：Ja, selbstverständlich.

A：Sie haben Zimmer 215. Das ist im zweiten Stock. Der Fahrstuhl ist gleich hier rechts. Hier ist Ihr Zimmerschlüssel. Frühstück gibt es von 7.00 Uhr bis 10.30 Uhr. Das Frühstückbuffet finden Sie im ersten Stock gleich links. Sauna und Swimmingpool sind im Untergeschoss. Einen angenehmen Aufenthalt!

B：Vielen Dank!

Frage 1：Was für ein Zimmer hat Bernhardt reserviert?

A. Ein Doppelzimmer   B. Ein Einzelzimmer   C. zwei Zimmer

【正确选项】 A

【能力目标】 Ⅰ.1 获取重要的事实信息的能力。

Frage 2: Was gibt es im Hotel nicht?

    A. Aufzug   B. Sauna   C. Reisebüro

【正确选项】 C

【能力目标】 Ⅰ.3 理解对话或短文中隐含意义的能力。

Part C 听力填空

录音材料

In Deutschland spielen Urlaubsreisen eine große Rolle. Man spart und plant dafür schon einige Monate vorher. Etwa siebenundsechzig Prozent der Deutschen verbringen ihren Urlaub im Ausland. Denn sie wollen den Alltage vergessen und warmes Wetter genießen. Viele Familien machen Campingsurlaub, besuchen Verwandte oder verbringen den Urlaub zu Hause. Besonders junge Leute machen oft den preiswerten Urlaub. Sie übernachten in Jungendherbergen.

    Frage 1: Viele Familien machen Campingsurlaub, besuchen ____1____ oder verbringen den Urlaub zu Hause.

【参考答案】 Verwandte

【能力目标】 Ⅰ.1 获取重要的事实信息的能力。

Ⅱ. 语言知识

Part A 语法：从下列各题的 ABC 三个选项中选择一个最佳答案。

1. Er hat _____ sein Hobby verzichtet, weil er keine Freizeit hat.

    A. mit   B. auf   C. für

【正确选项】 B

【能力目标】 Ⅱ. 语言知识/语法

【知识内容】 支配介词的动词

2. Die Schüler, _____ ich die Geschichte erzählt habe, haben laut gelacht.

    A. den   B. der   C. denen

【正确选项】 C

【能力目标】 Ⅱ. 语言知识/语法

【知识内容】 关系从句,关系代词

3. Er läuft _____ Peter und hat den ersten Preis gewonnen.

    A. schneller wie   B. langsamer als   C. schneller als

【正确选项】 C

【能力目标】 Ⅱ. 语言知识/语法

【知识内容】 形容词的比较级

Part B 词汇：从下面的方框中选择最合适的词汇。

A. fertig	B. landen	C. Lage
D. mit	E. zugleich	F. Frankfurter

In Frankfurt am Main gibt es seit 1936 einen Flughafen. Heute ist der ____1____ Flughafen ein internatioinaler Verkehrsknotenpunkt. Jede Stunde starten ...

【正确选项】 F

【能力目标】 Ⅱ. 语言知识/词汇

【知识内容】 词义的理解

Ⅲ. 语言功能

Part A 请根据情境，从下面的方框中选择最合适的选项。

> A. Ich nehme einen Orangensaft und eine Pizza.
> B. Gehen Sie über die Brücke und dann gleich rechts.
> C. Um 14 Uhr 30 von Gleis drei.
> ...

1. Entschuldigung, wie komme ich zum Bahnhof?
   _____

【正确选项】 B

【能力目标】 Ⅱ. 语言功能/情景交际

【知识内容】 问路

2. Wann fährt der nächste Zug nach Bochum?
   _____

【正确选项】 C

【能力目标】 Ⅱ. 语言功能/情景交际

【知识内容】 火车站买票

3. Guten Tag, was möchten Sie?
   _____

【正确选项】 A

【能力目标】 Ⅱ. 语言功能/情景交际

【知识内容】 餐厅点餐

Part B 请根据场景，从下面的方框中选择最合适的选项，完成对话。

> A. Wie lange haben Sie das schon?
> B. Was fehlt Ihnen, Herr Seiters?
> C. Haben Sie auch Fieber?
> ...

A: ____1____

B: Ich habe Kopfschmerzen und meine Nase läuft.

A: Aha. ____2____

B: Seit vier Tagen.

A: ____3____

B: Ja, gestern Abend hatte ich 38.5 Grad.

A: Gut, ich verschreibe Ihnen Tabletten ...

【正确选项】 1. B 2. A 3. C
【能力目标】 Ⅱ. 语言功能/情景交际
【知识内容】 看病

Ⅳ. 阅读理解

Part A 根据短文内容,判断对错(R=Richtig, F=Falsch)。

Ich heiße Martin Krause und bin Student. Ich studiere Musik und lerne Deutsch. Meine Eltern schreiben mir oft Briefe. Sie fragen:

„Was machst du im Deutschunterricht? Wie arbeitest du? Machst du Fortschritte?" Heute schreibe ich endlich eine Antwort. Aber wie antworte ich auf die Fragen?

Meine Eltern glauben, ich lese schon Bücher und Zeitungen und spreche sehr gut Deutsch. Leider ist es nicht so. Ich spreche nur langsam Deutsch und mache oft Fehler.

Ich arbeite wirklich viel. Ich lerne Vokabeln und bilde Sätze. Ich arbeite viel im Sprachlabor. Dort lese ich Texte und mache Übungen. Ich besuche oft die Bibliothek und arbeite auch dort. Ich mache Fortschritte, aber sie sind noch nicht groß.

Ich glaube, aller Anfang ist schwer.

1. Martin ist Student. Er studiert Deutsch.
2. Er macht selten Übungen im Sprachlabor.
3. Heute hat er frei und schreibt eine Antwort.
4. Martin findet, Deutsch ist am Anfang nicht leicht zu lernen.
5. Sein Deutsch ist jetzt viel besser.

【正确选项】 1. F 2. F 3. R 4. R 5. R
【能力目标】 Ⅲ. 从文章中获取事实信息的能力;根据上下文正确理解语篇的能力。

Part B 根据短文内容,从各题的 A、B、C 三个选项中选择一个最佳答案。

Wofür nutzen Kinder den Computer?

Computerspiele sind nach wie vor die häufigsten Tätigkeiten der Kinder am Computer. Kinder nutzen den Computer aber auch intensiv als Lernmedium.

Die Hälfte der Kinder, die das Internet nutzen, arbeiten mindestens einmal pro Woche am Computer für die Schule. 45 Prozent arbeiten mit einem Lernprogramm. 63 Prozent spielen allein am Computer. 50 Prozent spielen gemeinsam mit anderen.

Die Arbeit am Computer findet hauptsächlich zu Hause statt. Etwa ein Drittel nutzt die Lernprogramme aber auch regelmäßig in der Schule. Den Kindern macht das Lernen am Computer viel Spaß. Mehr als zwei Drittel der Anwender verwenden Lernsoftware sehr gerne. Sie lernen am häufigsten Mathematik, Deutsch und Fremdsprachen am Computer.

Auch das Internet wird von Kindern immer intensiver genutzt. Über die Hälfte der Kinder zwischen 6 und 13 Jahren haben bereits Erfahrungen im Internet. Zwei Drittel der Kinder sind regelmäßig einmal pro Woche oder öfter im Netz. Auch bei der Online-Nutzung der Kinder hat das Lernen eine große Bedeutung: Nach dem Surfen auf Kinderseiten zählt die Informationssuche für die Schule zur wichtigsten Onlinetätigkeit.

1. Kinder spielen _____.

   A. nur am Computer

   B. nicht am Computer

   C. oft am Computer

   【正确选项】 C

   【能力目标】 Ⅲ.1 从常见体裁和题材的语篇中获取事实信息的能力。

2. Was ist richtig?

   A. Die Kinder spielen gerne allein am Computer.

   B. 50% Kinder arbeiten nur einmal pro Woche am Computer.

   C. Das Lernen mit dem Computer macht den meisten Kindern Spaß.

   【正确选项】 C

   【能力目标】 Ⅲ. 全面理解文章和分析语篇的能力。

Part C 根据短文内容，回答问题。

Das Inserat

In Deutschland gibt es inzwischen in fast jeder Stadt eine Anzeigenzeitung. Anzeigenzeitungen sind ein „Supermarkt" für alle, die etwas verkaufen oder günstig kaufen möchten. Sie erscheinen mindestens einmal in der Woche und sind überall erhältlich. In Frankfurt und Umgebung heißt diese Zeitung das Inserat.

Das Inserat erscheint dreimal pro Woche, d. h. am Montag, Mittwoch und Freitag und kostet 2,10 Euro. Im Inserat findet man vor allem gebrauchte Möbel, Haushaltsgeräte, Fernseher und Videogeräte, Fotoartikel, Sportgeräte, Computer, Autos und vieles andere. Oft gibt es aber auch Sonderangebote für Neugeräte.

Sie suchen eine neue Wohnung, eine neue Arbeit oder Partner für Ihr Hobby? Im Inserat finden Sie auch Wohnung-und Stellenanzeigen, Gruppen für alle Arten von Freizeitgestaltung und sogar Kontakt-und Heiratsanzeigen. Sie möchten jemandem Grüße schicken oder zum Geburtstag gratulieren? Setzen Sie einfach eine Anzeige ins Inserat.

Wer eine Anzeige aufsetzen möchte, schickt ein Fax, schreibt einen Brief oder greift zum Telefon. Eine Anzeige im Inserat kostet nichts (in anderen Zeitungen kosten Anzeigen zwischen 12 und 50 Euro).

Viele Leute nutzen diese günstige Gelegenheit. Deshalb ist das Inserat in den letzten Jahren immer dicker geworden.

1. Welche Informationen kann man im Inserat finden?

   【参考答案】 Man kann viele Informationen finden, zum Beispiel gebrauchte Möbel, Haushaltsgeräte, Fernseher und Videogeräte, Fotoartikel, Sportgeräte, Computer, Autos, Sonderangebote für Neugeräte, Wohnung-sowie Stellenanzeigen und vieles andere.

   【能力目标】 Ⅲ.4 理解和归纳语篇大意的能力。

2. Wie kann man eine Anzeige im Insert aufsetzen?

   【参考答案】 Man kann eine Anzeige per Telefon, Brief oder Fax aufsetzen.

   【能力目标】 Ⅲ.1 从常见体裁和题材的语篇中获取事实信息的能力。

Ⅴ．写作

你平时是怎么度过周末的？请列举（1）你周末的业余活动；（2）写出你的感受。以 „Mein Wochenende"为题写一篇小作文。

　　要求　1.作文要包含以上所涉及的内容。2.不少于60字。

【参考答案】　略

【能力目标】　Ⅳ．书面表达能力。

第二部分 附录

一、2019年上海市普通高等学校面向应届中等职业学校毕业生招生统一文化考试试卷及参考答案

2019年上海市普通高等学校
面向应届中等职业学校毕业生招生统一文化考试
语文试卷

考生注意：

1. 试卷满分100分。考试时间150分钟。
2. 本考试设试卷和答题纸两部分，试卷包括试题与答题要求；所有答题必须涂（选择题）或写（非选择题）在答题纸上，做在试卷上一律不得分。
3. 答题前，务必用钢笔或圆珠笔在答题纸上清楚地填写姓名、准考证号，并将核对后的条形码贴在指定位置上。
4. 答题纸与试卷在试题编号上是一一对应的，答题时应特别注意，不能错位。

一、现代文阅读（共26分）

（一）阅读下文，完成第1—6题（13分）

车尘马足年复年
——江南的桃花坞，都市里的年画

① 年画的肇始可以追溯至先秦两汉，《中国绘画史》中提到，"约略从明代中后期，陆续在全国各地出现年画印制中心产地，特别是清代康熙至乾隆一百多年长治久安，呈现出极为繁荣发达的局面，其中最著名的产地首推'南桃北柳'"。所谓"南桃"，说的是与天津"杨柳青年画"南北争艳的苏州"桃花坞年画"。而桃花坞年画在诸多年画流派中别开生面，她是属于都市的。

② 虽然年画的使用遍及城乡，但中国年画的产地大多不在城市的中心。以繁华都市为生产和销售的基地，且扎根在闹市中心的，恐怕也就桃花坞一家。桃花坞是苏州的一个地名，为昔日苏州寸土寸金的商贸之地。贸易必然带来休闲娱乐业的繁荣，都市性及其与之相关的市民文化使得带有消费消遣性质的小说、戏曲等文艺作品大量涌现，明清之际，苏州的"书肆之胜，比于京师"。市民与商贾交际活动的频繁，互为因果地成就了与之相关的书业的文化市面。明万历以后戏曲、小说、弹词，以及占卜、尺牍、棋谱等通俗读物大量刊印，插图版画日趋考究。崇祯年间又出现了"月光型"版式，有绘刻俱精的"苏派"风格（见右图《桐下美人图》）。

《桐下美人图》

③ 地理位置上独有的都市性，□□为桃花坞年画带来了绝佳的商品流通环境，□打开了人才交流的渠道和了解市场需求的窗口，□□奠定了桃花坞年画都市性的坚实基础。

④ "花开烂漫满村坞"，市口决定了桃花坞年画服务的主要对象是市民。明清以来，都市化的发展使得苏州当地的民俗生活越发讲究与繁密。尤其是年节的风俗和礼仪的规矩，更是集中体现了城市的精神风貌和人文景观。狭义的年画是适应欢庆春节需要的风俗节令画。作为传统民俗最重要的节日，春节张贴年画，在祭神、祭祖、吃年饭、挂春联等一系列习俗中，是格外重

要的一项内容。不仅如此，苏州地区还有在其他时节张贴广义年画的习俗，比如：清明节贴钟馗门画以辟邪，三到四月的养蚕季节会张贴《蚕猫逼鼠图》，八月十五斋月宫的时候会张贴"月光型"的《月宫图》。这类年画不仅有祈福助兴之功能，而且也记录着苏州的世俗生活与风土人情。此外，花鸟山水、仕女婴戏和小说戏曲等题材的年画，也无时间节令的约束，常销常旺。特别需要提及的是，苏州的戏曲演出极为繁盛，桃花坞年画涉及的剧目种类就远超三十种。桃花坞年画中《珍珠塔前后本》《三笑姻缘》等都取材于评弹曲目；取材于苏州历史上流行过的昆剧、锡剧、京剧和文明戏的桃花坞年画也不在少数。戏曲年画是桃花坞年画中最有特色的大宗产品，并且戏文故事是最能体现市民文化特征的题材，从中大抵可以推论出当年人们对于忠孝节义和善恶是非的看法。

⑤ 苏州地区量大面广的民俗活动、丰富多元的文化市场、细致讲究的节俗礼仪，为桃花坞年画提供了充沛的创作题材，也扩容了产品的消费体量；反过来，桃花坞年画又与市民生活、城市风貌密切对应，成为了活色生香的都市生活如影随形的重要标记。

⑥ 明代晚期至清代中期，苏州俨然已是海内外知名的大都会。桃花坞一带不仅商业兴盛，而且还是工艺品的产销中心和时尚聚集之地。桃花坞年画在大都会的时尚中心，左右逢源，集众彩于一身，其雅致、高档和国际化一时无出其右者。这种市场导向无疑也是都市属性的。都市化的桃花坞年画，采用国际化的制作技法，拥有海外销售对象，在覆盖广阔国内市场的同时，对国外市场具有很强的适应与辐射能力。到清康熙年间，桃花坞年画就经由长崎传播到江户，现英国、法国、俄罗斯和日本的博物馆都藏有大量清以后的桃花坞珍品。

⑦ 唐寅晚年曾作《桃花庵歌》，中间有"花开花落年复年"和"车尘马足富者趣"两句，多少可以窥得当年桃花坞的如梦盛景。我们在此集句"车尘马足年复年"，是想形象化地说明桃花坞年画从地理位置，到题材和使用场景，直至消费趋势上都具有明显的都市性。

1. 与诸多年画流派相比，桃花坞年画的特有属性是□□□。(1分)
2. 第②段用《桐下美人图》_____地说明了"月光型"版式绘画刻印具有_____的特征。(2分)
3. 依次填入第③段空格处的关联词，最恰当的一项是(2分)
   A. 只有 才 所以　　　　　B. 虽然 但 于是
   C. 不仅 也 由此　　　　　D. 如果 就 因此
4. 对第④段"桃花坞年画"理解不正确的一项是(2分)
   A. 具有欢庆春节、祈福助兴等许多功能。
   B. 有风土人情、花鸟山水等丰富的题材。
   C. 销售常年兴旺，没有时间节令的约束。
   D. 忠孝节义的戏曲年画最受市民们欢迎。
5. 第⑥段"左右逢源"一词使用了拟人的修辞手法，其表达效果是_____。(2分)
6. 请就本文语言准确性和艺术性结合的特点，分析文章标题。(4分)

(二)阅读下文，完成第7—12题(13分)

灯如红豆

① 古人有言："灯如红豆最相思。"

② 夏日炎炎的夜晚，我经常会在夜深人静后走向阳台，看城市迷人的夜光。那夜光是由无数盏灯组成的。望着望着，有时会掉下眼泪来。

③ 是的，不止一次。因为我总会想到童年、少年时陪伴我的那盏小煤油灯。

④ 我们家兄妹五人，在那个困难年代出生的人，都品尝过生活的艰难。别的不说，就是一家人偶尔做件新衣和平时的缝缝补补，对母亲来讲就是一项繁重的劳作。春节前的母亲是最忙碌的。一进腊月就要夜夜坐在小油灯前，赶做新衣或者浆洗旧衣。白天辛苦一天，晚上还要干活到下半夜。

⑤ 有一天，我睡醒一觉，发现母亲还在灯前纳鞋底做新鞋，腿上盖着被子，身上披着棉衣。一手拿着鞋底，一手交替拿锥子和针线。先用锥子扎，再用针穿线，再在膝盖上使劲地勒紧。我看着看着，忽然看见她浑身一抖，把手里的东西一扔，然后用左手紧紧地攥住右手的食指，斜倚在了窗台上。过了五六分钟吧，她又坐了起来，拿起没做完的活儿。我想过去接住她看看扎伤的手，想劝她去睡觉，但我一张口，说出的却是"妈，我要尿尿"。妈没有抬头，只是说"灯亮着呢，去吧"。尿完尿，我回转身，站在那儿，盯着母亲，希望她看我一眼，等来的却是"冷，快去睡，感冒了过不好年"。她仍没有抬头。"那你怎么还不睡？""快完了，一会儿睡。"在母亲的心里，赶制孩子过年的新衣新鞋，这些活儿不但是定了量的，而且也是限了时的。

⑥ 年年如此。

⑦ 后来，我们家又有了另一盏油灯。那是一盏玻璃底座，玻璃肚子，带了玻璃灯罩的油灯。它不但比我家原有的那盏灯好看，而且也明亮；更主要的是它有个调整亮度的开关。这是父亲做了生产队会计，村里给买的。自从有了这盏灯，我们总希望父亲天天计工分，天天整理账，天天点亮这盏灯。那样不但整个家里会明亮很多，而且我们可以蹭亮光看书写作业。

⑧ 有一年的年底，父亲又点亮那盏灯，开始给人们算账，我又蹭光写起作业，写完就去睡了。但我睡醒一觉，发现父亲仍然在翻本子打算盘。"爹，咋了？""没咋。"他没有看我。"没咋，那咋不睡？"我又问。这时他转过脸，看着我说："有两毛钱，对不上账。""多了还是少了？"我接着问。"多了。"他说。"多了，那好呀！"我说。他又转过头并拧小灯火，走过来坐在炕沿边摸着我的脸："不知道给谁少算了。两毛，一个壮劳力两天才能挣到。"

⑨ 1982年，我上了高中。虽然那时学校有了电灯，但晚上是要定时关灯的。为了在教室关灯后能多学习一会儿，很多同学都备了一盏小油灯。我也不例外。上了三年高中，如果说有几件东西是不能离开的，那么，这盏小油灯就是其中之一。多少次，当冬天的寒冷冻得我手不能拿笔想放弃的时候，是这盏小小的灯给了我些许的温暖。当笔中的墨水冻得不能写字时，是这盏灯帮我融化。假如不曾有小油灯的陪伴照耀，我想在我们那个连老师都配不齐的学校，我是无论如何都不会考上大学的。尤其难忘的是，有一个冬天的早晨，我带了灯去教室背书，可是只过了一会儿就油尽灯灭。正在我不知如何是好时，一个与我坐得不远的同学将他的灯推到了我的面前，自己站起来走出了教室。这一举动是我万万没想到的，因为这个同学是我们认为最丑且经常被嘲讽的，而且他也应该是意识到了的。从那天起，我似乎懂得了更多的东西。

⑩ 四十年来，陪伴我长大的大大小小、形态各异的油灯，都已难得见到了。但它们却清清楚楚地记录着时代的进步、社会的发展和改革开放的变迁，照耀我前行的路，给我以启迪。

⑪ 其实，"灯如红豆最相思"的上句是"书似青山常乱叠"。把灯和书联系起来的古人，忽然升华了我对灯相思的境界和品位。也许这是我思念灯的又一缘由，或写完这篇短文后的意外收获吧。

7. 第②段"掉下眼泪来"蕴含着"我"对父母的_____和对人生的感慨。(1分)

8. 第⑤段画线句使用了一连串的动词，富有表现力，请加以赏析。(3分)

9. "年年如此"独立成段，对此作用分析不正确的一项是(2分)

A. 照应第④段"夜夜"，强调母亲的操劳。

B. 收束上文，下文转向对另一事件的叙述。

C. 直抒胸臆地抒发了"我"对母亲的赞美。
D. 位于较长段落之间,以舒缓叙事的节奏。

10. 简析第⑦段反复使用"天天"一词的作用。(2分)
11. 第⑨段写"冬天的寒冷"的用意是_____。(2分)
12. 最后一段画线句意味深远,请联系全文谈谈你对这句话的理解。(3分)

二、文言文阅读(共24分)

(一) 默写(7分)

必答题(完成第13—15题,每题1分)

13. 对酒当歌,_____!(曹操《短歌行》)
14. _____,到黄昏、点点滴滴。(李清照《声声慢》)
15. 事不目见耳闻,_____,可乎?(苏轼《石钟山记》)

选答题(在第16—19题中任选2题,每题2分,超过2题按所答前2题评分)

16. 中国古代军事家强调"_____,百战不殆",意指对敌方和我方的情况都需要透彻了解。
17. 柳永《凤栖梧》中的"衣带渐宽终不悔,_____",原意是表达情感的坚贞不渝,现常用来表达对学业、事业的执著追求。
18. 世界职业技能大赛上,上海两位中职生斩金夺银,脱颖而出。学校拟为此撰写简讯,请从下列诗句中选择最适合的一句作为标题,填在横线上:_____
    千呼万唤始出来/一片冰心在玉壶/小荷才露尖尖角/山寺桃花始盛开
19. 请从下列名句中选择最适合的一句,填在下文横线上。
    失之毫厘,谬以千里/锲而不舍,金石可镂/圣人千虑,必有一失/合抱之木,长于毫末
    许多孜孜以求的手工艺者都认为"_____,_____",因而常以"零误差"的标准来严格要求自己。

(二) 阅读下文,完成第20—23题(8分)

项脊轩,旧南阁子也。室仅方丈,可容一人居。百年老屋,尘泥渗漉,雨泽下注;每移案,顾视无可置者。又北向,不能得日,日过午已昏。余稍为修葺,使不上漏;前辟四窗,垣墙周庭,以当南日,日影反照,室始洞然。又杂植兰桂竹木于庭,旧时栏楯,亦遂增胜。借书满架,偃仰啸歌;冥然兀坐,万籁有声。<u>而庭阶寂寂,小鸟时来啄食,人至不去。</u>

20. 《项脊轩志》中的"_____"和《石钟山记》中的"记"都是一种文体。(1分)
21. 对下列加点词的解释不正确的一项是(2分)
    A. 室仅方丈   方丈:一丈见方   B. 又北向   北向:朝北
    C. 余稍为修葺   修葺:修补   D. 冥然兀坐   兀坐:独坐
22. 用现代汉语翻译下面的句子。(3分)
    垣墙周庭,以当南日
23. 画线句使用以动衬静的手法,突出读书环境的_____,表达对于项脊轩的_____之情。(2分)

(三) 阅读下文,完成第24—27题(9分)

董三泉公由蜀西充令,升蓬州守。官十数年许,仅一青布袍,一革靴。赴任时,诸子请曰:"平生志节,儿辈能谅;第大人年高,蜀中多美材,可为百岁后①计也。"公曰:"唯。"既致政②,诸子迎之,间请于公曰:"往者所言美材,颇择得否?"公曰:"闻之人言,杉不如柏也。"子曰:"今所具者

柏耶？"公莞尔曰："吾兹载有柏子在，种之可尔。"

【注】①百岁后：去世后。②致政：退休。

24. 对下列加点词解释正确的一项是(2分)
   (1) 诸子请曰
      A. 邀请　　B. 请求　　C. 拜见　　D. 告诉
   (2) 间请于公曰
      A. 趁着空隙　B. 偷偷地　C. 从小路　D. 参与

25. 用现代汉语翻译下面的句子。(3分)
   官十数年许，仅一青布袍，一革靴。

26. "诸子"劝父亲到蜀地准备"美材"的原因：一是_____；二是_____。(2分)

27. 文中画线句刻画了董三泉公_____、_____的形象。(2分)

三、写作(共50分)

(一) 根据要求，完成第28题(6分)

28. 下文有多处表达上的错误，请找出其中6处，并加以改正(不能改变原意)。

翡翠上的"雪花"

一块表面布满斑点的翡翠毛石，置于摊位一角，无人理喻。

翡翠讲究质地纯粹，不但只有一个小斑点，都会贬值，更别提瑕疵满身了。

一天，有位玉雕师走过玉石摊，无意中瞥见这块毛石。他拿在手中端详片刻，把它买下了。在工作室，玉雕师打开射灯，认真察看，琢磨着能把这块毛石雕成何种物件。翡翠的斑点在处理时，玉雕师通常会用镂空法将瑕疵剔除，可这块毛石的斑点实在太多。苦思良久，一愁莫展的玉雕师突然眼前一亮。灯光下，满是斑点的毛石，透出温和的绿光，晶莹别透。一句诗在玉雕师的脑海里闪现："柴门闻犬吠，风雪夜归人"。翡翠毛石上的斑点，可不就像那漫天飘舞的雪花吗？

玉雕师的新作一面世，立即引起玉石界轰动。这个取名《风雪夜归人》的翡翠挂件，巧妙地利用石料上的瑕疵，雕琢手法别具一格，创造出一幅诗情画意的场景。

为了展现完美，世人往往一心想着别除瑕疵、掩盖缺陷。殊不知，缺陷一定也能成就另一种完美！

(二) 根据要求，完成第29题(14分)

29. 请将下面句子扩写为一篇短文。

   暮春三月，江南草长，杂花生树，群莺乱飞。

   要求：(1) 依据句子情境，展开合理想象；
   　　　(2) 从视觉、听觉等不同角度进行描写；
   　　　(3) 250字左右，不分段。

(三) 根据要求，完成第30题(30分)

30. 为响应"大众创业、万众创新"的号召，激发中职学生的创业意愿，培养其创业能力，"上海市××学生发展中心"拟面向全市中职校招收30名学业扎实、富有团队精神、综合素养良好的学生，参加2019年7月10日至7月20日的"上海中职学生创业夏令营"。夏令营将举办"创业基本知识学习""行业大师讲座""与创业者'面对面'"等系列活动。请你以××职业学校学生的身份，写一封自荐信，表达参加夏令营的愿望。

   要求：(1) 涉及个人信息时，一律用××代替；
   　　　(2) 700字左右。

2019年上海市普通高等学校
面向应届中等职业学校毕业生招生统一文化考试
语文试卷答案要点及评分标准

一、现代文阅读(共26分)
(一)(13分)

1. 都市性
2. 直观 精良
3. C
4. D
5. 答案示例：生动地表现了桃花坞年画能适应大都会时尚中心这样的环境，在国内、国外市场具有很强的辐射能力。
6. 评分说明：(1)(4)(5)必答；(2)(3)任意答到一点。

   答案示例：(1)正标题化用唐寅《桃花庵歌》诗句，(2)用生动的语言说明桃花坞年画从地理位置，到题材和使用场景，直至消费趋势上都具有明显的都市性；(3)副标题准确地交代了说明对象及其"都市性"特点；(4)正标题和副标题的组合，(5)对文章内容做了高度提炼，既严谨准确又有艺术性。

(二)(13分)

7. 思念
8. 评分说明：(1)必答(动词只要举出3个以上即可)，(2)(3)(4)具体分析之中答到任意一点，(5)(6)(7)效果之中答到任意一点。

   答案示例：(1)画线句使用了"扎""穿""勒紧""抖""扔""攥""倚"等动词，(2)细腻地刻画母亲被锥子(针)扎着了，钻心刺痛，(3)但是又强忍着疼痛冬夜为孩子做鞋的场景，(4)因为这是"定量""限时"的。(5)表现了母亲繁重劳作的辛苦，(6)对子女深深的爱。(7)更体现出"我"对母亲的心疼。

9. C
10. 评分说明：(1)(2)之中答到任意一点，(3)必答。

    答案示例：(1)突出"我"从小对知识(一盏明灯)的渴求；(2)写出了油灯对于一个贫困家庭的重要；(3)为下文"我"在冬日刻苦读书做了有力铺垫。

11. 衬托出"我"读书时环境的艰苦和不易，突出"小油灯"对"我"的温暖、陪伴和鼓励的作用。
12. 评分说明：答对任意两点给满分。

    答案示例：(1)作者对小油灯的思念不只是因为其对自己童年少年读书、成长的"陪伴"；(2)更在于母亲、父亲和同学等人的美好品质对自己的影响；(3)小油灯记录着时代的进步、社会的发展和改革开放的变迁，照耀我们前行的路。

二、文言文阅读(共24分)
(一)(7分)评分说明：16—19题，一个错别字扣1分，扣完为止。
必答题

13. 人生几何

14. 梧桐更兼细雨
15. 而臆断其有无

    选答题(任选2题,超过2题按所答前2题评分)
16. 知彼知己(亦可作"知己知彼")
17. 为伊消得人憔悴
18. 小荷才露尖尖角
19. 失之毫厘,谬以千里

    (二)(8分)
20. 志
21. D
22. 砌上矮墙把院子围住,用来挡住从南边射来的日光。
23. 静谧美好　喜爱

    (三)(9分)
24. (1) B　(2) A
25. (董三泉公)做官十多年,只有一件青布(官)袍,和一双皮(官)靴。
26. 父亲年高　蜀地木材好
27. 廉洁自律　慈爱风趣

三、写作(共50分)

28. (6分)(改对1处给1分)
    (1) "无人理喻"改为"无人问津"(或"无人理睬")
    (2) "不但"改为"哪怕"(或将"不但……都"改为"即使……也")
    (3) "祥"改为"详"
    (4) "翡翠的斑点在处理时"改为"在处理翡翠的斑点时"
        (或"翡翠的斑点被处理时")
    (5) "愁"改为"筹"
    (6) "风雪夜归人"后的句号放入引号内
    (7) "雕琢手法别具一格"移到"巧妙地……瑕疵"前
    (8) "一定"改为"有时"(或"或许")

29. (14分)

评分量表:

评分项1:内容(9分)

分值	等级描述
8—9分	意象全面,契合情境,想象合理,多感官描写
5—7分	意象较全面,较契合情境,想象较合理,描写较具体
1—4分	意象残缺,脱离情境,没有描写
0分	未按要求写作或没有作答

评分项2：结构、语言(5分)

分值	等级描述
4—5分	条理清楚，语言通顺流畅
1—3分	条理不够清楚，语言不够通顺，语病较多
0分	语言无法理解或没有作答

参考例文：

> "喳——喳——喳"，黄莺打着旋儿追逐，突然地，"吱喳——"一声飞向辽远的天空。大地仿佛一下子被唤醒了，煦暖的阳光泼洒在颤动的绿叶上。不远处的村庄掩映在丛丛的树林中，只见一团团的墨绿，一大片一大片的嫩黄。青草似乎听到了一声口令，迅速布满了小河两岸；又似乎被鸟儿的歌声感染，微笑一般荡漾开去，映衬得远山也似乎明亮起来。绿树的间隙可见翘起的白墙黑瓦，袅袅的炊烟仿佛挂在村庄的上空。这时，"喔——吁——"的赶牛声由远及近地传来，是耕田的农夫收工回村了；紧接着是一群嘻嘻哈哈的采茶少女，打闹着奔向村口。他们的身后，零星的、浅紫色的小花在蜿蜒的小道间轻舞般闪烁起来。

30. (30分)

评分量表：

评分项1：内容(18分)

分值	等级描述
16—18分	目的、诉求明确 内容完整、充实、针对性强
11—15分	目的、诉求较为明确 内容较为完整、具体，有一定的针对性
6—10分	目的基本明确，但诉求不清 内容不够完整、具体，针对性不强
1—5分	目的不明确，诉求不清 内容不够完整、具体，没有针对性
0分	不合题意或没有作答

评分项2：结构、语言(7分)

分值	等级描述
7分	结构完整，条理清晰 语言简明、得体，书写规范
4—6分	结构完整，条理较清晰 语言较为简明、通顺，书写较规范
1—3分	结构不完整，条理混乱 表述不得体，语言欠通顺，有较多语病
0分	结构、表意混乱或没有作答

评分项3：格式(5分)

分值	等级描述	说明
5分	要素齐全 位置准确	(1) 标题(居中)(1分)　(2) 称谓(顶格)(1分) (3) 问候语(1分)　(4) 敬语(1分) (5) 落款(上下顺序、后缩进)(1分)
1—4分	要素欠缺 位置不准确	要素缺一项扣1分 位置错一处扣1分
0分	格式完全错误或没有作答	

例文内容与格式参考：

内容参考
<center>自荐信</center> 上海市××学生发展中心负责老师： □□您好！ (正文要点) 　　1. 个人基本信息介绍、自荐目的。 　　2. 针对招募要求，多角度自我推介(创新创业意识、团队精神、学业基础、综合素养等)，充分展现自我面貌，突出自身优势、特长及素养。 　　3. 阐述对营地活动的认识(创业基本知识学习、行业大师讲座、与创业者"面对面"等)；表达想进一步提升职场、创业能力的诉求。 　　4. 结束语(再次表达自荐意愿及感谢)。 　　5. 联系方式。 □□此致 敬礼 <div align="right">×××(署名)□□ ×年×月×日□□</div>

2019年上海市普通高等学校
面向应届中等职业学校毕业生招生统一文化考试
数学试卷

考生注意:
1. 本试卷满分100分.考试时间100分钟.
2. 本考试设试卷和答题纸两部分,试卷包括试题与答题要求;所有答题必须涂(选择题)或写(非选择题)在答题纸上,作图使用铅笔,在草稿纸和试卷上答题一律无效.
3. 答题前,考生务必用签字笔、钢笔或圆珠笔在答题纸上清楚地填写姓名、准考证号,并将核对后的条形码贴在指定位置上.
4. 答题纸与试卷在试题编号上是一一对应的,答题时应特别注意,不能错位.

一、选择题(本大题共6题,每题3分,满分18分)
【下列各题的四个选项中,有且只有一个选项是正确的,选择正确项的代号并填涂在答题纸的相应位置上.】

1. 已知 $a, b \in \mathbf{R}$,设矩阵 $A = \begin{pmatrix} 1 \\ 2 \end{pmatrix}$, $B = \begin{pmatrix} 3 \\ a \end{pmatrix}$, $C = \begin{pmatrix} b \\ 3 \end{pmatrix}$,若 $A + B = C$,则 $a + b =$
   (A) 0;   (B) 3;   (C) 5;   (D) 9.

2. 据《上海市生活垃圾全程分类宣传指导手册》,可回收物包括废玻璃、废金属、废塑料、废纸张、废织物等.若记集合 $A = \{$废玻璃,废金属,废塑料,废纸张,废织物$\}$,集合 $B = \{$废玻璃,废金属$\}$,则下列结论正确的为
   (A) $A \cap B = \varnothing$;   (B) $A \cap B = A$;   (C) $A \subseteq B$;   (D) $B \subseteq A$.

3. 不等式 $x^2 + x - 6 \geqslant 0$ 的解集为
   (A) $(-\infty, -3) \cup (2, +\infty)$;   (B) $(-3, 2)$;
   (C) $(-\infty, -3] \cup [2, +\infty)$;   (D) $[-3, 2]$.

4. 下列幂函数中,在区间 $(0, +\infty)$ 上单调递减的为
   (A) $y = x^{-1}$;   (B) $y = x^{\frac{1}{2}}$;   (C) $y = x^2$;   (D) $y = x^3$.

5. 某地风筝锦标赛将设立包括优秀传统风筝比赛、创新风筝比赛在内的8个比赛项目.若这些项目逐一安排,且优秀传统风筝比赛必须排在第一个,创新风筝比赛必须排在最后一个,其他6个比赛项目可任意安排,则不同的安排方法共有
   (A) 720种;   (B) 1440种;   (C) 5040种;   (D) 40320种.

6. 某设备折旧后剩余的价值 y（万元）与使用时间 x（年）之间的关系可表示为
$y = \begin{cases} -x + \dfrac{3}{2}, & 0 \leqslant x \leqslant 1, \\ \left(\dfrac{1}{2}\right)^x, & x > 1, \end{cases}$ 则该函数的大致图像为

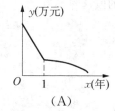　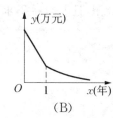　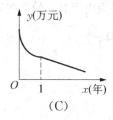　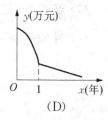

　　　(A)　　　　　　　　(B)　　　　　　　　(C)　　　　　　　　(D)

二、填空题(本大题共 12 题,每题 3 分,满分 36 分)

【请将结果直接填入答题纸的相应位置上.】

7. 函数 $f(x) = \lg(x - 20)$ 的定义域为 ▲ .

8. 在平面直角坐标系 xOy 中,角 α 的顶点在坐标原点,始边与 x 轴正半轴重合,若其终边经过点 $P(-2, m)$,且 $\tan \alpha = 1$,则实数 $m = $ ▲ .

9. 已知函数 $f(x) = 3^x$,若 $f(m) < f(0)$,则实数 m 的取值范围为 ▲ .

10. 若直线 l 过原点,且与直线 $x + y + 6 = 0$ 垂直,则直线 l 的方程为 ▲ .

11. 设等差数列 $\{a_n\}(n \in \mathbf{N}^*)$ 的公差为 d,前 n 项和为 S_n. 若 $a_2 = 8$,$S_2 = 11$,则 $d = $ ▲ .

12. 设函数 $y = f(x)$ 为定义在区间 $(-\infty, +\infty)$ 上的偶函数,且 $f(1) = 1$,若 $g(x) = f(x) - 1$,则 $g(-1) = $ ▲ .

13. 已知向量 $\vec{a} = (2, 9)$,设向量 $\vec{b} = (4, m)$,若 $\vec{b} = k\vec{a}$,其中 $m, k \in \mathbf{R}$,则 $\dfrac{m}{k} = $ ▲ .

14. 图 1 是某算法的流程框图,若输入 n 的值为 3,则输出 s 的值为 ▲ .

15. 如图 2 所示,正六棱锥形小夜灯的底面边长为 10 厘米,侧棱长为 13 厘米. 若要制作该灯的侧面,则至少需要 ▲ 平方厘米的材料.

图 2

16. 在 $\triangle ABC$ 中,三个内角 A, B, C 所对应的边长分别为 a, b, c,若 $B = 60°$,$\cos C = \dfrac{4}{5}$,$b = 4$,则 $c = $ ▲ .

17. 为了参加上海市职业技能大赛的珠算项目决赛,某职校选送 50 名学生作为候选人,其中 30 名学生来自会计(1)班,其余学生来自会计(2)班. 根据比赛规则,大赛办公室将从这 50 名候选人中任意抽取 3 名学生参赛,假设每位学生被抽中的可能性相等,那么所抽到的 3 名学生都来自会计(1)班的概率为 ▲ .(结果用最简分数表示)

18. 若对数函数 $y = \log_a x$(a 为常数,$a > 0$,且 $a \neq 1$)的图像过点 $(2, 1)$,则该函数在区间 $[1, 8]$ 上的最大值与最小值之差为 ▲ .

三、解答题(本大题共 6 题,满分 46 分)

【解答下列各题必须在答题纸的相应位置上写出必要的步骤.】

19. (本题满分 6 分)每小题满分为 3 分.

设复数 $z = 1 + bi$,其中 $b \in \mathbf{R}$,i 为虚数单位.

(1) 若复数 z 在复平面内所对应的点在第一象限,且 $|z| = 2$,求 b 的值;

(2) 当 $b = 1$ 时,计算 $\dfrac{\bar{z}}{1+i}$.

20. (本题满分 7 分)第(1)小题满分为 3 分,第(2)小题满分为 4 分.

现将一个底面半径为 1,高为 2 的圆柱挖去一个与其底面相同、高相等的圆锥后,所形成的几何体如图 3 所示,图 4 是该几何体的直观图.

(1) 在答题纸上画出该几何体的主视图;

(2) 求该几何体的体积.(结果保留 π)

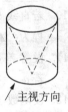

图 3　　图 4　　主视方向

21. (本题满分 8 分)第(1)小题满分为 3 分,第(2)小题满分为 5 分.

设等比数列 $\{a_n\}(n \in \mathbf{N}^*)$ 的公比为 q,前 n 项和为 S_n.

(1) 若 $a_3 = 16$,公比 $q = 2$,求 a_1 及数列 $\{a_n\}$ 的通项公式;

(2) 若 $a_2 \cdot a_7 = 27a_5$,$S_2 + 9 = S_3$,求 S_n.

22. (本题满分 8 分)第(1)小题满分为 3 分,第(2)小题满分为 5 分.

图 5 中的摩天轮上轿舱 A 的底部距地面的高度 y(米)与旋转时间 x(分钟)之间的关系可表示为 $y = f(x) = 25\sin\left(\dfrac{\pi}{10}x\right) + 30 (x \geq 0)$.

(1) 写出轿舱 A 的底部距地面可达到的最大高度;求此摩天轮旋转一周所需要的时间;

(2) 按照"五点法"作图步骤,在答题纸上完成表 1 的填空,并画出函数 $y = f(x)$ 在一个周期内的大致图像;问摩天轮在旋转第一周的过程中,旋转时间在什么范围内,轿舱 A 在下降,且其底部距地面的高度不低于 30 米?

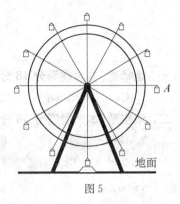

图 5

23. (本题满分 8 分)第(1)小题满分为 3 分,第(2)小题满分为 5 分.

某银行发售定额为 10 万元的一年期理财套餐,该套餐由产品 A 和产品 B 组成,且每个产品的认购额至少 1 万元. 据预测,A 的收益 y(万元)与其认购额 x(万元)的关系可表示为 $y = \dfrac{1}{225}x^2$;B 的收益 y(万元)与其认购额 x(万元)的关系可表示为 $y = \dfrac{1}{25}x$. 张奶奶准备 10 万元认购该理财套餐.

(1) 若将 10 万元平均分配,用于认购产品 A 和产品 B,求此时的预期总收益;

(2) 如何分配产品 A 和产品 B 的认购额,才能使预期总收益达到最大?并求最大预期总收益.

24. (本题满分 9 分)第(1)小题满分为 4 分,第(2)小题满分为 5 分.

已知圆 C 的方程为 $(x-1)^2 + (y-4)^2 = 16$,设直线 l 的方程为 $x + ky - 1 = 0$,其中 $k \in \mathbf{R}$.

(1) 当 $k = 2$ 时,判断直线 l 与圆 C 的位置关系,并说明理由;

(2) 设直线 l 与圆 C 相交于 A、B 两点,当 k 取何值时,$\triangle ABC$ 的面积最大?并求出面积的最大值.

2019年上海市普通高等学校
面向应届中等职业学校毕业生招生统一文化考试

数学试卷答案要点

一、选择题(本大题满分18分)本大题共6题,每一题选对得3分,否则一律得零分.

1. C; 2. D; 3. C; 4. A; 5. A; 6. B.

二、填空题(本大题满分36分)本大题共12题,每一题填对得3分,否则一律得零分.

7. $(20, +\infty)$; 8. -2; 9. $(-\infty, 0)$;

10. $x - y = 0$; 11. 5; 12. 0;

13. 9; 14. $\dfrac{11}{6}$; 15. 360;

16. $\dfrac{8\sqrt{3}}{5}$; 17. $\dfrac{29}{140}$; 18. 3.

三、解答题(本大题满分46分)本大题共6题,解答下列各题必须写出必要的步骤.

19.（本题满分6分）

【解】(1) 由 $|z| = 2$,即 $\sqrt{1+b^2} = 2$,解得 $b = \pm\sqrt{3}$,

又由题意,得 $b > 0$,故 $b = \sqrt{3}$.

(2) 由题意,$z = 1 + i$,所以 $\bar{z} = 1 - i$,

$$\dfrac{\bar{z}}{1+i} = \dfrac{1-i}{1+i} = \dfrac{(1-i)^2}{(1+i)(1-i)} = \dfrac{(1-i)^2}{2} = -i.$$

20.（本题满分7分）

【解】(1)

主视图

(2) 圆柱体积 $V_1 = Sh = \pi r^2 h = 2\pi$,

圆锥体积 $V_2 = \dfrac{1}{3} Sh = \dfrac{1}{3}\pi r^2 h = \dfrac{2\pi}{3}$,

则该几何体的体积 $V = V_1 - V_2 = 2\pi - \dfrac{2\pi}{3} = \dfrac{4\pi}{3}$.

21.（本题满分8分）

【解】(1) 由题意,得 $a_3 = a_1 q^2 = 16$,

又 $q = 2$,得 $a_1 = 4$,

故 $a_n = a_1 q^{n-1} = 4 \times 2^{n-1} = 2^{n+1} (n \in \mathbf{N}^*)$.

(2) 由题意,得 $a_7 = a_5 q^2$,则 $27 = \dfrac{a_2 \cdot a_7}{a_5} = a_2 q^2 = a_4$,

由题意,得 $9 = S_3 - S_2 = a_3$,

由 $a_3 = 9, a_4 = 27$, 得 $q = \dfrac{a_4}{a_3} = 3, a_1 = \dfrac{a_3}{q^2} = 1$,

则 $S_n = \dfrac{a_1(1-q^n)}{1-q} = \dfrac{3^n - 1}{2}(n \in \mathbf{N}^*)$.

22. (本题满分 8 分)

【解】(1) 轿舱 A 的底部距地面可达到的最大高度为 55 米.

由题意, $\omega = \dfrac{\pi}{10}$, 则最小正周期 $T = \dfrac{2\pi}{\omega} = 20$ 分钟.

答:此摩天轮旋转一周所需要的时间为 20 分钟.

(2)

表 1

$\dfrac{\pi}{10}x$	0	$\dfrac{\pi}{2}$	π	$\dfrac{3\pi}{2}$	2π
x	0	5	10	15	20
y	30	55	30	5	30

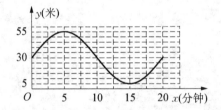

答:旋转时间在 5 分钟与 10 分钟之间, 轿舱 A 在下降, 且其底部距地面的高度不低于 30 米.

23. (本题满分 8 分)

【解】(1) 由题意, 得 A, B 的认购额都为 5 万元.

A 的预期收益为 $y = \dfrac{1}{225} \times 5^2 = \dfrac{1}{9}$, B 的预期收益为 $y = \dfrac{1}{25} \times 5 = \dfrac{1}{5}$,

则预期总收益为 $\dfrac{1}{9} + \dfrac{1}{5} = \dfrac{14}{45}$(万元).

答:此时的预期总收益为 $\dfrac{14}{45}$ 万元.

(2) 设 A 的认购额为 x 万元, 则 B 的认购额为 $(10-x)$ 万元,

由 $\begin{cases} x \geqslant 1, \\ 10 - x \geqslant 1, \end{cases}$ 得 $1 \leqslant x \leqslant 9$.

预期总收益 $y = \dfrac{1}{225}x^2 + \dfrac{1}{25}(10-x)$

$= \dfrac{1}{225}(x^2 - 9x + 90) = \dfrac{1}{225}\left[\left(x - \dfrac{9}{2}\right)^2 + \dfrac{279}{4}\right]$

当 $x = 1$ 时, $y = \dfrac{82}{225}$; 当 $x = 9$ 时, $y = \dfrac{2}{5}$. 故当 $x = 9$ 时, $y_{\max} = \dfrac{2}{5}$.

答: A 的认购额为 9 万元, B 的认购额为 1 万元, 才能使预期总收益达到最大, 最大预期总收益

为 $\frac{2}{5}$ 万元.

24.（本题满分9分）

【解】(1) 由题意,得圆心 C 的坐标为 $(1,4)$,圆的半径为 4,

点 C 到直线 $x+2y-1=0$ 的距离 $d=\dfrac{|1+2\times 4-1|}{\sqrt{1^2+2^2}}=\dfrac{8}{\sqrt{5}}<4$,

所以直线与圆相交.

(2) 由方程 $x+ky-1=0$ 可得直线 l 过定点 $(1,0)$.

由圆 C 的方程可知,点 $(1,0)$ 在圆 C 上,不妨设 $A(1,0)$,$B(x_0,y_0)$,

则 $S_{\triangle ABC}=\dfrac{1}{2}|CA|\cdot |x_0-1|=2|x_0-1|$,

由圆 C 的方程,得 $|x_0-1|\leqslant 4$.

当 $|x_0-1|=4$,即 $x_0=-3$ 或 5 时,$S_{\triangle ABC}$ 的最大值为 8,

此时,B 点的坐标为 $(-3,4)$ 或 $(5,4)$,代入直线 l 方程,解得 $k=\pm 1$,

所以 $k=\pm 1$ 时,$\triangle ABC$ 的面积最大,面积的最大值为 8.

2019年上海市普通高等学校
面向应届中等职业学校毕业生招生统一文化考试

英语试卷

考生注意:
1. 试卷满分 100 分。考试时间 100 分钟。
2. 本考试设试卷和答题纸两部分,试卷包括试题与答题要求;所有答题必须涂(选择题)或写(非选择题)在答题纸上,做在试卷上一律不得分。
3. 答题前,务必用钢笔或圆珠笔在答题纸上清楚地填写姓名、准考证号,并将核对后的条形码贴在指定位置上。
4. 答题纸与试卷在试题编号上是一一对应的,答题时应特别注意,不能错位。

I. 听力理解(共 20 分,每小题 1 分。从下列各题的四个选项中选择一个最恰当的答案。)

Part A 短对话理解(共 8 分)

1. A. Jogging. B. Skating.
   C. Boxing. D. Swimming.
2. A. By bus. B. By car.
   C. By bicycle. D. By underground.
3. A. 13. B. 19.
   C. 30. D. 90.
4. A. Stay at home. B. Go to a park.
   C. Visit his teacher. D. Have a picnic.
5. A. The food. B. The boating.
   C. The hotel. D. The shopping.
6. A. Teacher and student. B. Husband and wife.
   C. Shop assistant and customer. D. Receptionist and hotel guest.
7. A. The time for the camping. B. The activities for the camping.
   C. The expense for the camping. D. The things needed for the camping.
8. A. The man is cleaning his room.
   B. The man is reading a new book recently.
   C. The woman wants to borrow the man's book.
   D. The woman cannot understand the man's problem.

Part B 长对话理解(共6分)

(A)

9. A. On April 22, 1917.   B. On April 27, 1917.
   C. On April 22, 1970.   D. On April 27, 1970.
10. A. To fight the disease.   B. To keep the world peace.
    C. To help the homeless.   D. To protect the environment.
11. A. Give a speech.   B. Plant some trees.
    C. Clean the streets.   D. Clean the city park.

(B)

12. A. To visit his relatives.   B. To have a journey.
    C. To work for a company.   D. To learn driving.
13. A. He can enjoy the beautiful views.   B. They are in the city center.
    C. They are near his relative's house.   D. He can spend less money.
14. A. By using savings from his part-time job.
    B. By applying for a student loan.
    C. By using pocket money from his parents.
    D. By applying for a scholarship.

Part C 短文理解(共6分)

(A)

15. A. A captain.   B. A porter.
    C. An engineer.   D. A businessman.
16. A. He didn't like sea.
    B. He always got sea-sick.
    C. He never enjoyed the seafood.
    D. He disliked dining with the captain.
17. A. Tony is an office clerk now.
    B. The writer serves as a sailor.
    C. Tony works in the navy now.
    D. The writer is tired of voyages.

(B)

18. A. A bottle of water.   B. A large glass of milk.
    C. A delicious meal.   D. A large sum of money.
19. A. Doctor Howard.   B. The lady's relatives.
    C. The lady herself.   D. An insurance company.
20. A. Return kindness with milk.
    B. Don't hesitate to ask for help.
    C. Be kind enough to help patients.
    D. Don't forget those who helped you.

II. 语言知识(共20分,每小题1分)

Part A 语法(共8分。从下列各题的四个选项中选择一个最恰当的答案。)

(A)

One afternoon, some children played in a park. A man walked a big dog on a *lead*(绳索) in the park. Later, the man let his dog off the lead and sat on a bench chatting __21__ the phone. The dog ran over to a small child and knocked him down.

Some older children ran to the rescue __22__ controlled the dog. They took the dog back to the man and talked to him, "Your dog is dangerous. A child __23__ down by it. Please don't let your dog off the lead." The man felt ashamed and said, "Thank you. I promise not __24__ my dog off the lead any more."

Eventually, the man made an apology to the small child.

21. A. at   B. on   C. in   D. to
22. A. and   B. or   C. so   D. but
23. A. was knocking B. will be knocked C. was knocked   D. knocked
24. A. let   B. letting   C. having let   D. to let

(B)

Kids love to run here, there and everywhere. But as we age, we seem to lose the enjoyment of running. Running helps with weight control, and it __25__ the effects of aging. It releases stress, increases confidence and reduces the risk of heart diseases.

There are __26__ benefits linked to running besides those related to health. You can run almost anywhere; you don't need a gym membership or expensive equipment. For that reason and others, running is a kind of sport __27__ is quite popular with the public.

How can you get started if you want to run? I suggest you should check with your doctor first. He or she will let you know __28__ you're healthy enough to begin a new exercise routine. If your doctor says OK, you're ready to go!

25. A. delays   B. delayed   C. was delaying   D. had delayed
26. A. others   B. other   C. another   D. the other
27. A. who   B. where   C. when   D. which
28. A. how   B. why   C. whether   D. what

Part B 语言功能(共5分。从下面的方框中选择最恰当的选项补全对话。)

(A)

> A. No problem. I'm happy to help.
> B. Really? Well done. What are they?
> C. I used to, but now I only play it at weekends.
> D. That's true, especially when going around by underground.

29. — Do you play the piano at home every day, Marie?
    — _____

30. — Guess what? I've got two offers when I graduate!
    — _____

31. — It's quite convenient to travel in Shanghai.
    — _____

(B)

A. You don't look well. What's the matter with you?
B. The Bund is a must-see tourist attraction in Shanghai.
C. I'm glad I've caught you, Ella. Can you spare me a few minutes?
D. I have two tickets for the auto show. Do you want to go with me?

32. — _____
    — I feel awful. I am afraid I have caught a flu.

33. — _____
    — That's great! I'm considering buying a new car.

Part C 词汇（共 7 分。从下面的方框中选择最恰当的选项补全短文。每个选项只能用一次。）

A. list   B. expect   C. sincere   D. confidence   E. participation
F. match   G. quality   H. academic   I. challenging   J. discouraged

You've just graduated from school. Now comes the important part: interviewing for your first job. For many graduates, this is an "anxiety" time. But there are some simple ways to prepare for this __34__ experience.

First, you should __35__ in your notebook the questions you might be asked. In many job interviews, you have to answer questions about your __36__ performance and how it has prepared you for the job. For example, you might be asked to discuss how your __37__ in students' union has given you experience working on a team.

Once you've got your questions, you should then think about possible answers and practice responding to them. Employers will __38__ you to talk in detail about your experience and use examples. Make sure that your answers describe particular situations you faced, the actions you took, and the results you achieved. Once you've got your responses, try practicing on your friends or family members. This will give you more __39__ when you speak in front of an interviewer.

Finally, don't get __40__ if you aren't hired the first, second, or third time you interview. Think of every interview as practice for the most important one: the interview that will get you a job.

III. 阅读理解(共35分)

Part A 综合填空(共10分。根据上下文选择一个最恰当的答案。)

I liked spending Sunday afternoons on my grandfather's farm in western Pennsylvania. I can still __41__ one afternoon when I was eight. Since my first visit to the farm, I had hoped to be allowed to climb the stone walls surrounding the farm. My parents would never agree. The walls were old; some stones were missing, others __42__ and almost falling down. No doubt it was dangerous. __43__, my desire to climb across those walls grew so strong that one spring afternoon, I built up my __44__ to enter the living room, where the adults had gathered after dinner.

"I, uh ... I want to climb the stone walls. Can I do that?" I said hesitantly. Everyone looked up, and a voice went up __45__. "Heavens, no!" they cried, "you will hurt yourself!"

I wasn't too __46__; the response was just as I'd expected. But before I could leave the room, I was stopped by my grandfather. "Now hold on a minute," he said. "Let the boy climb the stone walls. He has to learn to do things for himself."

"__47__," he said, "and come to see me when you get back." For the next two hours I climbed those old walls and had the time of my life. Later I met with my grandfather to tell him about my __48__. I'll never forget what he said. "Fred," he said, "you made this day a __49__ day just by being yourself. Always remember, there's only one person in this world like you, and I like you exactly as you are."

Many years have passed. Today I host the television program *Mister Rogers' Neighborhood*, seen by millions of children throughout America. There have been __50__ over the years. But one thing remains the same: my message to children at the end of almost every program. "There's only one person in this world like you," the kids can count on hearing me say. "People will like you exactly as you are."

41. A. record   B. regret   C. remark   D. remember
42. A. smooth   B. strong   C. loose   D. dirty
43. A. Besides   B. However   C. Therefore   D. Otherwise
44. A. health   B. anger   C. ambition   D. courage
45. A. instantly   B. gently   C. slowly   D. normally
46. A. excited   B. relaxed   C. interested   D. surprised
47. A. Speed up   B. Go ahead   C. Keep up   D. Forget it
48. A. adventures   B. dreams   C. plans   D. demands
49. A. quiet   B. strange   C. special   D. frightening
50. A. chances   B. advantages   C. changes   D. achievements

Part B 语篇理解(共15分。根据短文内容,从各题的四个选项中选择一个最恰当的答案。)

(A)

Do you still remember how your parents always got you to eat *broccoli*(西兰花) when you were a kid? They had the right idea to do so. Even if it doesn't taste good, it's common knowledge that the vegetable can help protect against different kinds of cancer and other diseases.

Now, researchers have found another use of this wonderful vegetable. And this time, it's got nothing to do with the dinner table.

In an experiment performed by scientists at Johns Hopkins University, a number of participants' skin was covered with lots of broccoli juice. The rest of the participants coated themselves in traditional sunscreen that can protect the skin. The next day, when they came back, the ones with traditional sunscreen all had very painful sunburn, while the others with broccoli juice were better than them.

As it turns out, broccoli juice could be the best protection from the sunshine. Unlike usual sunscreen, it's not simply a **shield** to dangerous UV rays entering the skin. Instead, the broccoli juice works within the body itself, creating *enzymes*（酶）that protect the skin from cancer and UV rays. And like sunscreen, it doesn't simply wash off from your skin after a shower. The protection from the special vegetable can last as long as three days.

Next time, try some broccoli juice instead of the sunscreen. It's good to protect your skin from the strong sunlight.

51. The first paragraph tells us that broccoli _____.
    A. really tastes good B. is liked by most kids
    C. is a traditional medicine D. can help prevent diseases
52. The experiment proved that broccoli juice _____.
    A. could be made more easily
    B. led to more painful sunburn
    C. had better protective effects
    D. was liked by more participants
53. The underlined word "**shield**" in the fourth paragraph most probably means "_____".
    A. protection B. sunburn
    C. disease D. vegetable
54. We are advised to _____ next time.
    A. keep away from the sunshine
    B. take a shower once every three days
    C. use the sunscreen as well as broccoli juice
    D. try some broccoli juice instead of the sunscreen
55. What can be the best title of the passage?
    A. Broccoli — Delicious Vegetable B. Another Use of Broccoli
    C. Broccoli — Expensive Sunscreen D. The Origin of Broccoli

(B)

Natalya

I consider myself to be a self-starter who can take immediate action when the need arises. I am also a team player with excellent communication skills and I am humorous. I am well-organized in my work and have the ability to manage large and difficult projects.

Michael

Having worked at a large company for more than three years, I firmly believe that I have the necessary programming skills for this position at InterPost. I am familiar with all of the programming languages most-widely used in this field, including JavaScript.

Shirley

Although my present job offered a degree of challenge at the start, I have now reached a stage where I need to expand my views professionally in order to develop my skills further. That is why I am keen to move to a larger company.

Adam

After graduating with a degree in Computer Science from Sydney University, I completed a post-graduate diploma in web design at New York University. After graduation, I decided to work for a large advertising agency in London.

56. Which of the following about Natalya is **NOT** mentioned?
    A. She has a sense of humor.   B. She can handle difficult tasks.
    C. She doesn't like changes in life.   D. She can cooperate well with others.
57. _____ has lived in several different countries.
    A. Natalya   B. Michael   C. Shirley   D. Adam
58. Michael is good at _____.
    A. working independently   B. computer programming
    C. speaking several languages   D. communicating with others
59. Who has offered a reason for changing jobs?
    A. Natalya.   B. Michael.   C. Shirley.   D. Adam.
60. The materials above are most probably from _____.
    A. science reports   B. job application letters
    C. letters of complaint   D. job advertisements

(C)

I once lived without TV for a month. It was summer, the season of long walks, barbecues and parties. But I knew if I really wanted to prove I could avoid evening television, I'd have to spend an England winter without it. In the darkest, coldest months, I would no longer be able to escape. This winter, I had **my test**.

A year ago, I moved into my own place. It was just a few minutes away from my former roommate and her television. Friends offered me a spare TV, but I said no. Living alone was an opportunity to choose how I wanted to live. And I thought that being TV-free would help me do all those things I wanted to do but didn't have time for.

I wondered if I would feel lonely, but decided it would be better not to try to spend time with my "friends" on TV. In the first month, I got away from my favorite shows by visiting real friends. Eventually, I didn't know what TV shows were on. I could no longer join in conversations at my office about popular shows.

I kept telling people living without TV was an experiment: "We'll see how it goes this winter," I'd say. I considered buying a small TV to keep in the *closet* (柜子) and bring out on special occasions. But for all I was missing, I could feel positive changes. Now I had more time to read and sleep. I also started doing volunteer work almost every week instead of every few months. I called friends who usually heard from me only during the holidays. Sometimes I even enjoyed that rare thing called quietness.

61. The underlined phrase "**my test**" in the first paragraph refers to "_____".
    A. whether I could get along with my roommate
    B. whether I could be the winner in the long walks
    C. whether I could spend the cold winter without TV
    D. whether I could live alone without parents' protection

62. The writer stayed away from her favorite TV shows in the first month by _____.
    A. staying alone at home   B. chatting with her colleagues
    C. making an experiment   D. paying visits to her real friends

63. What can we infer about the writer from the passage?
    A. She used to watch TV a lot.   B. She doesn't like reading books.
    C. She is a person with few friends. D. She used to live with her parents.

64. Which of the following is **TRUE** according to the passage?
    A. Her family offered her an extra TV.
    B. She first stopped watching TV in the winter.
    C. She considered keeping a small TV in her closet.
    D. She is sure that she will buy a television in the future.

65. The passage is mainly about _____.
    A. leading a TV-free life   B. reading alone peacefully
    C. chatting with real friends   D. spending winter in England

Part C 语篇理解(共 10 分。根据短文内容,回答下列问题。)

Curiosity is part of human nature. Children are famous for wanting answers to tons of questions. People keep reading and watching because they want to find out what happens. But curiosity also provides many practical benefits.

Learning is easier when you have a real desire for knowledge. Curiosity can create that desire when you have a question you want an answer to.

Many of history's greatest discoveries were made by those who were curious. People wondered how processes worked or how certain tasks could be done more effectively. Thanks to their curiosity, people now know far more about the world and have useful technology to help them.

Even if you don't plan to be an inventor or researcher, curiosity can still help you in the classroom. If you develop the joy of learning, classes will become more fun. Even if you are no longer a student, curiosity will make you better informed and thus become a more capable worker.

What do you do if you are not curious? Fortunately, curiosity is a skill that can be improved. If you act like you are curious, you'll quickly start to actually feel curious. Often, the more you learn about a topic, the more interesting it becomes.

Ask a lot of questions. Remember, everyone, whether he is your teacher or your classmate, knows something that you don't. Find out what that is and ask about it. This lets you learn something that you don't know.

To sum up, developing curiosity is sure to be worthwhile in the classroom or out of it.

66. When does learning become easier?
67. How can curiosity be helpful even after you leave school?
68. Why does the writer advise you to raise more questions?
69. Who is the passage most probably written for?
70. What is mainly discussed in the passage?

Ⅳ. 汉译英(共 10 分,其中第 71 题 1 分,第 72—74 每小题 2 分,第 75 题 3 分。运用括号内所给的词语,将下列句子译成英语。)

71. 昨天我们听了一场音乐会。(listen)
72. 消防员的勇敢行为深深感动了我们。(move)
73. 保持公共场所干净是每个人的责任。(duty)
74. 如果你错过这次机会,你会很难找到更好的工作。(if)
75. 我们认识到实习能让我们学到许多有用的技能。(realize)

Ⅴ. 短文写作(共 15 分)

76. Write at least 70 words about the topic "I grow up with my dream". (以"与梦想同行"为题，写一篇不少于 70 个词的短文。)

　　每个人都有梦想，它伴随着我们一路成长。请结合自己的实际，谈谈你的梦想，以及你为实现梦想所付出或将付出的努力。

　　文中不得出现具体人名、校名等个人信息，否则不予评分。

2019年上海市普通高等学校
面向应届中等职业学校毕业生招生统一文化考试
英语试卷答案要点及评分标准

Ⅰ．听力理解（共20分）
Part A　短对话理解　　1. A　2. D　3. D　4. C　5. B　6. C　7. D　8. B
Part B　长对话理解　　9. C　10. D　11. A　12. B　13. D　14. A
Part C　短文理解　　15. C　16. B　17. C　18. B　19. A　20. D

Ⅱ．语言知识（共20分）
Part A　语法　　　　21. B　22. A　23. C　24. D　25. A　26. B　27. D　28. C
Part B　语言功能　　29. C　30. B　31. D　32. A　33. D
Part C　词汇　　　　34. I　35. A　36. H　37. E　38. B　39. D　40. J

Ⅲ．阅读理解（共35分）
Part A　综合填空　　41. D　42. C　43. B　44. D　45. A
　　　　　　　　　　　46. D　47. B　48. A　49. C　50. C
Part B　语篇理解（A）　51. D　52. C　53. A　54. D　55. B
　　　　　　　（B）　56. C　57. D　58. B　59. C　60. B
　　　　　　　（C）　61. C　62. B　63. A　64. D　65. A

Part C　语篇理解

66. When we have a real desire for knowledge.
67. We can be better informed and become a more capable worker.
68. Because it lets us learn something that we don't know.
69. Students.
70. practical benefits; ways/methods

Ⅳ．汉译英（共10分）

71. We listened to a concert yesterday.
72. The firemen's brave actions moved us deeply.
    We were deeply moved by the brave actions of the firemen.
73. It is everyone's duty to keep the public places clean.
    Keeping the public places clean is everyone's duty.
74. If you miss the chance, it will be difficult for you to find a better job.
    If you miss the chance, you will find it difficult to get a better job.
75. We realize that the internship enables us to gain many useful skills.

Ⅴ．短文写作（共15分）
　略

2019年上海市普通高等学校
面向应届中等职业学校毕业生招生统一文化考试

日语试卷

（满分100分，考试时间100分钟）

考生注意：请将答案全部写在答卷纸上，如写在本试卷上无效。

これは問題用紙です。答えはすべて解答用紙に書いてください。

問題一　次の漢字の読み方として、正しいものをA・B・C・Dの中から一つ選び、○で囲みなさい（从A、B、C、D中选择日语汉字的正确读音，用圆圈○圈出）。

(0.5点×10＝5点)

1. 催し	A さいし	B もよし	C もよおし	D もようし
2. 大騒ぎ	A おおさわぎ	B だいさわぎ	C おうさわぎ	D だいそうぎ
3. 船便	A せんべん	B ふねべん	C ふねびん	D ふなびん
4. 頭痛	A ずつ	B ずつう	C とうつ	D とつう
5. 欧米	A おうべ	B おおべ	C おうべい	D おおべい
6. 積む	A たたむ	B あむ	C よむ	D つむ
7. 激しい	A はげしい	B たのしい	C ただしい	D きびしい
8. 備える	A かかえる	B そなえる	C たくわえる	D ととのえる
9. 立派	A りぱ	B りぱあ	C りっぱ	D りぱあ
10. 伺う	A うたがう	B たたかう	C もらう	D うかがう

問題二　次の平仮名の漢字表記として、正しいものをA・B・C・Dの中から一つ選び、○で囲みなさい（从A、B、C、D中选择与平假名对应的正确日语汉字，用圆圈○圈出）。

(0.5点×10＝5点)

11. ほこる	A 誇る	B 怒る	C 奢る	D 興る
12. よっか	A 余暇	B 洋画	C 四日	D 八日
13. つけもの	A 飾物	B 浸物	C 着物	D 漬物
14. あざやか	A 穏やか	B 鮮やか	C 賑やか	D 和やか
15. きゅうよ	A 急用	B 休養	C 給与	D 寄与
16. ほうどう	A 歩道	B 補導	C 報道	D 報導
17. すく	A 空く	B 引く	C 飽く	D 向く
18. しんけん	A 真険	B 信険	C 真剣	D 信剣
19. もとめる	A 求める	B 含める	C 勤める	D 始める
20. じっし	A 施行	B 試行	C 実施	D 実行

問題三　次の(　　)に入る副詞として、最も適当なものをA・B・C・Dの中から一つ選び、
　　　　○で囲みなさい(从A、B、C、D中选择最适当的副词填空，用圆圈○圈出)。

(1点×10＝10点)

21. あの人は(　　)三十歳には見えないです。
　　A　たいへん　　　B　だいぶ　　　　C　とても　　　　D　かなり
22. 遠いところを(　　)おいでくださいまして、ありがとうございました。
　　A　特に　　　　　B　別に　　　　　C　わざと　　　　D　わざわざ
23. ほかの人のことには(　　)興味がありません。
　　A　せっかく　　　B　しっかく　　　C　さっかく　　　D　まったく
24. 佐藤さんは若いのに、(　　)した考えを持っています。
　　A　きっぱり　　　B　しっかり　　　C　すっかり　　　D　さっぱり
25. 今日、茶会に出席して、長い間(　　)座っていました。
　　A　ずっと　　　　B　ちょっと　　　C　きっと　　　　D　さっさと
26. (　　)博物館へ行ったのに、休館でした。
　　A　せっかく　　　B　はっきり　　　C　めったに　　　D　たっぷり
27. (　　)して、彼の気持ちは落ち着いてきました。
　　A　しょっちゅう　B　すぐ　　　　　C　しばらく　　　D　そろそろ
28. 去年東京へ行きたかったですが、(　　)時間がなくて、行けませんでした。
　　A　たいへん　　　B　だいぶ　　　　C　すこし　　　　D　なかなか
29. 今晩は約束がありますから、行けないんです。(　　)今度お願いします。
　　A　もう　　　　　B　また　　　　　C　まだ　　　　　D　すでに
30. (　　)冗談でもそんなことを言ってはいけません。
　　A　もし　　　　　B　たとえ　　　　C　どんなに　　　D　いったん

問題四　次の(　　)に入る助詞として、最も適当なものをA・B・C・Dの中から一つ選び、
　　　　○で囲みなさい(从A、B、C、D中选择最适当的助词填空，用圆圈○圈出)。

(1点×15＝15点)

31. 夏の田舎(　　)どこもけしきがすばらしいです。
　　A　に　　　　　　B　で　　　　　　C　が　　　　　　D　は
32. 来週、日本へ出張に行くこと(　　)なりました。
　　A　を　　　　　　B　に　　　　　　C　の　　　　　　D　が
33. こんなミスは二度(　　)しません。
　　A　は　　　　　　B　も　　　　　　C　と　　　　　　D　に
34. 逃げたら、地の果て(　　)追いかけますわ。
　　A　まで　　　　　B　へ　　　　　　C　から　　　　　D　に
35. 彼は人(　　)笑わせるのが得意です。
　　A　の　　　　　　B　に　　　　　　C　を　　　　　　D　から
36. 走るどころか、立っていること(　　)できないよ。
　　A　しか　　　　　B　さえ　　　　　C　まで　　　　　D　でも

37. レポートは来週の金曜日（　）出してください。
    A ほど　　　　B まで　　　　C も　　　　D までに
38. 今日は交通事故（　）会社に遅れてしまいました。
    A で　　　　B に　　　　C が　　　　D を
39. 中国と違って、日本では歩行者は左側（　）歩きます。
    A に　　　　B が　　　　C と　　　　D を
40. 春は馬車（　）乗ってやってきたのさ。
    A を　　　　B に　　　　C で　　　　D が
41. まだ時間があるので、お茶（　）飲んで行きましょう。
    A でも　　　　B は　　　　C が　　　　D では
42. 上海から福岡まで飛行機で1時間（　）かかりません。
    A だけ　　　　B より　　　　C しか　　　　D ごろ
43. 目（　）さらのようにして見ても何も見えませんでした。
    A が　　　　B は　　　　C に　　　　D を
44. たいへん混んでいて3時間（　）待たされたよ。
    A は　　　　B が　　　　C も　　　　D を
45. 毎日、仕事が忙しくて、目が回る（　）です。
    A など　　　　B ほど　　　　C だけ　　　　D ばかり

問題五　次の（　）に入る用言の活用形として、最も正しいものをＡ・Ｂ・Ｃ・Ｄの中から一つ選び、○で囲みなさい（从 A,B,C,D 中选择最适当的用言活用形式填空，用圆圈○圈出）。
(1点×10＝10点)

46. これを5センチごとに（　）てもらえますか。
    A 切　　　　B 切っ　　　　C 切ら　　　　D 切り
47. 健康に（　）そうに思われるが、実は体に悪いそうだ。
    A 良さ　　　　B 良く　　　　C 良い　　　　D 良かった
48. 彼は高校を出て、日本の大学に（　）たがっています。
    A 行った　　　　B 行こう　　　　C 行き　　　　D 行か
49. 課長に声を（　）とした時、部長が入ってきました。
    A 掛ける　　　　B 掛けよう　　　　C 掛けない　　　　D 掛けた
50. 会議中ですから、（　）ください。
    A 入りない　　　　B 入りないで　　　　C 入らないで　　　　D 入らない
51. 新聞を（　）あとで、テレビを見ます。
    A 読む　　　　B 読み　　　　C 読んだ　　　　D 読んで
52. 去年の冬は今年の冬ほど（　）です。
    A 寒い　　　　B 寒くない　　　　C 寒かった　　　　D 寒くなかった
53. いきなり、友達に（　）、やりたいことは一つもできなかったです。
    A 来られて　　　　B 来れば　　　　C 来る　　　　D 来ない
54. 松本さんの奥さんは（　）人です。
    A きれい　　　　B きれいに　　　　C きれいだ　　　　D きれいな

55. この作品は(　　)読むほど面白みがあります。
　　A 読む　　　　B 読めば　　　　C 読んで　　　　D 読まない

問題六 次の(　　)に入る文型表現として、最も適当なものをA・B・C・Dの中から一つ選び、○で囲みなさい（从 A、B、C、D 中选择最适当的句型表现完成句子，用圆圈○圈出）。
(1点×10＝10点)

56. 僕は週末にはいつも友達の家で食事を(　　)。
　　A してくれた　　B してもらった　　C させてくれた　　D させてもらった
57. 面接の時にあり(　　)過ちをまとめてみた。
　　A っぽい　　　B がちな　　　C げな　　　D ふり
58. 一つうそ(　　)本当の話をしましょう。
　　A ような　　　B らしい　　　C みたいな　　　D そうな
59. 値段が高い(　　)ものがいいというわけではない。
　　A ぐらい　　　B ほど　　　C しか　　　D ばかり
60. どうぞこちらにおかけになって(　　)。
　　A お待ちします　　　　　　　B お待ちになります
　　C お待ちいただきます　　　　D お待ちください
61. 約束の時間を忘れないように、メモを書いて(　　)
　　A しまいます　B あります　C おきます　D おわります
62. 佐藤さんは京都へ出張に行くと言っていましたから、今日来ない(　　)です。
　　A から　　　B まで　　　C はず　　　D ばかり
63. 梅雨が明けて、これからは暑くなる(　　)。
　　A 一方だ　　B しかない　　C にすぎない　　D つもりだ
64. 難しい(　　)諦めるべきではありません。
　　A からには　　B からして　　C からといって　　D からすると
65. 彼は本当のことを知ってい(　　)、何も言わなかったです。
　　A ながら　　B なら　　C ては　　D でも

問題七 次の(　　)に入る会話表現として、最も適当なものをA・B・C・Dの中から一つ選び、○で囲みなさい（从 A、B、C、D 中选择最适当的应答语完成会话，并用圆圈○圈出）。
(1点×5＝5点)

66. 「コーヒー、もう一杯いかがですか。」
　　「いいえ、(　　)。」
　　A まだまだです　　　　　　B けっこうです
　　C どういたしまして　　　　D お願いします
67. 店員：「全部で8 200円になります。」
　　客：「細かいのがありませんので、1万円でおつりをください。」
　　店員：「(　　)。」
　　A 1万円いただきます　　　　B 1万円お預かりします
　　C 1万円お預けします　　　　D 両替はご遠慮ください

68.「今度飲みにでも行きませんか。」
　　「（　　）。」
　　A　はい、行きません　　　　　　　　B　いいえ、行きます
　　C　いいですね。楽しみにしています　D　ありがとう。また誘ってね
69. A:「ごちそうさまでした。」
　　B:「（　　）。」
　　A　はい、ご苦労さま　　　　　　　　B　はい、とてもおいしかったです
　　C　いいえ、どういたしまして　　　　D　はい、いただきます
70.「刺身定食を一つお願いします。」
　　「（　　）。」
　　A　かしこまりました　　　　　　　　B　ごちそうさまでした
　　C　いただきます　　　　　　　　　　D　ありがとうございます

問題八　次の中国語を日本語に訳しなさい(中译日)。　　　　　　　　(3点×5＝15点)

71. 一打开房间的窗户，凉风就吹进来了。
72. 一边走路一边看手机非常危险。
73. 今天很忙，连吃饭的时间都没有。
74. 我不擅长数学，想请你教我。
75. 整天就知道玩游戏的话，怎么可能通过考试呢。

問題九　次の日本語を中国語に訳しなさい(日译中)。　　　　　　　　(2点×5＝10点)

76. このようなスピードでは、散歩というよりジョギングだ。
77. 成績のことはいいから、授業にだけはちゃんと行くのよ。
78. こんな難しい課題は高校生にはできるわけがないです。
79. 人間は秩序正しい生活のために、いろいろルールを作りました。
80. 山の頂上に近づくにつれて、空気が薄くなってきました。

問題十　次の文章を読んで、後の問いに答えなさい。答えはA・B・C・Dの中から最も適当なものを一つ選び、○で囲みなさい(阅读短文回答问题。从A、B、C、D中选择最适当的答案，用圆圈○圈出)。　　　　　　　　(1.5点×10＝15点)

〔文章1〕
　日本気象協会は天気予報を出しているところだ。この日本気象協会は、天気予報のほかにスーパーなどへ来る客の人数の予想、一つ一つの商品の売れ行きの予想も出している。日本気象協会はこれらの予想を始める時、約2 000の商品の売れ行きと気温や天気の関係を調べた。そして、商品には、それがよく売れ始める気温があることが分かった。
　今までの記録によると、景気がよくなる年の夏はいつも、ほかの年より暑かったそうだ。反対に、夏、気温が低い年は、景気はあまりよくならなかった。ある経済学者は、天気と景気はとても関係があるので、①この二つについてもっと考えることが大切だと言っている。
　農業が中心だった時代、人々は気象が経済にとってとても大切だと考えていたが、工業や

商業が発達してからは、②そう考える人は少なくなった。しかし、今また、気象が経済に大きい影響を与えると考える人が多くなった。気象と経済の関係を考える学問、「気象経済学」は、これからもっと大切になるだろう。

【問い】
81. 「①この二つ」は何を指しますか。
　　A　天気と商品　　　　　　　B　商品と客の人数
　　C　天気と景気　　　　　　　D　商品と景気
82. 「②そう」は何を指していますか。
　　A　農業は経済にとって大切だ　B　気象と農業の関係は大切だ
　　C　工業や商業の発達は大切だ　D　気象は経済にとって大切だ
83. 本文の内容と合っているのはどれですか。
　　A　日本気象協会は、海外旅行をする人の数も予想している。
　　B　今までの記録によると、景気がよくなる年の夏は暑かった。
　　C　景気と天気は関係がない。
　　D　気温が低い年は景気がよくなる。

〔文章2〕
　日本の電車やバスの中には子供、お年寄り、体が弱い人たちなどのために、「優先席」という座席が用意されています。それをほかの席と区別するために席の色が違ったり、後ろの壁や窓に優先席のマークを貼られたりします。
　ある日、私はいつものように電車の席に座っていました。そこにあとから乗ってきたおじいさんが私の前に来て、私をじっと見ていました。私はすぐ立ち上がって、「どうぞ」と言って席を譲りました。そして、後ろの壁にオレンジ色の優先席のマークを見ました。その時初めてよく座る席が優先席だと気付きました。①とても恥ずかしかったです。
　私の国の地下鉄にも優先席がありますが、マークの色が日本のと違うので、②そこに座ってしまいました。日本で私がよく乗る電車の優先席のマークはオレンジ色ですが、私の国では緑色なのです。それに、優先席は普通ドアの近くにあって、乗り降りが便利だから、私はよくうっかりしてそこに座ってしまうのです。
　私は今電車に乗って、優先席であるかどうかを確認してから座るようになりました。

【問い】
84. 「わたし」はどうして「①とても恥ずかしかった」のですか。
　　A　おじいさんにじっと見られていたから
　　B　おじいさんに席を譲らなかったから
　　C　よく座る席が優先席だと気付いたから
　　D　よく座る席がおじいさんの席だから
85. 「②そこ」とはどこですか。
　　A　私の国の電車の席　　　　　B　日本の電車やバスの席
　　C　私の国の地下鉄の優先席　　D　日本の電車の優先席

86. 「わたし」は今、席に座る前に何をしますか。
    A 優先席が空いているかどうかを確認します。
    B 座りたい席が優先席であるかどうかを確認します。
    C 優先席のマークが何色かを確認します。
    D 優先席に座りたい人がいるかいないかを確認します。

〔文章3〕
　現代は①時間がどんどん加速されているとも言われます。何事にも「早く、早く」と急がされ、時間と競争するかのように忙しさに追われていることを、大人たちはこういう言い方をしているのです。いつも同じ速さで時間が流れているはずなのに、時間の間隔が短くなったような気分で追い立てられているためでしょう。それをエンデは『モモ』という作品の中で「時間どろぼう」と呼びました。ゆっくり花を見たり音楽を楽しんだりする、そんなゆったりした時間が盗まれていく、という話でした。②いつも何かしていないと気が落ち着かない、現代人はそんなふうになっています。
　その一つの原因は、世の中が便利になり、能率的になって、より早く仕事を仕上げることがより優れていると評価されるようになっているためと思われます。競争が激しくなって、人より早くしなければ負けてしまうという恐れを心に抱くようになったためでしょう。「③」となってしまったのです。
　しかし、それでは心が貧しくなってしまいそうです。何も考えずにひたすら決められたことをしていて人生が楽しいはずがありません。ゆっくり歩むからこそ、道端に咲く花に気付いたり、きれいな夕日を楽しむ気分になれるのです。私たちは時間を取り返し、もっとゆったりした時間を生きる必要がありそうですね。

【問い】
87. 「①時間がどんどん加速されている」とはどういうことですか。
    A しなければならないことが多くて時間が短く感じられる。
    B 何かに夢中になっていると一日の時間が短く感じられる。
    C 作業能率が上がって一日の仕事の時間が短くなっている。
    D 技術の進歩によって、仕事にかかる時間が短くなっている。
88. 「②いつも何かしていないと気が落ち着かない」原因を筆者はどう考えていますか。
    A 何もしないと心が貧しくなってしまうと感じること
    B 早く何かを仕上げないと他の人に勝てないと思うこと
    C 失った時間を取り戻さないと競争に負けてしまうと思うこと
    D 奪われた時間を取り戻さないと人生を楽しめないと感じること
89. 「③」に入れる言葉として、正しいのはどれですか。
    A 時間はどろぼう
    B 競争は激しい
    C 時間は金なり
    D 人生は楽しい

90. 筆者は時間の使い方についてどのように考えていますか。
　　A　時間は貴重なので、休むときにも能率的に過ごしたほうがよい。
　　B　忙しい中にも、のんびり過ごす時間をできるだけ持ったほうがよい。
　　C　人生を楽しむためには、ひたすらゆっくり時間を過ごしたほうがよい。
　　D　人との競争に勝つためには、時間をもっと有効に使うようにしたほうがよい。

2019年上海市普通高等学校面向应届中等职业学校毕业生招生统一文化考试

日语试卷答案要点及评分标准

一、(0.5点×10＝5点)

(1～10)

CADBC　　DABCD

二、(0.5点×10＝5点)

(11～20)

ACDBC　　CACAC

三、(1点×10＝10点)

(21～30)

CDDBA　　ACDBB

四、(1点×15＝15点)

(31～45)

DBCAC　　BDADB　　ACDCB

五、(1点×10＝10点)

(46～55)

BACBC　　CDADB

六、(1点×10＝10点)

(56～65)

DBCBD　　CCACA

七、(1点×5＝5点)

(66～70)

BBCCA

八、(3点×5＝15点)

71. 部屋の窓を開けると、涼しい風が入ってきました。
72. 歩きながら携帯を見るのはとても危険です。
73. 今日は忙しくて食事する時間もないぐらいだ。
74. 私は数学が苦手だから、教えてもらいたいです。
75. 毎日ゲームばかりやっていては、試験に合格できるわけはないでしょう。

九、(2点×5=10点)

76. 这样的速度与其说是散步,不如说是慢跑。

77. 成绩无所谓了,不过课还是要好好去上喔。

78. 这么难的问题,高中生是无法解决的。

79. 人类为了有秩序地生活制定了很多规则。

80. 随着离山顶越来越近,空气也变得稀薄了。

十、(1.5点×10=15点)

〔文章1〕　(81) C　(82) D　(83) B

〔文章2〕　(84) C　(85) D　(86) B

〔文章3〕　(87) A　(88) B　(89) C　(90) B

· 99 ·

2019年上海市普通高等学校
面向应届中等职业学校毕业生招生统一文化考试

德语试卷

（满分100分，考试时间100分钟）

考生注意：请将答案全部写在答卷纸上，如写在本试卷上无效。

I. 听力理解（共15分）

Part A 短对话理解：根据所听到的对话内容，选出正确答案。（共10分，每小题2分）

1. Um wie viel Uhr beginnt der Film?
   A. Um 7.30　　　　　B. Um 8.00　　　　　C. Um 8.30
2. Was liest Leon gern?
   A. Gedichte　　　　　B. Krimis　　　　　　C. Märchen
3. Wo findet der Dialog statt?
   A. Im Restaurant　　　B. An der Rezeption　　C. Auf dem Bahnhof
4. Wie findet Alex den Roman?
   A. Gut　　　　　　　B. Uninteressant　　　C. Lustig
5. Wann hat Peters Vater Geburtstag?
   A. Am 18. Juni.　　　B. Am 18. Juli.　　　　C. Am 19. Juni.

Part B 长对话理解：根据所听到的对话内容，选出正确答案。（共5分，每小题1分）

6. Womit beschäftigte sich Brigitte in der letzten Zeit?
   A. Sie arbeitete in einem Park.
   B. Sie suchte nach einer Wohnung.
   C. Sie zog in eine andere Wohnung um.
7. Wie viele Zimmer hat Brigittes Wohnung insgesamt?
   A. 4
   B. 2
   C. 5
8. Wo befindet sich Brigittes Wohnung?
   A. Im Stadtzentrum.
   B. Im Stadtpark.
   C. Am Stadtrand.

9. Wie hoch ist die Miete im Monat?
   A. 1 500 Euro
   B. 1 600 Euro
   C. 1 400 Euro

10. Mit wem wohnt Brigitte?
    A. Mit Stefan.
    B. Allein.
    C. Mit ihrer Familie.

Ⅱ. 语言知识（共 45 分）

Part A 语法：从下列各题的 A、B、C 选项中选择一个最佳答案。（共 25 分，每小题 1 分）

11. Beim Tanzen haben _____ die Schüler kennen gelernt.
    A. sich   B. ihnen   C. ihm

12. Lisa, _____ mir doch bitte das Salz.
    A. gibst   B. gib   C. gebe

13. — _____ Anzug hast du dir denn gekauft?
    — Den blauen.
    A. Was für ein   B. Welchen   C. Wie viele

14. Hans rief seine Freunde an, mit _____ er Tennis spielen wollte.
    A. dem   B. denen   C. der

15. Der Öl-Preis ist in diesem Jahr viel _____ als im letzten Jahr.
    A. hoch   B. höhere   C. höher

16. Schau mal! Ich habe ein Buch für Andreas gekauft. Morgen werde ich _____ auf der Party schenken.
    A. ihm es   B. es ihn   C. es ihm

17. Der Tee _____ mir sehr. Möchtest du ihn mal probieren?
    A. schmeckt   B. mag   C. gefällt

18. Was? Melanie _____ den ganzen Tag im Bett geblieben. Ist sie krank?
    A. wollte   B. ist   C. hat

19. Die Mutter ist immer böse, _____ Petra im Internet chattet.
    A. damit   B. denn   C. wenn

20. Ulrich hat sich gut vorbereitet, _____ die Fahrprüfung zu bestehen.
    A. um   B. damit   C. /

21. Maria fährt im Urlaub gern _____ Italien, aber ihr Mann reist lieber _____ Schweiz.
    A. nach, in den   B. in die, nach   C. nach, in die

22. Diese Tasche ist wirklich sehr teuer. Sie hat _____ gut 600 Euro gekostet.
    A. mich   B. mir   C. sich

23. Heute Morgen habe ich keine Lust _____.
    A. frühzustücken   B. zu frühstücken   C. frühstücken

24. Die Speisekarten werden auf den Tisch _____.
    A. geliegen   B. gelegen   C. gelegt
25. Das Auto _____ wurde gestern gestohlen.
    A. meines Kollegen   B. meines Kolleges   C. meines Kollegens
26. Der Fluss fließt _____ die ganze Stadt.
    A. durch   B. über   C. in
27. Meine Mutter sagt immer, ich _____ mehr frisches Obst essen, aber Obst _____ ich nicht.
    A. darf, mag   B. kann, möchte   C. soll, mag
28. Wir studieren an _____ Universität.
    A. dieselben   B. derselben   C. derselbe
29. _____ machten über 55% der Deutschen eine Reise ins Ausland.
    A. Im Jahr 2017   B. In 2017   C. Zum 2017
30. Julia ist nicht einkaufen gegangen, _____ sie hat den ganzen Nachmittag im Café gesessen.
    A. deshalb   B. weil   C. sondern
31. — _____ ärgern sich deine Freunde?
    — Über die Hausaufgaben.
    A. Worüber   B. Über was   C. Über wen
32. Gestern _____ ich dich eigentlich anrufen, aber mein Handy war kaputt.
    A. wollte   B. möchte   C. will
33. _____ Bahnhof gibt es ein kleines Kino.
    A. Bei   B. Am   C. Zum
34. An diesem Freitag muss ich _____ einer Konferenz teilnehmen.
    A. in   B. an   C. auf
35. Er hat fast alles vergessen, _____ ihm seine Frau gesagt hat.
    A. das   B. es   C. was

Part B 词汇：请从下面的方框中选择最合适的词汇。（共 10 分，每小题 1 分）

| A. Insel | B. Bauch | C. Einladung | D. Fieber | E. Gespräch |
| F. Jahreszeit | G. Haushalt | H. Ausweis | I. Termin | J. Welt |

36. Wir bedanken uns für Ihre _____.
37. Solange du _____ hast, sollst du im Bett bleiben.
38. Felix hat zu viel Eis gegessen. Jetzt tut sein _____ weh.
39. Lisa möchte einen _____ mit dem Arzt vereinbaren.
40. Hier im Kaufhaus können Sie Waren aus aller _____ finden.
41. Auf der _____ gibt es sogar noch einen englischen Garten.
42. Nach einem _____ mit ihren Eltern will sie nicht im Ausland studieren.

43. Der Herbst ist die schönste _____ bei uns in Shanghai.

44. Der Zollbeamte lässt den Mann seinen _____ zeigen.

45. Meiner Meinung nach sollen die Jugendlichen beim _____ helfen.

Part C 语言功能(共 10 分)

题一：请根据情境，从下面的方框中选择最合适的选项。(共 5 分，每小题 1 分)

46. Was machst du gern in deiner Freizeit?
47. Wann beginnt das Schulfest?
48. Trinken Sie gern Wein?
49. Hast du noch Geschwister?
50. Dieser Pullover ist mir zu eng!

| A. Am nächsten Freitag! |
| B. Ja, ich habe noch einen Bruder. |
| C. Du musst einen größeren nehmen. |
| D. Ich spiele gern Schach. |
| E. Nein, ich trinke lieber Bier. |

题二：请根据场景，从下面的方框中选择最合适的选项，完成对话。(共 5 分，每小题 1 分)

| A. Meinen Sie das? Das finde ich schön. |
| B. Was kostet es? |
| C. Sie wünschen? |
| D. Gut. Dann nehme ich das Hemd. |
| E. Größe 52, besser in Schwarz. |

A=Der Verkäufer, B=Kunde

A: ___51___

B: Ich hätte gern ein Hemd.

A: Gern, welche Größe?

B: ___52___

A: Wie finden Sie das da?

B: ___53___

A: Ja, natürlich. Das sieht gut aus.

B: ___54___

A: Es kostet 29 Euro. Das ist ein Sonderangebot.

B: ___55___

Ⅲ. 阅读理解(共 25 分)

Part A 根据短文内容，判断对错。(R=Richtig, F=Falsch,共 5 分，每小题 1 分)

Die Schultüte

Es ist so weit. Leonie ist 6 Jahre alt und heute ist ihr erster Schultag. Sie und ihre Eltern gehen zur Schule. Leonie hat einen Rucksack und ist sehr nervös. In den Händen hat sie aber auch etwas. Es ist bunt und groß. Was ist das nur? Das ist eine Schultüte, seit Anfang des 19. Jahrhunderts eine typisch deutsche Tradition. Jedes Schulkind bekommt am ersten Schultag seine Schultüte. Die Eltern kaufen diese Schultüte oder machen sie selbst zu Hause. Was finden wir in der Schultüte? Alles, was das Kind in der Schule braucht: eine Mappe, Stifte, ein Buch, Hefte ... So kann Leonie lernen. Das ist aber nicht alles. Die Kinder finden in der Schultüte auch Spielsachen, Süßigkeiten oder Obst. Leonie ist froh. In ihrer Schultüte sind auch die leckeren Bonbons, die sie so liebt. Und ein Teddybär.

56. Leonie geht in die 1. Klasse.
57. Leonie hat keine Schultüte.
58. Die Schultüte hat eine Geschichte von ungefähr 200 Jahren.
59. Alle Eltern machen die Schultüte selbst zu Hause.
60. In einer Schultüte gibt es nur Schreibwaren.

Part B 根据短文内容,从各题的 A,B,C 三个选项中选择一个最佳答案。(共 10 分,每小题 2 分)

Immer mehr junge Leute in Deutschland finden wieder Geschmack am Leben im Elternhaus. Die Wohngemeinschaft ist für viele nicht mehr attraktiv, weil eine WG für viele nur Chaos und Streit um die Hausarbeit bedeutet.

Aber die meisten wollen auch nicht allein wohnen. Vor allem in den Großstädten sind Wohnungen teuer. Lehrlinge, Studenten und diejenigen, die nach dem Abschluss der Ausbildung nicht gleich eine Arbeit finden können, müssen noch bei den Eltern bleiben. Einige junge Erwachsene, die vorher schon eine eigene Wohnung hatten, ziehen sogar zu den Eltern zurück, wenn sie arbeitslos werden und ihre Wohnung nicht bezahlen können.

Natürlich wollen auch einige gar nicht ausziehen, weil sie im Elternhaus kostenlos wohnen und den Rund-um-die-Uhr-Service genießen können. Sie müssen im „Hotel Mama" keine Hausarbeiten machen und sich um nichts kümmern.

61. Was bedeutet der erste Satz?
    A. Das Essen zu Hause schmeckt jungen Leuten besonders gut.
    B. Viele junge Leute wollen ihr Leben ohne Eltern führen.
    C. Viele junge Leute entscheiden sich wieder für ein Leben bei ihren Eltern.
62. Warum wollen viele Leute nicht mehr in einer WG leben?
    A. Weil es Streit bei der Aufgabenverteilung gibt.
    B. Weil die Wohnung zu teuer ist.
    C. Weil sich die Leute vorher nicht kennen gelernt haben.
63. Wer möchte vor allem gern bei den Eltern wohnen?
    A. Junge Büroangestellte.
    B. Junge Leute, die wenig Geld oder kein Geld verdienen.
    C. Junge Leute, die in den Großstädten leben.
64. Warum wollen die jungen Leute bei den Eltern wohnen?
    A. Weil sie sich um nichts sorgen müssen.
    B. Weil sie keine Wohnung finden können.

C. Weil sie nicht mehr arbeiten müssen.

65. Was bedeutet „Rund-um-die-Uhr-Service"?

    A. Ein Service, den man nach Zeit berechnen muss.

    B. Ein Service, den man nur in einer bestimmten Zeit bekommen kann.

    C. Ein Service, den man den ganzen Tag bekommen kann.

Part C 根据短文内容,回答问题。(共 10 分,每小题 2 分)

Johann Wolfgang von Goethe

Der größte Dichter des deutschen Volkes, Johann Wolfgang von Goethe, wurde am 28. August 1749 in Frankfurt am Main in einer gebildeten und reichen Familie geboren. Die Eltern Goethes konnten ihrem Sohn eine gute Erziehung und eine gründliche Bildung geben. Wolfgang lernte fleißig Latein, Griechisch, Französisch, Englisch und Italienisch. „Wer fremde Sprachen nicht kennt, weiß nichts von seiner eigenen" sagte er später. Außerdem bekam er Unterricht in den Naturwissenschaften und in Mathematik. Auch beschäftigte er sich mit Zeichnen und Musik. Später studierte er an der Leipziger und dann an der Straßburger Universität. 1771 kehrte er als Doktor der Rechte nach Hause zurück. 1774 erschien Goethes berühmter Roman in Briefform „Die Leiden des jungen Werthers".

66. Wann und wo ist Goethe geboren?

67. Warum konnte Goethe eine gute Erziehung haben?

68. Welche Fremdsprachen lernte Goethe?

69. Wo studierte Goethe?

70. Was hat Goethe 1774 geschrieben?

Ⅳ. 写作(共 15 分)

你的理想职业是什么？为什么这个职业是你的理想职业？以„Mein Traumberuf"为题写一篇小作文。

    要求：1.作文要包含以上所涉及的内容。2.不少于 60 词。

2019年上海市普通高等学校面向应届中等职业学校毕业生招生统一文化考试

德语试卷答案要点及评分标准

Ⅰ. 听力理解(共15分)

Part A 短对话理解：根据所听到的对话内容，选出正确答案。

1. A 2. B 3. A 4. B 5. C

Part B 长对话理解：根据所听到的对话内容，选出正确答案。

6. B 7. B 8. A 9. C 10. C

Ⅱ. 语言知识(共45分)

Part A 语法：从下列各题的 A、B、C 选项中选择一个最佳答案。

11. A 12. B 13. B 14. B 15. C
16. C 17. A 18. B 19. B 20. A
21. C 22. A 23. B 24. C 25. A
26. A 27. C 28. B 29. A 30. C
31. A 32. A 33. B 34. B

Part B 词汇：请从下面的方框中选择最合适的词汇填入。

36. C 37. D 38. B 39. I 40. J
41. A 42. E 43. F 44. H 45. G

Part C 语言功能

题一：请根据情境，从下面的方框中选择最合适的选项。

46. D 47. A 48. E 49. B 50. C

题二：请根据场景，从下面的方框中选择最合适的选项，完成对话。

51. C 52. E 53. A 54. B 55. D

Ⅲ. 阅读理解(共25分)

Part A 根据短文内容，判断对错。

56. R 57. F 58. R 59. F 60. F

Part B 根据短文内容，从各题的 A, B, C 三个选项中选择一个最佳答案。

61. C 62. A 63. B 64. A 65. C

Part C 根据短文内容，回答问题。

66. Goethe ist am 28.08.1749 in Frankfurt am Main geboren.
67. Weil seine Familie gebildet und reich war.
68. Er lernte Latein, Griechisch, Französisch, Englisch und Italienisch.
69. Er studierte an der Leipziger Universität und an der Straßburger Universität.
70. Er hat 1774 den Roman „Die Leiden des jungen Werthers" geschrieben.

Ⅳ．写作（共 15 分）

略

二、语文科·文言诗文考试篇目

1. 伐 檀①

《诗经》

坎②伐檀兮③，置之河之干④兮。河水清且涟⑤猗⑥。不稼不穑⑦，胡取禾三百廛⑧兮？不狩⑨不猎，胡瞻尔庭⑩有县貆⑪兮？彼君子兮，不素餐兮⑫！

坎坎伐辐⑬兮，置之河之侧兮。河水清且直⑭猗。不稼不穑，胡取禾三百亿⑮兮？不狩不猎，胡瞻尔庭有县特⑯兮？彼君子兮，不素食兮！

坎坎伐轮兮，置之河之漘⑰兮。河水清且沦⑱猗。不稼不穑，胡取禾三百囷⑲兮？不狩不猎，胡瞻尔庭有县鹑⑳兮？彼君子兮，不素飧㉑兮！

---

①[伐檀]篇名。《诗经》里的诗，通常拿开头一句里的两个字作为全诗的题目。檀，落叶乔木，木质坚实，古代用作制造车子的材料。　②[坎坎(kǎn)]砍树的声音。　③[兮(xī)]助词，用来舒缓语气，相当于"啊"。　④[干]河岸。　⑤[涟(lián)]水面被风吹起的波纹。这里形容水波荡动。　⑥[猗(yī)]助词，与"兮"作用相同。　⑦[不稼(jià)不穑(sè)]不种不收。稼，播种。穑，收获。稼、穑，泛指农业劳动。　⑧[三百廛(chán)]三百，表示数量多，不是实数。廛，束。　⑨[狩(shòu)]打猎。　⑩[庭]院子。　⑪[县(xuán)貆(huán)]挂着的貆。县，同"悬"。貆，幼小的貉(hé)，又称貉(háo)子，皮可制裘。　⑫[彼君子兮，不素餐兮]那些大人先生们啊，可不白吃饭啊！这是讽刺不劳而获的剥削阶级的反话。彼，那，那些。君子，西周春秋时对贵族的通称。素餐，白吃，指不劳而食。下文"素食""素飧(sūn)"意思相同。　⑬[辐]车轮中间的辐条，这里指辐的木材，与下文"伐轮"的"轮"用法相同。　⑭[直]平。这里形容水波不兴。　⑮[亿]万亿的亿。　⑯[特]三岁的兽。　⑰[漘(chún)]水边。　⑱[沦]细小的波纹。这里形容水波细小。　⑲[囷(qūn)]周围圆形的仓或囤。　⑳[鹑(chún)]鸟名，就是鹌(ān)鹑。　㉑[飧(sūn)]熟食。

2. 短 歌 行①

曹 操

对酒当歌②，人生几何③！譬如朝露，去日苦多④。慨当以慷⑤，忧思难忘。何以解忧？唯有杜康⑥。青青子衿，悠悠我心⑦。但为君故，沉吟⑧至今。呦呦⑨鹿鸣，食野之苹⑩。我有嘉宾，鼓瑟吹笙。

明明如月，何时可掇⑪？忧从中来，不可断绝。越陌度阡⑫，枉用相存⑬。契阔谈䜩⑭，心念旧恩。月明星稀，乌鹊⑮南飞。绕树三匝⑯，何枝可依？山不厌高，海不厌深⑰。周公吐哺，天下归心⑱。

---

①选自《曹操集》(中华书局1976年版)。　②[对酒当歌]一边喝着酒，一边唱着歌。当，也是对着的意思。　③[几何]多少。　④[去日苦多]苦于过去的日子太多了。有感叹人生短暂之意。　⑤[慨当以慷]指宴会上的歌声激昂慷慨。"慨当以慷"是"慷慨"的间隔用法。当以，这里没有实际意义。　⑥[杜康]相传是最早造酒的人，这里代酒。　⑦[青青子衿(jīn)，悠悠我心]这是《诗经·郑风·子衿》中的诗句，原写姑娘思念情人，这里用来比喻渴望得到有才学的人。子，对对方的尊称。衿，古式的衣领。青衿，是周代

109

读书人的服装,这里指代有学识的人。悠悠,长久的样子,形容思虑连绵不断。　⑧ [沉吟] 原指小声叨念和思索,这里指对贤才的思念和倾慕。　⑨ [呦呦(yōu yōu)] 鹿叫的声音。　⑩ [苹] 艾蒿。　⑪ [何时可掇(duō)] 什么时候可以摘取呢?掇,拾取,采取。　⑫ [越陌度阡] 穿过纵横交错的小路。陌,东西向的田间小路。阡,南北向的小路。　⑬ [枉用相存] 屈驾来访。枉,这里是"枉驾"的意思;用,以;存,问候,怀念。　⑭ [契(qiè)阔谈䜩(yàn)] 久别重逢,欢饮畅谈。契阔,久别重逢。䜩,通"宴"。　⑮ [乌鹊] 乌鸦。　⑯ [三匝(zā)] 三周。匝,周,圈。　⑰ [山不厌高,海不厌深] 这里是借用《管子·形解》中的话,原文是:"海不辞水,故能成其大;山不辞土石,故能就其高;明主不厌人,故能成其众",意思是表示希望尽可能多地接纳人才。　⑱ [周公吐哺(bǔ),天下归心] 据《史记·鲁周公世家》记载,周公说他在吃饭时曾三次把饭从嘴里吐出来,唯恐因接待贤士迟慢而失掉人才。这里借用这个典故,是表示自己像周公一样热切殷勤地接待贤才,使天下的人才都心悦诚服地归顺。吐哺,吐出嘴里含着的食物。归心,人心归服。

3. 归园田居①(其一)

陶渊明

少无适俗韵②,性本爱丘山③。误落尘网④中,一去三十年⑤。羁鸟⑥恋旧林,池鱼思故渊。开荒南野际,守拙⑦归园田。方宅十余亩⑧,草屋八九间。榆柳荫⑨后檐,桃李罗⑩堂前。暧暧⑪远人村,依依墟里烟⑫。狗吠深巷中,鸡鸣桑树颠。户庭无尘杂⑬,虚室有余闲⑭。久在樊笼里,复得返自然⑮。

---

① 选自《陶渊明集》。《归园田居》共有五首,这里选的是第一首。　② [少无适俗韵] 从小就没有适应世俗的气质性格。韵,气质、性格、情趣。　③ [丘山] 这里泛指山林。　④ [尘网] 尘世,指庸俗污浊的官场犹如罗网。　⑤ [一去三十年] 陶渊明自太元十八年(393)初做江州祭酒,到义熙元年(405)辞去彭泽令归田,是13个年头。这里的"三十年"或系笔误。　⑥ [羁鸟] 关在笼子里的鸟。羁,束缚。　⑦ [守拙] 安守本分。这里指清贫自守。　⑧ [方宅十余亩] 住宅周围有土地十余亩。方,四旁、周围。宅,住宅。　⑨ [荫] 遮蔽。　⑩ [罗] 排列。　⑪ [暧暧(ài)远人村] 远处的村庄隐约可见。暧暧,模糊不清的样子。　⑫ [依依墟里烟] 村里的炊烟依稀可辨。依依,隐约可见的样子。墟里,村落。　⑬ [户庭无尘杂] 门外没有世上那些乱糟糟的事。户庭,门庭。　⑭ [虚室有余闲] 住在陈设简陋的屋子里觉得清闲。余闲,闲暇。　⑮ [久在樊笼里,复得返自然] 长久关在樊笼里,如今又回到大自然里来了。樊,篱笆。樊笼,比喻使人受拘束的尘世。返自然,指归耕园田。

4. 从军行七首(其四)①

王昌龄

青海长云暗雪山②,孤城遥望玉门关③。

黄沙百战穿金甲④,不破楼兰⑤终不还。

① 选自中华书局1960年排印本《全唐诗》。从军行,乐府古题,多用来描写军旅生活。王昌龄的这组《从军行》一共七首,这是第四首。王昌龄(?—约756),盛唐著名诗人,字少伯,京兆长安(今陕西西安)人,出身寒门,开元十五年(727)登进士第,曾任江宁丞、龙标尉等微职。存诗一百七十余首,长于边塞、送别、闺情宫怨等题材,在各体中尤擅七言绝句,被后人誉为"七绝圣手"。　②〔青海长云暗雪山〕青海湖上的层层浓云使雪山晦暗无光。青海,青海湖,在今青海省西宁市。　③〔玉门关〕在今甘肃省敦煌县西,是汉朝边塞的一个重要关口。　④〔穿金甲〕磨穿铁甲。　⑤〔楼兰〕汉西域国名,在今新疆维吾尔自治区鄯善县东南。汉武帝时,遣使通大宛,楼兰阻挡道路,攻击汉朝使者,汉昭帝时大将军霍光派傅介子前往破之,斩其王。事见《汉书·傅介子传》。这里以"楼兰"指敌人。

5. 梦游天姥吟留别①

李 白

海客谈瀛洲,烟涛微茫信难求②。越人③语天姥,云霞明灭④或可睹。天姥连天向天横⑤,势拔五岳掩赤城⑥。天台一万八千丈⑦,对此欲倒东南倾⑧。

我欲因之⑨梦吴越,一夜飞度镜湖⑩月。湖月照我影,送我至剡溪⑪。谢公⑫宿处今尚在,渌⑬水荡漾清⑭猿啼。脚著谢公屐⑮,身登青云梯⑯。半壁见海日⑰,空中闻天鸡⑱。千岩万转路不定,迷花倚石忽已暝⑲。熊咆龙吟殷岩泉⑳,栗深林兮惊层巅。云青青㉑兮欲雨,水澹澹兮生烟。列缺㉒霹雳,丘峦崩摧。洞天石扉,訇然中开㉓。青冥㉔浩荡不见底,日月照耀金银台㉕。霓为衣兮风为马,云之君㉖兮纷纷而来下。虎鼓瑟兮鸾回车㉗,仙之人兮列如麻。忽魂悸以魄动,恍㉘惊起而长嗟。惟觉时㉙之枕席,失向来之烟霞㉚。

世间行乐亦如此,古来万事东流水㉛。别君去兮何时还?且放白鹿青崖间,须行即骑访名山㉜。安能摧眉折腰㉝事权贵,使我不得开心颜!

①《梦游天姥吟留别》选自《李太白全集》。李白离开长安后的第二年,由东鲁(今山东省)南游吴越,行前写了这首描绘梦中游历天姥山情景的诗,留给了在东鲁的朋友,所以题为《梦游天姥吟留别》,也作《梦游天姥山别东鲁诸公》。天姥(mǔ)山,在浙江省新昌县东面。传说登山的人能听到仙人天姥唱歌的声音,因此得名。　②〔海客谈瀛洲,烟涛微茫信难求〕航海的人谈起瀛洲,(大海)烟波渺茫,(瀛洲)实在难以找到。瀛洲,古代传说东海中有三座仙山,叫蓬莱、方丈、瀛洲。烟涛,波涛渺茫,远看像烟雾笼罩的样子。微茫,景象模糊不清。信,确实、实在。　③〔越人〕指浙江省一带的人。　④〔云霞明灭〕云霞忽明忽暗。　⑤〔向天横〕遮断天空。横,遮断。　⑥〔势拔五岳掩赤城〕山势高过五岳,遮蔽了赤城。拔,超出。五岳,东岳泰山,西岳华山,中岳嵩山,北岳恒山,南岳衡山。赤城,和下文的"天台"都是山名,在现在浙江省天台县北部。　⑦〔一万八千丈〕一作"四万八千丈"。　⑧〔对此欲倒东南倾〕对着(天姥)这座山,(天台山)就好像要向东南面倒下去似的。意思是天台山和天姥山相比,就显得低了。　⑨〔因之〕因,依据。之,指代前段越人的话。　⑩〔镜湖〕又名鉴湖,在浙江省绍兴县南。　⑪〔剡(shàn)溪〕水名,在浙江省嵊(shèng)县南。　⑫〔谢公〕指南朝宋诗人谢灵运。谢灵运喜欢游山。他游天姥山时,曾在剡溪地方住宿。　⑬〔渌(lù)〕清。　⑭〔清〕这里是凄清的意思。　⑮〔谢公屐(jī)〕谢灵运(穿的那种)木屐。《南史·谢灵运传》记载:谢灵运游山,必到幽深高峻的地方。他备有一种特制的木屐,屐底装有活动的齿:上山时去掉前齿,下山时去掉后

· 111 ·

齿。木屐,以木板作底,上面有带子,形状像拖鞋。　⑯[青云梯]指入云霄的山路。　⑰[半壁见海日](上到)半山腰就看到从海上升起的太阳。　⑱[天鸡]古代传说,大地的东南有陶都山,山上有棵大树叫陶都,树枝蔓延三千里。树上栖有天鸡。每当太阳初升,照到这棵树上,天鸡就叫起来,天下的鸡也都跟着它叫。　⑲[迷花倚石忽已暝]迷恋着花,依倚着石,不觉天色已经晚了。暝,天黑、夜晚。　⑳[熊咆龙吟殷(yǐn)岩泉]熊在怒吼,龙在长鸣,像雷鸣般的声音,震响在岩石和泉水中间。殷,形容雷声震动很大。　㉑[栗深林兮惊层巅]使深林战栗,使层巅震惊。　㉒[青青]黑沉沉的。　㉓[列缺]指闪电。列,通"裂",分裂。缺,指云的缝隙。电光从云中决裂而出,故称"列缺"。　㉔[洞天石扉(fēi),訇(hōng)然中开]仙府的石门,訇的一声从中间打开。洞天,仙人居住的洞府。扉,门扇。訇然,形容声音很大。　㉕[青冥]青天。　㉖[金银台]金银筑成的宫阙,指神仙居住的地方。　㉗[云之君]云里的神仙。　㉘[鸾回车]鸾鸟驾着车。鸾,传说中的神鸟。回,运转、运行。　㉙[恍]恍然,猛然醒来的样子。　㉚[觉时]醒时。　㉛[失向来之烟霞]刚才(梦中)所见的烟雾云霞消失了。向来,原来。烟霞,指前面所写的仙境。　㉜[东流水](像)向东流的水一样(一去不复返)。　㉝[且放白鹿青崖间,须行即骑访名山]暂且把白鹿放在青青的山崖间,想要行走的时候就骑上它去访问名山。白鹿,传说神仙或者隐者多骑白鹿。　㉞[摧眉折腰]低头弯腰。摧眉,即低眉。

6. 登　高①

杜　甫

风急天高猿啸哀,渚②清沙白鸟飞回③。
无边落木④萧萧下,不尽长江滚滚来。
万里悲秋常作客,百年⑤多病独登台。
艰难⑥苦恨繁霜鬓,潦倒新停浊酒杯⑦。

―――――――――――――

①[登高]选自《杜工部集》。《登高》一诗据考证约作于大历二年(767),原诗总名《九月五首》。这首诗另加"登高"两字,所以后代选本就以此为题。登高,在古代九月九日的重阳节,人们有登高的习俗。
②[渚(zhǔ)]水中小洲。　③[回]回旋。　④[落木]落叶。　⑤[百年]犹言一生,不是实指一百年。
⑥[艰难]指时世艰难。　⑦[新停浊酒杯]这时杜甫正因肺病戒酒,所以这样说。

7. 琵琶行(并序)①

白居易

元和十年②,予左迁③九江郡④司马⑤。明年秋,送客湓浦口⑥,闻舟中夜弹琵琶者,听其音,铮铮然有京都声⑦。问其人,本长安倡女⑧,尝学琵琶于穆、曹二善才⑨,年长色衰,委身⑩为贾人⑪妇。遂命酒⑫,使快⑬弹数曲。曲罢悯然⑭,自叙少小时欢乐事,今漂沦⑮憔悴,转徙于江湖间。予出官⑯二年,恬然⑰自安,感斯人言,是夕始觉有迁谪意。因为长句⑱,歌⑲以赠之,凡六百一十六言⑳,命㉑曰《琵琶行》。

112

浔阳江头②夜送客,枫叶荻③花秋瑟瑟④。主人⑤下马客在船,举酒欲饮无管弦⑥。醉不成欢惨⑦将别,别时茫茫江浸月。忽闻水上琵琶声,主人忘归客不发。

寻声暗⑧问弹者谁?琵琶声停欲语迟⑨。移船相近邀相见,添酒回灯⑩重开宴。千呼万唤始出来,犹抱琵琶半遮面。转轴拨弦⑪三两声,未成曲调先有情。弦弦掩抑⑫声声思⑬,似诉平生不得志。低眉信手⑭续续⑮弹,说尽心中无限事。轻拢慢捻抹复挑⑯,初为《霓裳》⑰后《六幺》⑱。大弦⑲嘈嘈⑳如急雨,小弦㉑切切㉒如私语。嘈嘈切切错杂弹,大珠小珠落玉盘㉓。间关莺语花底滑㉔,幽咽泉流冰下难。冰泉冷涩弦凝绝㉕,凝绝不通声暂歇。别有幽愁暗恨生,此时无声胜有声。银瓶乍破水浆迸,铁骑突出刀枪鸣㉖。曲终收拨当心画㉗,四弦一声㉘如裂帛。东船西舫悄无言,唯见江心秋月白。

沉吟㉙放拨插弦中,整顿衣裳起敛容。自言本是京城女,家在虾蟆陵㉚下住。十三学得琵琶成,名属教坊㉛第一部。曲罢曾教善才服,妆成每被秋娘㉜妒。五陵年少㉝争缠头㉞,一曲红绡不知数。钿头银篦击节碎㉟,血色罗裙翻酒污。今年欢笑复明年,秋月春风等闲度。弟走从军阿姨死,暮去朝来颜色故㊱。门前冷落鞍马稀,老大㊲嫁作商人妇。商人重利轻别离,前月浮梁㊳买茶去。去来㊴江口守空船,绕船月明江水寒。夜深忽梦少年事,梦啼妆泪红阑干㊵。

我闻琵琶已叹息,又闻此语重唧唧㊶。同是天涯沦落人,相逢何必曾相识!我从去年辞帝京,谪居卧病浔阳城。浔阳地僻无音乐,终岁不闻丝竹声。住近湓江地低湿,黄芦苦竹绕宅生。其间旦暮闻何物?杜鹃啼血㊷猿哀鸣。春江花朝秋月夜,往往取酒还独倾㊸。岂无山歌与村笛,呕哑㊹嘲哳㊺难为听㊻。今夜闻君琵琶语,如听仙乐耳暂㊼明。莫辞更坐弹一曲,为君翻作㊽《琵琶行》。

感我此言良久立,却坐㊾促弦㊿弦转㉛急。凄凄不似向前声,满座重闻皆掩泣㊼。座中泣下谁最多?江州司马青衫湿㊽。

---

① 选自《白氏长庆集》。原题作《琵琶引》。白居易(772—846),字乐天,晚年号香山居士,唐下邽(今陕西省渭南县)人。中唐时期杰出的现实主义诗人。行,诗体名,乐府歌行体的一种。 ② [元和十年]公元815年。元和,唐宪宗的年号。 ③ [左迁]贬官,降职。白居易作谏官时,因为屡次上书批评朝政,触怒了皇帝,被贬为江州司马。 ④ [九江郡]隋置,唐代叫江州或浔阳郡,治所在现在江西省九江市。 ⑤ [司马]州刺史的佐贰官,当时实际上是闲职。 ⑥ [湓(pén)浦口]湓江流入长江的地方,在现在九江市西。湓浦,又叫湓江,源出江西省瑞昌县清湓山。 ⑦ [京都声]指唐代京城长安流行的乐曲声调。 ⑧ [倡女]歌女。 ⑨ [善才]唐代对乐师的通称,是"能手"的意思。 ⑩ [委身]托身。这里是嫁的意思。 ⑪ [贾(gǔ)人]商人。 ⑫ [命酒]叫(手下人)摆酒。 ⑬ [快]畅快。 ⑭ [悯然]忧郁的样子。 ⑮ [漂沦]漂泊沦落。 ⑯ [出官](京官)外调。 ⑰ [恬(tián)然]安然的样子。 ⑱ [长句]指七言诗。唐人的习惯说法。 ⑲ [歌]作歌。 ⑳ [言]字。 ㉑ [命]命名,题名。 ㉒ [江头]江边。 ㉓ [荻(dí)]多年生草本植物,形状像芦苇,生长在水边。 ㉔ [瑟瑟]形容秋意,如萧瑟。 ㉕ [主人]白居易自指。 ㉖ [管弦]指音乐。管,箫、笛之类的管乐。弦,琴、瑟、琵琶之类的弦乐。 ㉗ [惨]悲伤。 ㉘ [暗]这里是轻声的意思。 ㉙ [欲语迟]要回答,(又有些)迟疑。 ㉚ [回灯]把撤了的灯烛又拿回来。 ㉛ [转轴拨弦]这是调弦校音的动作。 ㉜ [掩抑]低沉抑郁(的乐声)。 ㉝ [思(sì)]思绪,名词。这里指愁思。 ㉞ [信手]随手。 ㉟ [续续]连续。 ㊱ [轻拢慢捻(niǎn)抹复挑]轻轻地拢,慢慢地捻,一会儿抹,一会儿挑。拢,叩弦。捻,揉弦。抹,顺手下拨。挑,反手回拨。四者都是弹琵琶的指法。前二者用左手,后二者用右手。 ㊲ [霓裳]就是《霓裳羽衣曲》,唐代乐曲名,相传为唐玄宗所制。 ㊳ [六幺(yāo)]也是当时有名的曲子。 ㊴ [大弦]指琵琶四根弦中最粗的弦。 ㊵ [嘈嘈]形容声音的粗重。 ㊶ [小弦]指琵琶上最细的弦。 ㊷ [切切]形容声音的轻细。 ㊸ [大珠小珠落玉盘]这是比喻乐声的清脆圆润。 ㊹ [间关莺语花底滑]

像黄莺在花下啼叫一样宛转流利。间关,形容鸟声宛转。 ㊺[幽咽]低泣声,这里形容遏塞不畅的水流声。 ㊻[冰下难]用泉流冰下阻塞难通来形容乐声由流畅变为冷涩。冰下难,一作"水下滩"。 ㊼[弦凝绝]像泉水又冷又涩不能畅流,弦似乎凝结不动了。这是形容弦声愈来愈低沉,以至停顿。 ㊽[银瓶乍破水浆迸(bèng),铁骑突出刀枪鸣]这是形容琵琶声在沉咽、暂歇后,忽然又爆发出激越、雄壮的乐音。银瓶,汲水器。乍,突然。迸,溅射。铁骑,带甲的骑兵。 ㊾[曲终收拨当心画]乐曲终了,用拨子对着琵琶中心划一下。这是弹奏琵琶到一曲结束时的常用手法。拨,拨子,弹奏弦乐所用的工具。画,同"划"。 ㊿[四弦一声]四根弦同时发声。 ㈤[沉吟]要说话又有些迟疑的样子。 ㈥[敛容]正容,显出庄肃的脸色。 ㈦[虾(há)蟆陵]在长安城东南。 ㈧[教坊]唐代官办管理音乐杂技、教练歌舞的机关。 ㈨[秋娘]唐代歌伎常用的名字,这里用为善歌貌美的歌伎的通称。 ㈩[五陵年少]指京城富贵人家的子弟。五陵,长安附近汉代五个皇帝的陵墓,富豪人家多聚居在这一带。 ㈦[缠头]古代送给歌伎舞女的锦帛叫"缠头"。 ㈧[一曲红绡不知数](弹完)一个曲子,(所得的)红绡不计其数。绡,一种丝织品。 ㈨[钿(diàn)头银篦]上端镶着金花的银钗。钿,金花。篦,同"镈",钗,古时妇女戴在发髻上的一种装饰品。 ㈩[击节碎](给音乐)打拍子敲碎了。节,节拍。 ㈦[翻酒污]泼翻了酒被玷污。 ㈧[颜色故]这里是容貌衰老的意思。 ㈨[老大]年纪大了。 ㈩[浮梁]旧县名,故城在现在江西省景德镇市北。 ㈦[去来]走了以后。来,助词,无义。 ㈧[梦啼妆泪红阑干]梦中啼哭,擦了脂粉的脸上流满了一道道红色的(泪痕)。妆,这里指脸上的脂粉。阑干,纵横错乱的样子。 ㈨[唧唧]叹息声。 ㈩[杜鹃啼血]传说杜鹃鸟啼叫时,嘴里会流出血来。这是形容杜鹃啼声的悲切。 ㈦[独倾]独酌。 ㈧[呕哑(ōu yā)]象声词,形容乐声的单调,少变化。 ㈨[嘲哳(zhāo zhā)]也作"啁哳",象声词,形容声音的细碎。 ㈩[难为]难听,听不下去。 ㈦[琵琶语]指琵琶上弹出的曲调。 ㈧[暂]忽然,一下子。 ㈨[翻作]写作。翻,按曲编写歌辞。 ㈩[却坐]退回(原处)坐下。 ㈦[促弦]把弦拧紧。促,紧,迫。 ㈧[转]更加。 ㈨[掩泣]掩面哭泣。下面"泣下"的"泣"是"眼泪"的意思。 ㈩[青衫湿]眼泪多,青衫都湿了。青,唐代低级官职的服色。

8. 过华清宫(其一)①

杜 牧

长安回望②绣成堆③,山顶千门次第④开。

一骑红尘⑤妃子笑,无人知是荔枝来。

---

① 选自《樊川诗集》,作者杜牧(803—853),字牧之,京兆万年(陕西省西安市)人,因居樊川,号樊川居士。晚唐文学家,诗文俱佳,诗更有名。诗的原题是《过华清宫绝句三首》,这里选的是第一首。华清宫,唐宫名,在临潼县骊山西北麓。 ②[长安回望]即回望长安。 ③[绣成堆](长安的宫殿树木)好像一堆锦绣。 ④[次第]依次。 ⑤[一骑红尘]红尘扬起,有一个人骑马(飞奔而来)。

9. 虞美人①

李 煜

春花秋月何时了②?往事知多少。小楼昨夜又东风,故国③不堪回首月明中。

雕栏玉砌④应犹在,只是朱颜改⑤。问君能有几多愁?恰似一江春水向东流。

---

① 选自詹安泰《李璟李煜词》(人民文学出版社1958年版)。虞美人,词牌名。李煜(yù)(937—978),字重光,南唐中主李璟之子,公元961年嗣位,史称南唐后主,在位十五年。李煜通晓音律,善诗文,能书画。开宝八年(975)南唐都城金陵被宋兵攻破,李煜被押解北上,软禁为囚,不久被宋太宗毒死。这首词作于南唐覆亡后,李煜被软禁于北宋首都东京(今河南开封)时期,表达了作者对故国的深切怀念。相传七夕之夜,他在寓中命歌伎唱此词,宋太宗知道后,赐酒将他毒死。 ②[了]了结,终止。 ③[故国]指南唐故都金陵(今南京)。 ④[雕栏玉砌]雕花的栏杆和玉石的台阶,代指南唐的宫殿。 ⑤[只是朱颜改]只是宫女们都老了。朱颜,红颜,少女的代称,这里指南唐旧日的宫女。

10. 雨霖铃①

柳 永

寒蝉凄切②,对长亭③晚,骤雨初歇④。都门帐饮无绪⑤,留恋处⑥,兰舟催发⑦。执手相看泪眼,竟无语凝噎⑧。念去去,千里烟波⑨,暮霭沉沉楚天阔⑩。 多情自古伤离别,更那堪,冷落清秋节⑪!今宵⑫酒醒何处?杨柳岸,晓风残月⑬。此去经年⑭,应是良辰好景⑮虚设。便纵有千种风情⑯,更与何人说?

---

① 选自柳永《乐章集》。雨霖铃,词牌名。柳永(987?—1053),原名三变,字景庄,后改名永,字耆卿,崇安(今属福建)人,行七,人称"柳七"。官至屯田员外郎,后世称"柳屯田"。以词著名。 ②[寒蝉凄切]深秋知了的鸣声又凄凉又急促。 ③[长亭]古代驿路上十里设一长亭,五里设一短亭,供行人休息,也作为人们送别的地方。 ④[骤雨初歇]一阵急雨刚停止。 ⑤[都门帐饮无绪]在京城郊外搭起帐篷设宴送行,没有好情绪。都门,京都城门,这里指汴京(今河南省开封市)。 ⑥[留恋处]正在恋恋不舍的时候。 ⑦[兰舟催发]船上人催着出发。兰舟,船的美称,这里借指船上人。 ⑧[凝噎(yē)]喉咙像塞住了,说不出话来。 ⑨[念去去,千里烟波]一程又一程地向前去,烟波千里。 ⑩[暮霭(ǎi)沉沉楚天阔]傍晚阴沉沉的云气,笼罩着广阔的南方天空。暮霭,傍晚的云气。楚天,泛指南方天空。 ⑪[清秋节]凄清的秋季。 ⑫[今宵]今天夜里。 ⑬[杨柳岸,晓风残月]这句说,酒醒后从船上望去,只见夹岸的杨柳、拂晓的寒风和天空的残月。 ⑭[经年]一年又一年。 ⑮[良辰好景]好日子好风景。 ⑯[风情]情意,深情蜜意。

11. 念奴娇①·赤壁②怀古

苏 轼

大江③东去,浪淘尽,千古风流人物。故垒④西边,人道是,三国周郎⑤赤壁。乱石穿空,惊涛拍岸,卷起千堆雪。江山如画,一时多少豪杰。 遥想公瑾当年,小乔⑥初嫁了,雄姿英发⑦。羽扇纶巾⑧,谈笑间,樯橹⑨灰飞烟灭。故国神游⑩,多情应笑我,早生华发⑪。人生如梦⑫,一尊⑬还酹⑭江月。

①［念奴娇］词牌名。这首诗作于元丰五年(1082)。　②［赤壁］苏轼所游的是黄州(今湖北黄冈)的赤鼻矶,并非赤壁大战处。　③［大江］指长江。　④［故垒］古时军队营垒的遗迹。　⑤［周郎］即周瑜,字公瑾,孙权军中指挥赤壁大战的将领。24岁时即出任孙策的中郎将,军中皆呼之为"周郎"。　⑥［小乔］乔玄的小女儿,嫁给了周瑜。"乔",史书里作"桥"。　⑦［雄姿英发］姿容雄伟,英气勃发。　⑧［羽扇纶(guān)巾］(手持)羽扇,(头戴)纶巾。这是儒者的装束,形容周瑜有儒将风度。纶巾,佩有青丝带的头巾。　⑨［樯(qiáng)橹］这里代指曹操的水军。樯,挂帆的桅杆。橹,一种摇船的桨。　⑩［故国神游］即神游故国,作者神游于古战场。　⑪［多情应笑我,早生华发］应笑我多愁善感,过早地长出花白的头发。　⑫［人生如梦］一作"人间如梦"。　⑬［尊］同"樽",酒杯。　⑭［酹(lèi)］将酒洒在地上,以表示凭吊。

12. 声声慢①

李清照

寻寻觅觅,冷冷清清,凄凄惨惨戚戚②。乍暖还寒③时候,最难将息④。三杯两盏淡酒,怎敌⑤他、晚来风急！雁过也,正伤心,却是旧时相识⑥。

满地黄花堆积,憔悴损,如今有谁堪⑦摘？守着窗儿,独自怎生⑧得黑⑨！梧桐更兼细雨,到黄昏、点点滴滴。这次第⑩,怎一个愁字了得⑪！

①选自李清照《漱玉词》。声声慢,词牌名。李清照(1084—1155?),号易安居士,济南(今属山东)人。工诗词。倡导词"别是一家"说。　②［戚戚］忧愁苦恼。　③［乍暖还寒］指秋天时暖时寒的天气。乍,忽然。　④［将息］休养、调理之意。　⑤［敌］对付,抵挡。　⑥［雁过也,正伤心,却是旧时相识］作者本是北人,国亡后流寓南方,见秋天北雁南飞,引起感伤。又,古有雁足传书之说,词作者当年曾寄《一剪梅》词给丈夫赵明诚,有"云中谁寄锦书来,雁字回时,月满西楼"之句,如今丈夫已逝,家乡难回,故云"伤心"。　⑦［堪］可。　⑧［怎生］怎么、怎样。　⑨［黑］指天黑。　⑩［次第］情形、光景。　⑪［了得］了结。

13. 书　愤

陆　游

早岁①那知世事艰,中原北望气如山②。
楼船③夜雪瓜洲渡④,铁马⑤秋风大散关⑥。
塞上长城空自许⑦,镜中衰鬓⑧已先斑。
出师一表真名世,千载谁堪伯仲间⑨。

①［早岁］早年。指诗人39岁在镇江府任通判和48岁在南郑任王炎幕僚时的经历。当时他在抗金第一线。　②［中原北望气如山］北望中原,收复失地的豪气如山。　③［楼船］作战用的有楼的大船。

④[瓜洲渡]瓜洲的渡口。瓜洲,今江苏省邗江县南部瓜洲镇,与镇江隔江斜对。诗人39岁(隆兴元年)随右丞相张浚率军在建康、镇江间抗金。 ⑤[铁马]配有铁甲的战马。 ⑥[大散关]在陕西宝鸡市西南大散岭上,当时是南宋抗金的西部战区。诗人在48岁时(乾道八年)随王炎幕下,曾几次到大散关前线抗金。 ⑦[塞上长城空自许]意思是说,年轻时曾以捍卫边疆的名将自许,结果都落了空。塞上长城,比喻守边抗敌的中坚。南朝刘宋名将檀道济曾自比"塞上长城"。空自许,徒然自许。 ⑧[衰鬓]老年时的鬓发。 ⑨[出师一表真名世,千载谁堪伯仲间]诸葛亮的《出师表》真是扬名后世,千年以来,还有谁能和他相提并论呢? 诸葛亮的《出师表》表明辅助幼主北伐中原、统一中国的雄心大略。伯仲,原指兄弟间长幼的次序,引申为品评人物等差的用语。伯仲间,不相上下的意思。

14. 永遇乐·京口北固亭怀古

辛弃疾

千古江山,英雄无觅、孙仲谋处①。舞榭歌台②,风流总被雨打风吹去。斜阳草树,寻常巷陌③,人道寄奴④曾住。想当年⑤,金戈铁马⑥,气吞万里如虎。 元嘉草草,封狼居胥,赢得仓皇北顾⑦。四十三年⑧,望中犹记,烽火⑨扬州路。可堪回首,佛狸祠下,一片神鸦社鼓⑩! 凭谁问:廉颇老矣,尚能饭否?⑪

---

①[英雄无觅、孙仲谋处]无处寻找英雄孙仲谋(那样的人物)了。仲谋,孙权的字。他曾在京口建立吴都,并曾打败来自北方的曹操的军队。 ②[舞榭(xiè)歌台]歌舞的台榭。榭,台上的房子。 ③[寻常巷陌]普通的街道。巷、陌,这里都指街道。 ④[寄奴]南北朝时南朝宋武帝刘裕的小名。刘裕的祖先由北方移居京口。刘裕在这里起事,最后建立政权。 ⑤[当年]指当年刘裕为了恢复中原大举北伐的时候。 ⑥[金戈铁马]金戈,用金属制成的长枪;铁马,披着铁甲的战马,都是当时精良的军事装备。这里指代精锐的部队。 ⑦[元嘉……北顾]宋文帝刘义隆(刘裕的儿子)在元嘉二十七年(450)草率出师北伐,想要建立像古人封狼居胥山那样的功绩,只落得自己北望敌军而仓皇失措(宋文帝诗中有"北顾涕交流"语)的结局。封狼居胥,汉朝霍去病追击匈奴至狼居胥山(在现在内蒙古自治区西北部),封山(筑土为坛以祭山神,纪念胜利)而还。南朝宋文帝刘义隆命王玄谟北伐,玄谟陈说北伐的策略,文帝说:"闻王玄谟陈说,使人有封狼居胥意。"后来北伐失败。作者借此事咏当时南宋近事,指宋孝宗隆兴元年(1163)张浚北伐,在符离(现在安徽省宿州市符离集)兵败的事。 ⑧[四十三年]作者于公元1162年(宋高宗赵构绍兴三十二年)从北方抗金南归,至公元1205年(宋宁宗赵扩开禧元年)任镇江知府写这首词时,前后共四十三年。 ⑨[烽火]指金兵南下的战火。 ⑩[佛狸……社鼓](瓜步山上的)佛狸祠下(充满)一片神鸦叫声和社日的鼓声!佛狸,后魏太武帝拓跋焘的小字。他击败宋文帝,率军追到瓜步山(在现在江苏省六合县东南),在山上建立行宫,即后来的佛狸祠。神鸦,这里指在庙里吃祭品的乌鸦。社鼓,社日祭地神的鼓声。 ⑪[凭谁问……饭否](现在)凭谁去问:廉颇老了,饭量还好吗? 这是作者以廉颇自发感慨,说自己虽然老了,还不忘为国效力,恢复中原,可是朝廷一味屈膝媚敌,早没有起用他的意思了。《史记·廉颇蔺相如列传》记载,廉颇免职后,跑到魏国。赵王想再用他,派人去看他的身体情况,"廉颇之仇郭开多与使者金,令毁之。赵使既见廉颇,廉颇为之一饭斗米、肉十斤,被(通"披")甲上马,以示尚可用。赵使还报王曰:'廉将军虽老,尚善饭;然与臣坐,顷之三遗矢(屎)矣。'赵王以为老,遂不召"。

15. 长亭送别(【正宫】【端正好】)

王实甫

碧云天,黄花地①,西风紧,北雁南飞。晓来谁染霜林醉?总是离人泪②。

---

①[碧云天,黄花地]天空飘浮着秋云,地上布满凋零的菊花。黄花,菊花。范仲淹《苏幕遮》词:"碧云天,黄叶地,秋色连波,波上寒烟翠。"李清照《声声慢》词:"满地黄花堆积。"曲词即化用上述几句的词意。 ②[晓来谁染霜林醉?总是离人泪]清晨,是谁把经霜的枫林染得像人酒醉了的双颊那样红?一定是离人带血似的眼泪。

16. 子路、曾皙、冉有、公西华侍坐①

《论语》

子路、曾皙、冉有、公西华侍坐。子曰:"以吾一日长乎尔,毋吾以也②。居则曰③:'不吾知也④。'如或知尔,则何以哉⑤?"

子路率尔⑥而对曰:"千乘之国⑦,摄⑧乎大国之间,加之以师旅⑨,因之以饥馑⑩;由也为之⑪,比及⑫三年,可使有勇⑬,且知方⑭也。"

夫子哂⑮之。

"求,尔何如?"

对曰:"方六七十,如五六十⑯,求也为之,比及三年,可使足民⑰。如其礼乐,以俟君子⑱。"

"赤,尔何如?"

对曰:"非曰能之,愿学焉⑲。宗庙之事,如会同⑳,端章甫,愿为小相焉㉑。"

"点,尔何如?"

鼓瑟希,铿尔,舍瑟而作㉒,对曰:"异乎三子者之撰㉓。"

子曰:"何伤乎㉔?亦各言其志也!"

曰:"莫春者,春服既成㉕,冠者五六人,童子六七人㉖,浴乎沂,风乎舞雩,咏而归㉗。"

夫子喟然㉘叹曰:"吾与点也㉙。"

三子者出,曾皙后。曾皙曰:"夫三子者之言何如?"

子曰:"亦各言其志也已矣!"

曰:"夫子何哂由也?"

曰:"为国以礼,其言不让㉚,是故哂之。唯求则非邦也与㉛?安见方六七十如五六十而非邦也者㉜?唯赤则非邦也与㉝?宗庙会同,非诸侯而何㉞?赤也为之小,孰能为之大㉟?"

---

①选自《论语·先进》,题目是编者加的。子路,姓仲名由;曾皙,名点,字皙;冉有,姓冉名求,字子有;公西华,姓公西名赤,字子华。这四个人都是孔子的弟子。侍坐,陪侍长者坐着。 ②[以吾一日长乎尔,毋吾以也]意思是不要因为我比你们年长几岁就不敢说话。以,因为。一日,虚数,意思是不多几天。长乎尔,比你们年长。乎,于。尔,你们。毋吾以也,不要因我而停止说话,以,通"已",止。 ③[居则曰]平日说。居,闲居,指平日在家的时候。则,就。 ④[不吾知也]即不知吾,不了解我。知,了解。 ⑤[如或知

· 118 ·

尔,则何以哉]假如有人了解你们,那么你们想干些什么呢?或,有人。何以,"以何"的倒装。以,用,做。　⑥[率尔]轻率急忙的样子。　⑦[千乘(shèng)之国]有一千辆兵车的诸侯国。在春秋后期,是中等国家。乘,兵车。　⑧[摄]夹。　⑨[加之以师旅]有(别国)军队来侵略它。加,加上。师旅,指军队。　⑩[因之以饥馑]接连下来(国内)又有饥荒。因,接着。饥,五谷不熟;馑,蔬菜不熟,这里泛指荒年。　⑪[为之]治理这个国家。　⑫[比及]等到。比、及,在这里都是到的意思。　⑬[有勇](人人)都有勇气,意思是把军队整顿好,可以抵御侵略。　⑭[知方]知道为人的道理。　⑮[哂(shěn)]微笑。　⑯[方六七十,如五六十]方圆六七十里或五六十里的(小国)。如,或者。　⑰[足民]使人民富足。　⑱[如其礼乐,以俟(sì)君子]至于礼乐教化,要等待修养更高的君子来推行了。这是冉有谦虚的说法,意思是自己只能满足百姓的衣食财用。如,至于。俟,等待。　⑲[非曰能之,愿学焉]不敢说我能胜任,但是愿意学习。　⑳[宗庙之事,如会同]诸侯祭祀祖先的事,或者是诸侯会盟,朝见天子的事。宗庙,天子、诸侯供奉祖宗牌位的处所。会同,古代诸侯朝见天子的通称。这些都是当时比较重要的大事。　㉑[端章甫,愿为小相焉]穿上礼服,戴上礼帽,做个主持赞礼的司仪官。端,古代用整幅布做的礼服。章甫,古代礼帽,用布制。在这里都作动词用。相,诸侯祭祀或会盟、朝见天子时,替国君主持赞礼的司仪官。小相,这是公西华谦虚的说法。　㉒[鼓瑟希,铿(kēng)尔,舍瑟而作]琴曲舒缓下来,铿地一声放下琴站起来。瑟,古代的一种乐器,有25根弦。演奏瑟叫"鼓"。铿尔,象声词。舍,放下。作,起来。　㉓[异乎三子者之撰]和他们三个所讲的不一样。撰,述。　㉔[何伤乎]有什么关系呢?伤,妨害。　㉕[莫春者,春服既成]莫春,即暮春,为农历三月。莫,同"暮"。春服既成,已经穿上了春天的衣服。　㉖[冠者五六人,童子六七人]几个成人,几个孩子。冠者,行过冠礼的人。古代男子20岁行冠礼,行过冠礼就是成年人了。五六、六七,都是虚数。　㉗[浴乎沂(yí),风乎舞雩(yú),咏而归]在沂水中洗澡,在高台上吹吹风,唱着歌儿回家去。沂,水名,在今山东省曲阜市南。舞雩,鲁国求雨用的祭坛,在今山东省曲阜市东南。咏,唱歌。　㉘[喟(kuì)然]长叹的样子。然,助词,放在象声词或形容词后。　㉙[吾与点也]我赞同曾皙。与,赞成,动词。　㉚[为国以礼,其言不让]要用礼来治理国家,可他说话却不知道谦虚。让,谦让。　㉛[唯求则非邦也与]难道冉有讲的就不是国家大事?反问句,意思是冉有讲的同样是国家大事,但却知道谦虚。唯,语气词。邦,国家。　㉜[安见方六七十如五六十而非邦也者]何以见得方六七十或者五六十的国家就不是国家?反问句,意思是方圆六七十或者五六十的国家也同样是国家。　㉝[唯赤则非邦也与]难道公西华说的就不是国家大事?反问句,意思是公西华说的同样也是国家大事。　㉞[宗庙会同,非诸侯而何]宗庙祭祀、诸侯盟会和朝见天子,不是诸侯的大事又是什么?反问句,意思是这些同样也是国家大事,只不过公西华说得谦虚罢了。　㉟[赤也为之小,孰能为之大]公西华说他只能做小相,谁又能做大事?反问句,意思是公西华说他只能做小相完全是谦虚。

17. 寡人之于国也[①]

《孟子》

　　梁惠王[②]曰:"寡人[③]之于国也,尽心焉耳矣[④]。河内凶[⑤],则移其民于河东[⑥],移其粟[⑦]于河内;河东凶亦然[⑧]。察邻国之政,无如[⑨]寡人之用心者。邻国之民不加少[⑩],寡人之民不加多,何也?"

　　孟子对曰:"王好战[⑪],请以战喻[⑫]。填然鼓之[⑬],兵刃既接[⑭],弃甲曳兵而走[⑮]。或[⑯]百步而后止,或五十步而后止。以五十步笑百步,则何如?"

　　曰:"不可,直不百步耳[⑰],是[⑱]亦走也。"

曰:"王如知此,则无⑲望民之多于邻国也。"

"不违农时⑳,谷不可胜食㉑也;数罟不入洿池㉒,鱼鳖不可胜食也;斧斤以时入山林㉓,材木不可胜用也。谷与鱼鳖不可胜食,材木不可胜用,是使民养生丧死无憾㉔也。养生丧死无憾,王道之始也㉕。"

"五亩之宅㉖,树之以桑㉗,五十者可以衣帛㉘矣;鸡豚狗彘之畜㉙,无失其时㉚,七十者可以食肉矣;百亩之田,勿夺其时,数口之家可以无饥矣;谨庠序之教㉛,申之以孝悌之义㉜,颁白者不负戴于道路矣㉝。七十者衣帛食肉,黎民㉞不饥不寒,然而不王㉟者,未之有也。"

"狗彘食人食而不知检㊱,涂有饿莩㊲而不知发㊳,人死,则曰:'非我也,岁㊴也。'是何异于刺人而杀之,曰:'非我也,兵也。'?王无罪岁㊵,斯天下之民至焉㊶。"

---

① 节选自《孟子·梁惠王上》。本文题目是后人所加。《孟子》是记载战国时期思想家孟轲言行的书,由孟轲及其弟子编成。全书共7篇,内容涉及政治活动、政治学说以及哲学、伦理、教育思想,是儒家经典著作之一。　②[梁惠王]战国时期魏国的国君,姓魏,名罃(yīng)。魏国都城在大梁(在今河南开封西北),所以魏惠王又称梁惠王。　③[寡人]寡德之人,是古代国君对自己的谦称。　④[尽心焉耳矣](算是)尽了心啦。焉、耳、矣都是句末助词。重叠使用,加重语气。　⑤[河内凶]河内遇到饥荒。河内,今河南境内黄河以北的地方。凶,谷物收成不好,荒年。　⑥[河东]黄河以东的地方,在今山西西南部。黄河流经山西省境,自北而南,故称山西境内黄河以东的地区为河东。　⑦[粟]谷子,脱壳后称为小米,也泛指谷类。　⑧[亦然]也是这样。　⑨[无如]没有像……　⑩[加少]更少。加,更。古代人口少,为了增加劳力和扩充兵员,希望人口增多,以人口增多为好事。　⑪[好战]喜欢打仗。战国时期各国互相攻打和兼并。　⑫[请以战喻]让我用打仗来做比喻。请,有"请允许我"的意思。　⑬[填然鼓之]咚咚地敲着战鼓。填,拟声词,模拟鼓声。鼓之,敲起鼓来。鼓,动词。之,没有实在意义的衬字。　⑭[兵刃既接]两军的兵器已经接触,指战斗已开始。兵,兵器、武器。既,已经。接,接触、交锋。　⑮[弃甲曳(yè)兵而走]抛弃铠甲、拖着兵器逃跑。曳,拖着。走,跑,这里指逃跑。　⑯[或]有的人。　⑰[直不百步耳]只是没有(跑)百步罢了。直,只是,不过。　⑱[是]代词,这,指代上文"五十步而后止"。　⑲[无]通"毋",不要。　⑳[不违农时]不耽误农业生产的季节,指农忙时不要征调百姓服役。违,违背、违反,这里指耽误。　㉑[谷不可胜食]粮食吃不完。谷,粮食的统称。　㉒[数(cù)罟(gǔ)不入洿(wū)池]细网不进池塘(防止破坏鱼的生长和繁殖)。数,密。罟,网。洿,深。　㉓[斧斤以时入山林]砍伐树木要按一定的季节(指草木凋落,生长季节过后)。斤,锛子。　㉔[养生丧死无憾]对生养死葬没有什么不满。养生,供(gōng)养活着的人。丧死,为死了的人办丧事。憾,遗憾。　㉕[王道之始也]这就是王道的开端了。王道,以仁义治天下,这是儒家的政治主张。　㉖[五亩之宅]五亩住宅的场地。先秦时五亩约合现在一亩二分多。　㉗[树之以桑]把桑树种植(在五亩大小的宅院上)。树,种植。　㉘[衣帛]穿上丝织品的衣服。衣,穿。　㉙[鸡豚(tún)狗彘(zhì)之畜(xù)]畜养鸡、狗、猪。豚,小猪。彘,猪。畜,畜养。之,助词。　㉚[无失其时]不要错过繁殖的时节。无,通"毋"。　㉛[谨庠(xiáng)序之教]认真地兴办学校教育。谨,谨慎,这里指认真从事。庠、序,都是学校。商(殷)代叫序,周代叫庠。教,教化。　㉜[申之以孝悌之义]把孝悌的道理反复讲给百姓听。申,反复陈述。悌,敬爱兄长。义,道理。　㉝[颁白者不负戴于道路矣]头发花白的老人不会在路上背着或者顶着东西了。意思是,年轻人知道孝敬老人,都来代劳了。颁白,头发花白。颁,通"斑"。负,背着东西。戴,顶着东西。　㉞[黎民]百姓。　㉟[王]为王,使天下百姓归顺。　㊱[狗彘食人食而不知检](诸侯贵族家)猪狗吃人所吃的东西,不加制止。前一个"食",动词,吃。后一个"食",名词,指食物。检,制止,约束。　㊲[涂有饿莩(piǎo)]路上有饿死的人。涂,通"途",道路。饿莩,饿死的人。　㊳[发]指打开粮仓,赈济百姓。　㊴[岁]年成。　㊵[王无罪岁]王不要归咎于年成。罪,归咎、归罪。　㊶[斯天下之民至焉]那么,天下的百姓都会来归顺了。斯,则、那么。

18. 劝　学①

《荀子》

　　君子②曰：学不可以已③。青④，取之于蓝⑤，而青于蓝；冰，水为之，而寒于水。木直中绳⑥，輮⑦以为轮，其曲中规⑧。虽有槁暴⑨，不复挺⑩者，輮使之然也。故木受绳⑪则直，金就砺⑫则利，君子博学而日参省乎己⑬，则知⑭明而行无过矣。

　　吾尝终日而思矣，不如须臾⑮之所学也；吾尝跂⑯而望矣，不如登高之博见也。登高而招，臂非加长也，而见者远⑰；顺风而呼，声非加疾⑱也，而闻者彰⑲。假⑳舆马者，非利足㉑也，而致㉒千里；假舟楫者，非能水㉓也，而绝㉔江河。君子生㉕非异也，善假于物㉖也。

　　积土成山，风雨兴焉；积水成渊，蛟龙生焉；积善成德，而神明自得㉗，圣心㉘备焉。故不积跬步㉙，无以㉚至千里；不积小流，无以成江海。骐骥㉛一跃，不能十步；驽马㉜十驾㉝，功在不舍㉞。锲㉟而舍之，朽木不折；锲而不舍，金石可镂㊱。蚓无爪牙之利，筋骨之强，上食埃土，下饮黄泉，用心一也。蟹六跪㊲而二螯㊳，非蛇鳝之穴无可寄托者，用心躁㊴也。

---

　　① 节选自《荀子·劝学》。《荀子》是收录荀况著作的一部书。荀况，战国后期赵国人。他基本上继承了孔子的学说，但又吸收了其他学派的思想，发展了古代朴素的唯物主义。劝，劝勉，鼓励。　　②〔君子〕指有学问有修养的人。　　③〔已〕停止。　　④〔青〕靛(diàn)青，一种颜料。　　⑤〔蓝〕蓼蓝。一种可以提取靛青的草。　　⑥〔木直中(zhòng)绳〕木材挺直，符合木工作来取直的墨线。绳，原指匠人用以取直的墨线，这里是指用墨线弹画出来的直线。　　⑦〔輮(róu)〕同"煣"，用火使竹木之类的材料弯曲。　　⑧〔规〕圆规。这里指用圆规画出来的圆弧。　　⑨〔虽有槁暴(pù)〕即使又晒干了。有，同"又"。槁，枯。暴，同"曝"，晒干。　　⑩〔挺〕直。　　⑪〔受绳〕用取直的墨线量过。这里指取直后又经斧锯加工。　　⑫〔就砺(lì)〕拿到磨刀石上(磨)。就，凑近，靠拢。砺，磨刀石。　　⑬〔参(cān)省(xǐng)乎己〕对自己的学问行为加以检验、反省。参，参验，验证。省，省察，检查。乎，相当于"于"。　　⑭〔知〕同"智"，智慧。　　⑮〔须臾(yú)〕片刻。　　⑯〔跂(qì)〕踮起脚尖。　　⑰〔见者远〕很远的人也能看见。　　⑱〔疾〕迅速，这里引申为高昂洪亮。　　⑲〔闻者彰〕听的人(觉得)很清楚。彰，清楚，明显。　　⑳〔假〕凭借，利用。　　㉑〔非利足〕不是(因为)有了走得快的脚。　　㉒〔致〕达到。　　㉓〔能水〕能游水。水，用作动词。　　㉔〔绝〕横渡，超越。　　㉕〔生〕同"性"，天性，禀赋，资质。　　㉖〔物〕外物，指各种客观条件。与"心"(主观方面的条件)相对而言。　　㉗〔神明自得〕智慧自然得到发展提高。神明，智慧。自，自然，副词。　　㉘〔圣心〕圣人的思想。　　㉙〔跬(kuǐ)步〕跬，半步。古人以跨出一脚为跬，跨出两脚为步。　　㉚〔无以〕无法，没有什么(办法)。无以，是文言文的固定格式。　　㉛〔骐骥(jì)〕骏马。　　㉜〔驽(nú)马〕劣马。　　㉝〔驾〕马拉车一天所走的路程为一驾。　　㉞〔功在不舍〕成功就在于不停地前进。功，成功。不舍，不停止。　　㉟〔锲(qiè)〕刻。　　㊱〔镂(lòu)〕雕刻。　　㊲〔六跪〕六只脚。实际上蟹有八只脚。跪，特指蟹脚。　　㊳〔螯(áo)〕指蟹钳。　　㊴〔躁〕浮躁，不专一。

19. 庖丁解牛(节选)①

《庄子》

　　庖丁为文惠君②解牛，手之所触③，肩之所倚，足之所履④，膝之所踦⑤，砉然向然⑥，奏刀騞然⑦，莫不中音⑧。合于《桑林》之舞⑨，乃中《经首》之会⑩。

文惠君曰:"嘻,善哉!技盖⑪至此乎?"

庖丁释刀对曰:"臣之所好者道⑫也,进乎技矣⑬。始臣之解牛之时,所见无非牛者⑭。三年之后,未尝见全牛也⑮。方今之时,臣以神遇而不以目视⑯,官知止而神欲行⑰。依乎天理⑱,批大郤⑲,导大窾⑳,因其固然㉑,技经肯綮之未尝㉒,而况大軱㉓乎!良庖岁更㉔刀,割㉕也;族庖㉖月更刀,折㉗也。今臣之刀十九年矣,所解数千牛矣,而刀刃若新发于硎㉘。彼节者有间㉙,而刀刃者无厚㉚;以无厚入有间,恢恢㉛乎其于游刃必有余地矣,是以十九年而刀刃若新发于硎。虽然,每至于族㉜,吾见其难为,怵然为戒,视为止,行为迟㉝。动刀甚微,謋㉞然已解,如土委㉟地。提刀而立,为之四顾,为之踌躇满志㊱,善㊲刀而藏之。"

文惠君曰:"善哉!吾闻庖丁之言,得养生㊳焉。"

----

① 节选自《庄子·养生主》(《庄子集释》中华书局1961年版)。《庄子》是庄周和他的门人以及后学者的著作。庄周,战国时蒙(今河南商丘)人,思想家,道家学派的重要代表。庖丁,厨师,丁是他的名。解,剖开、分割。 ② [文惠君]梁惠王。 ③ [所触]接触的地方。 ④ [履]踩。 ⑤ [踦(yǐ)]支撑,接触。这里的意思是宰牛时抬起一条腿,用膝盖抵住牛。 ⑥ [砉(huā)然向(xiǎng)然]砉,又读xū,象声词。砉然,皮骨相离的声音。向,通"响"。 ⑦ [奏刀騞(huō)然]进刀时发出騞的声音。奏,进。騞,象声词,比"砉然"的声音更大。 ⑧ [中(zhòng)音]合乎音律。 ⑨ [合于《桑林》之舞]合乎《桑林》舞乐的节拍。《桑林》,传说中商汤时的乐曲名。 ⑩ [乃中《经首》之会]又合乎《经首》乐曲的节奏。《经首》传说中舜时的乐曲名。会,指节奏。乃,副词。 ⑪ [盖]通"盍(hé)",何,怎样。 ⑫ [道]天道,自然的规律。 ⑬ [进乎技矣]超过技术了。进,超过。 ⑭ [无非牛者]没有不是全牛的。意思是跟一般人所见的一样。 ⑮ [未尝见全牛也]未曾看到整头的牛了。这是说对牛的全身结构完全摸清了,不再把一头牛看成全牛,而是把它看成可以拆卸的东西。 ⑯ [臣以神遇而不以目视]我只用精神去和牛接触,而不用眼睛去看了。臣,庖丁自称。遇,会合、接触。 ⑰ [官知止而神欲行]视觉停止了,而精神在活动。意思是,解牛时可以不用感觉器官,而只靠精神活动来行事。官知,耳眼等器官的感觉,这里指视觉。神欲,精神活动。 ⑱ [天理]指牛的生理上的天然结构。 ⑲ [批大郤(xì)]击入大的缝隙。批,击。郤,空隙。 ⑳ [导大窾(kuǎn)]顺着(骨节间的)空处进刀。导,顺着、循着,这里有导入的意思。窾,空。 ㉑ [因其固然]依照牛体本来(的结构)。 ㉒ [技经肯綮(qìng)之未尝]脉络相连和筋骨相结合的地方(容易使刀刃钝折),没有拿刀去尝试(指没有碰着刀)。意思是,用刀的技术高明,从不经过使刀口钝折的地方。技,应是"枝"字,指支脉。经,指经脉。技经,脉络相连的地方。肯,骨间的肉。綮,结合处。肯綮,筋骨结合的地方。 ㉓ [軱(gū)]大骨。 ㉔ [更(gēng)]换。 ㉕ [割]割肉。 ㉖ [族庖]一般厨师。族,众。 ㉗ [折]断,指用刀砍断骨头。 ㉘ [新发于硎(xíng)]刚从磨刀石上磨出来。发,出。硎,磨刀石。 ㉙ [彼节者有间]牛的骨节有间隙。 ㉚ [无厚]没有厚度。形容刀口薄而锋利。 ㉛ [恢恢]很宽绰的样子。 ㉜ [族](筋骨)交错聚结的地方。 ㉝ [视为止,行为迟]目光因为有这个交错聚结的地方而集中在那里,动作也因此而缓慢下来。 ㉞ [謋(huò)]象声词。骨肉离开的声音。 ㉟ [委]卸落。 ㊱ [踌躇满志]悠然自得,心满意足。 ㊲ [善]通"缮",修治。这里是拭擦的意思。 ㊳ [养生]指养生之道。

20. 鸿门宴①

司马迁

沛公②军霸上③,未得与项羽相见。沛公左司马④曹无伤使人言于项羽曰:"沛公欲王关中⑤,

使子婴⑥为相，珍宝尽有之。"项羽大怒曰："旦日飨⑦士卒，为⑧击破沛公军！"当是时，项羽兵四十万，在新丰鸿门；沛公兵十万，在霸上。范增说项羽曰："沛公居山东⑨时，贪于财货，好美姬⑪。今入关，财物无所取，妇女无所幸⑫，此其志不在小⑬。吾令人望其气⑭，皆为龙虎，成五采，此天子气也。急击勿失⑮！"

楚左尹⑯项伯者，项羽季父⑰也，素善留侯张良⑱。张良是时从沛公，项伯乃夜驰之沛公军，私见张良，具⑲告以事，欲呼张良与俱去，曰："毋从俱死也。"张良曰："臣为韩王送沛公⑳，沛公今事有急，亡去不义，不可不语。"良乃入，具告沛公。沛公大惊，曰："为之奈何㉑？"张良曰："谁为大王为此计㉒者？"曰："鲰生㉓说我曰：'距㉔关，毋内㉕诸侯，秦地可尽王也。'故听之。"良曰："料大王士卒足以当项王乎？"沛公默然，曰："固不如也。且为之奈何？"张良曰："请往谓项伯，言沛公不敢背项王也。"沛公曰："君安与项伯有故㉖？"张良曰："秦时与臣游，项伯杀人，臣活之；今事有急，故幸来告良。"沛公曰："孰与君少长？"良曰："长于臣。"沛公："君为我呼入，吾得兄事之。"张良出，要㉗项伯。项伯即入见沛公。沛公奉卮酒为寿㉘，约为婚姻㉙，曰："吾入关，秋毫不敢有所近㉚，籍吏民㉛，封府库，而待将军㉜。所以遣将守关者，备㉝他盗之出入与非常㉞也。日夜望将军至，岂敢反乎！愿伯具言臣之不敢倍德㉟也。"项伯许诺，谓沛公曰："旦日不可不蚤㊱自来谢㊲项王。"沛公曰："诺。"于是项伯复夜去，至军中，具以沛公言报项王，因言曰："沛公不先破关中，公岂敢入乎？今人有大功而击之，不义也。不如因㊳善遇㊴之。"项王许诺。

沛公旦日从百余骑㊵来见项王，至鸿门，谢曰："臣与将军戮力㊶而攻秦，将军战河北㊷，臣战河南，然不自意㊸能先入关破秦，得复见将军于此。今者有小人之言，令将军与臣有郤㊹……"项王曰："此沛公左司马曹无伤言之；不然，籍何以至此。"项王即日因留沛公与饮。项王、项伯东向坐；亚父㊺南向坐——亚父者，范增也；沛公北向坐，张良西向侍。范增数目项王，举所佩玉玦㊻以示之者三，项王默然不应。范增起，出召项庄㊼，谓曰："君王为人不忍。若㊽入前为寿，寿毕，请以剑舞，因击沛公于坐，杀之。不者，若属皆且为所虏。"庄则入为寿。寿毕，曰："君王与沛公饮，军中无以为乐，请以剑舞。"项王曰："诺。"项庄拔剑起舞。项伯亦拔剑起舞，常以身翼蔽沛公，庄不得击。

于是张良至军门见樊哙㊾。樊哙曰："今日之事何如？"良曰："甚急！今者项庄拔剑舞，其意常在沛公也。"哙曰："此迫矣！臣请入，与之同命。"哙即带剑拥盾入军门。交戟之卫士㊿欲止不内。樊哙侧其盾以撞，卫士仆地，哙遂入，披帷[51]西向立，瞋目[52]视项王，头发上指，目眦[53]尽裂。项王按剑而跽[54]曰："客何为者？"张良曰："沛公之参乘樊哙者也。"项王曰："壮士！赐之卮酒。"则与斗[55]卮酒。哙拜谢，起，立而饮之。项王曰："赐之彘肩[56]。"则与一生彘肩。樊哙覆其盾于地，加彘肩上，拔剑切而啖[57]之。项王曰："壮士！能复饮乎？"樊哙曰："臣死且不避，卮酒安足辞！夫秦王有虎狼之心，杀人如不能举，刑人如恐不胜[58]，天下皆叛之。怀王[59]与诸将约曰：'先破秦入咸阳者王之。'今沛公先破秦入咸阳，毫毛不敢有所近，封闭宫室，还军霸上，以待大王来。故[60]遣将守关者，备他盗出入与非常也。劳苦而功高如此，未有封侯之赏，而听细说[61]，欲诛有功之人。此亡秦之续[62]耳，窃为大王不取也！"项王未有以应，曰："坐。"樊哙从良坐。坐须臾，沛公起如厕[63]，因招樊哙出。

沛公已出，项王使都尉陈平[64]召沛公。沛公曰："今者出，未辞也，为之奈何？"樊哙曰："大行不顾细谨，大礼不辞小让[65]。如今人方为刀俎[66]，我为鱼肉，何辞为？"于是遂去。乃令张良留谢。良问曰："大王来何操[67]？"曰："我持白璧一双，欲献项王，玉斗一双，欲与亚父。会[68]其怒，不敢献。公为我献之。"张良曰："谨诺。"当是时，项王军在鸿门下，沛公军在霸上，相去四十里。沛公则置[69]车骑，脱身独骑，与樊哙、夏侯婴、靳彊、纪信等四人持剑盾步走[70]，从郦山下，道[71]芷

· 123 ·

阳①间行②。沛公谓张良曰:"从此道至吾军,不过二十里耳。度我至军中,公乃入。"

沛公已去,间至军中。张良入谢,曰:"沛公不胜桮杓③,不能辞。谨使臣良奉白璧一双,再拜④献大王足下,玉斗一双,再拜奉大将军⑤足下。"项王曰:"沛公安在?"良曰:"闻大王有意督过⑥之,脱身独去,已至军矣。"项王则受璧,置之坐上。亚父受玉斗,置之地,拔剑撞而破之,曰:"竖子⑦不足与谋!夺项王天下者必沛公也。吾属今为之虏矣!"

沛公至军,立诛杀曹无伤。

---

① 节选自《史记·项羽本纪》,题目为编者所加。项羽,名籍,字羽,秦末下相(今江苏省宿迁县)人。起兵反秦,以善战著名。后与刘邦争夺天下,交战五年,终于败亡。鸿门,地名,在今陕西省临潼县东,今名项王营。　② [沛公]指刘邦,后来的汉高祖。因起兵于沛(今江苏省沛县),号称"沛公"。　③ [霸上]地名,今陕西省西安市东。　④ [左司马]官名,掌管军中政务和粮饷。　⑤ [关中]函谷关以西,今陕西省一带。　⑥ [子婴]秦朝最后一个国君,在位四十六天,当时已投降刘邦,后为项羽所杀。　⑦ [飨(xiǎng)]用酒食款待宾客,这里是犒劳的意思。　⑧ [为(wèi)]替,给,省略宾语"我"。　⑨ [范增]项羽的主要谋士。　⑩ [山东]指崤(xiáo)山以东,也就是函谷关以东地区。　⑪ [美姬(jī)]美女。　⑫ [幸]封建君主对姬妾的亲近宠爱叫"幸"。　⑬ [此其志不在小]这(表明)他的志向不在小处。　⑭ [望其气]一种迷信行为。据说帝王所在的地方,上空会出现一种异样的云气,会望气的人能够觉察。　⑮ [失]指失去时机。　⑯ [左尹]楚国官名。最高军政长官令尹的助手。　⑰ [季父]叔父。项伯是项羽的族叔。　⑱ [素善留侯张良]平时与张良要好。善,友善,交好。张良,字子房,刘邦的主要谋士,后封为留侯。　⑲ [之]往,到……去。　⑳ [具]完全,全部。　㉑ [毋]同"无",不要。　㉒ [臣为韩王送沛公]张良担任韩王司徒(相当于丞相),刘邦率兵帮助韩王夺回失地,于是让韩王留守,自己则与张良西入武关,所以张良这样说。臣,谦称。　㉓ [为之奈何]对这件事怎么办。奈何,即如何,怎么,怎么样,怎么办。　㉔ [为此计]出这个主意。此计,指下文"距关,毋内诸侯"的计策。　㉕ [鲰(zōu)生]意思是浅陋无知的小人。　㉖ [距]同"拒",拒守。　㉗ [内]同"纳",容纳。　㉘ [诸侯]指其他率部反秦的人。当时已分封侯王,所以称诸侯。　㉙ [有故]有旧,有交情。　㉚ [要]同"邀",邀请。　㉛ [奉卮(zhī)酒为寿]奉上一杯酒,祝(项伯)健康。卮,酒器。　㉜ [约为婚姻]结为儿女亲家。　㉝ [秋毫不敢有所近]任何细小的财物都不敢染指。秋毫,秋天鸟兽身上初生的细毛,比喻细小的东西。近,接近,沾手。　㉞ [籍吏民]登记官吏、百姓。就是造官吏名册和户籍册。　㉟ [将军]指项羽。　㊱ [备]防备。　㊲ [非常]不同一般,指意外的变故。　㊳ [倍德]忘恩。倍,同"背",背弃。　㊴ [蚤]同"早"。　㊵ [谢]谢罪,道歉。　㊶ [因]趁此,利用(这个机会)。　㊷ [善遇之]好好接待他。　㊸ [从百余骑(jì)]让一百多人马跟着他。一人一马称"骑",名词。　㊹ [戮(lù)力]合力。　㊺ [河北]黄河以北。　㊻ [意]料想。　㊼ [郤(xì)]同"隙",隔阂,嫌隙。　㊽ [亚父]这是项羽对范增的尊称。亚,次。　㊾ [侍]这里是陪坐的意思。　㊿ [玉玦]半环形的玉佩。玦与"决"同音。这是范增以此要项羽下决心杀刘邦。　㉛ [项庄]项羽的堂弟。　㉜ [不忍]不忍心。意思是心肠软。　㉝ [若]你。　㉞ [不者]不然的话。不,同"否"。　㉟ [若属]你们这些人。　㊱ [樊哙(kuài)]刘邦的连襟,有勇力,常充当刘邦的贴身警卫,屡立战功,是汉朝的开国功臣之一。　㊲ [与之同命]跟他同生死。之,指刘邦。同命,死在一块儿。　㊳ [交戟之卫士]拿戟交叉着守卫军门的兵士。　㊴ [披帷]撩开帐幕。披,分开。　㊵ [瞋(chēn)目]瞪眼睛。　㊶ [目眦(zì)]眼眶。　㊷ [按剑而跽(jì)]握着剑,跪直身体。这是一种戒备的姿态,古人席地而坐,取两膝着地,臀部压在小腿的姿势。如果臀部离开小腿,身体挺直,就叫长跪,也就是"跽"。　㊸ [参乘(shèng)]亦作"骖乘",古时尊长者乘车,站在他右边担任警卫的人,打仗时又称车右。　㊹ [斗]大的酒器。　㊺ [彘(zhì)肩]猪的前腿。　㊻ [加彘肩上]把猪腿放在盾牌上面。　㊼ [啖(dàn)]吃。　㊽ [杀人如不能举,刑人如恐不胜(shēng)]杀人好像不能杀尽似的,处罚人唯恐不能极尽酷刑。举、胜都有"尽"的意思。刑人,对人用刑。　㊾ [怀王]姓熊名心。战国时楚怀王的孙子。项梁(项羽叔父)起兵,立他为王,以为号召。也称楚怀王。破秦后,项羽尊他为义帝,后来又把他杀掉。　㊿ [故]特意。

⑦[细说]小人的谗言。 ⑦[亡秦之续]已亡的秦朝的继承者。意思是蹈秦朝灭亡的覆辙。 ⑦[窃为大王不取]私下认为,您不(值得)采取(这种做法)。 ⑦[须臾]一会儿。 ⑦[如厕]上厕所。如,往。 ⑦[都尉陈平]陈平,当时项羽的部下,后来为刘邦的谋士,官至丞相。都尉,军中的武官。 ⑦[大行不顾细谨,大礼不辞小让]意思是做大事不拘泥于细枝末节,行大礼不回避小的责备。行,行为,作为。辞,回避。让,责备,作名词用。 ⑦[俎(zǔ)]切肉的砧板。 ⑦[何辞为(wéi)]告辞什么呢? 为,句末语气词,常与"何"配合用,表示疑问。 ⑧[操]拿,这里是携带的意思。 ⑧[会]恰巧碰上。 ⑧[谨诺]应答之辞,表示遵命的意思。 ⑧[置]弃置,丢下。 ⑧[夏侯婴、靳(jìn)彊、纪信]都是刘邦的部将。 ⑧[步走]徒步逃跑。 ⑧[道]取道。 ⑧[芷阳]秦代县名,今陕西省西安市东。 ⑧[间行]从小路走。间,间道,小路。 ⑧[不胜(shèng)桮(bēi)杓]禁不起多喝酒,意思是醉了。胜,胜任。桮杓,借指酒。桮,同"杯"。杓,酒器。 ⑨[再拜]拜两次。古代隆重的礼节。 ⑨[大将军]指范增。 ⑨[督过]责备、怪罪。过,作动词用,指摘过失,找岔子。 ⑨[竖子]骂人的话,等于说"小子"。

21. 陈 情 表①

李 密

臣密言②:臣以险衅③,夙遭闵凶④。生孩⑤六月,慈父见背⑥;行年四岁⑦,舅夺母志⑧。祖母刘悯⑨臣孤弱,躬亲抚养。臣少多疾病,九岁不行⑩,零丁孤苦,至于成立⑪。既无伯叔,终鲜⑬兄弟,门衰祚薄⑭,晚有儿息⑮。外无期功强近之亲⑯,内无应门⑰五尺之僮⑱,茕茕孑立⑲,形影相吊⑳。而刘夙婴疾病㉑,常在床蓐㉒,臣侍汤药,未曾废离㉓。

逮奉圣朝㉔,沐浴清化㉕。前太守臣逵㉖察臣孝廉㉗,后刺史臣荣㉘举臣秀才㉙。臣以供养无主,辞不赴命。诏书特下,拜臣郎中,寻㉚蒙㉛国恩,除臣洗马㉜。猥㉝以微贱,当侍东宫㉞,非臣陨首所能上报㉟。臣具以表闻,辞不就职,诏书切峻㊱,责臣逋慢㊲;郡县㊳逼迫,催臣上道;州司㊴临门,急于星火㊵。臣欲奉诏奔驰,则刘病日笃;欲苟㊶顺㊷私情,则告诉不许:臣之进退,实为狼狈㊸。

伏惟㊹圣朝以孝治天下,凡在故老㊺,犹㊻蒙矜育㊼,况臣孤苦,特为尤甚。且臣少仕伪朝㊽,历职郎署㊾,本图宦达,不矜名节。今臣亡国贱俘,至微至陋,过蒙拔擢㊿,宠命⑴优渥⑵,岂敢盘桓⑶,有所希冀。但以刘日薄西山,气息奄奄⑷,人命危浅⑸,朝不虑夕。臣无祖母,无以至今日;祖母无臣,无以终余年。母孙二人,更相为命⑹,是以区区⑺不能废远⑻。

臣密今年四十有四,祖母刘今年九十有六,是臣尽节于陛下之日长,报刘之日短也。乌鸟私情⑼,愿乞终养⑽。臣之辛苦,非独蜀之人士及二州牧伯⑾所见明知⑿,皇天后土,实所共鉴。愿陛下矜悯愚诚⒀,听⒁臣微志,庶刘侥幸,保卒余年⒂。臣生当陨首⒃,死当结草⒄。臣不胜犬马怖惧之情⒅,谨拜表⒆以闻。

---

① 选自南朝梁萧统编选《文选》。李密(224—287),字令伯,一名虔。西晋犍为武阳(今四川彭山县东)人。少仕蜀为郎。蜀汉灭亡之后,以父亡母嫁祖母无所倚依,上表陈情辞却晋武帝太子洗(xiǎn)马之征。祖母死后,至京师洛阳,任太子洗马、温县令、汉中太守等。陈,陈述,表,古代奏章的一种,多用于臣向君陈请谢贺。 ②[臣密言]开头先写明上表人的姓名,是表文的开头格式。当时的书信也是这样。 ③[险衅]艰难祸患。指命运不济。险,坎坷。衅,罪过。 ④[夙遭闵凶]很早就遭到不幸。指自己幼年父死母

125

嫁。夙,早。闵,通"悯",忧患的事(多指疾病死丧)。凶,不幸。 ⑤[生孩]生下来,还是婴孩的时候。 ⑥[见背]背弃我(指死去)。 ⑦[行年四岁]年纪到了四岁。行年,经历的年岁。行,经。 ⑧[舅夺母志]舅父强行改变了母亲原想守节的意志。这是对母亲改嫁的委婉说法。 ⑨[悯]悲痛,怜惜。 ⑩[不行]不能行走。意思是柔弱。 ⑪[零丁]通"伶仃",孤独的样子。 ⑫[成立]成人自立。 ⑬[终鲜]终于没有。鲜,本指少,文中指"无"。 ⑭[门衰祚薄]家门衰微,福分浅薄。门,家门。祚,福分。 ⑮[晚有儿息]很晚才有儿子。息,子。 ⑯[外无期功强近之亲]没有什么近亲。外,指自己一房以外的亲族。古代以亲属关系的远近制定丧服的轻重。期,穿一周年孝服的人。功,穿大功服(九个月)、小功服(五个月)的亲族。都指关系比较近的亲属。强近,勉强算是接近的。 ⑰[应门]照应门户。 ⑱[五尺之僮]五尺高的小孩。汉代的五尺,相当于现在的三市尺多。僮,童仆。 ⑲[茕茕孑立]孤单无依靠地独自生活。茕茕,孤单的样子。孑,孤单。 ⑳[形影相吊]只有自己的身子和影子互相安慰。吊,安慰。 ㉑[夙婴疾病]早被疾病缠绕。指得病多年。婴,绕。 ㉒[蓐]草席。 ㉓[废离]指停止侍奉,离开。废,废止。 ㉔[逮奉圣朝]到了圣朝建立。逮,及,至。奉,事奉。圣朝,指晋朝。 ㉕[沐浴清化](自己)受到晋朝清明政治教化的熏陶。沐浴,洗发洗身。这里用为蒙受的意思。清化,清明的政治教化。 ㉖[前太守臣逵]前任太守名逵的(姓不详)。太守是郡的最高行政长官。 ㉗[察]考察和推举。 ㉘[孝廉]汉代以来荐举人才的一种科目,举起用孝顺父母、品行方正的人。汉武帝开始令郡国每年推举孝廉各一名,晋时仍保留此制,但办法和名额不尽相同。 ㉙[后刺史臣荣]后任刺史名荣的人(姓不详)。刺史是州的最高行政长官,这里指益州刺史。 ㉚[秀才]本指汉代以来选拔人才的一种科目,文中指优秀人才,与科举的"秀才"含义不同。 ㉛[供养无主]供养祖母之事无人来做。主,主持,做。 ㉜[辞不赴命]辞谢不接受任命。 ㉝[拜臣郎中]任命我为郎中的官。拜,授官。郎中,尚书省的属官。 ㉞[寻]不久。 ㉟[蒙]承受(恩典)。 ㊱[除臣洗马]任命我作太子洗马。除,授予官职。洗马,即太子洗马,太子的侍从官,掌图籍,祭奠先圣先师,讲经,太子出行则为先驱。洗,《汉书》作"先",前驱的意思。 ㊲[猥]自廉之词,犹"鄙"。 ㊳[当侍东宫]担任侍奉太子的职务。当,任,充当。东宫,指太子,因太子居东宫。 ㊴[非臣陨首所能上报](皇帝恩遇优厚)不是我杀身所能报答的。陨首,头落地。 ㊵[具以表闻](把自己的苦衷)在奏表中一一呈报。具,详尽。闻,上闻,使……知道。 ㊶[切峻]急切严厉。切,急切。峻,严厉。 ㊷[逋慢]怠慢不敬。逋,懈怠拖延。慢,怠慢,轻慢。 ㊸[郡县]指郡县的官员。 ㊹[州司]州官。 ㊺[急于星火]比流星的坠落还要急。指催逼得十分紧迫。星火,流星的光。 ㊻[日笃]一天一天沉重。笃,病重。 ㊼[苟]姑且,暂且。 ㊽[顺]顺应,依顺。 ㊾[告诉不许]申诉不被允许。告诉,申诉(苦衷)。 ㊿[狼狈]形容进退两难的情状。 ㉛[伏惟]俯伏思量。古时下级对上级表示恭敬的用语,奏疏和书信里常用。伏,俯伏。惟,思考、想。 ㊾[故老]指年老而有功德的旧臣。 ㊿[犹]尚且,犹且。 [矜育]矜,怜惜。育,养育。 [少仕伪朝]年轻时作伪朝的官。伪朝,对晋朝被灭掉的蜀国。 [郎署]郎官的衙署。李密在蜀国曾任郎中和尚书郎。署,官署,衙门。 [本图宦达]本来就希图官职显达。 [不矜名节]并不想自命清高。矜,自夸。名,名誉。节,节操。 [过蒙拔擢]受到过分的提拔。过,过分。拔擢,提拔,提升。 [宠命]恩命。宠,恩荣。 [优渥]优厚。 [盘桓]逗留、徘徊不进的样子。 [希冀]希望,企图。指非分的愿望。 [日薄西山]太阳拉近西山。比喻人的寿命即将终了。薄,迫近。 [奄奄]气息微弱的样子。 [人命危浅]活不长。危,危险。浅,指不长。 [朝不虑夕]早晨不能想到晚上。意即随时都可能死亡。虑,想。 [更相为命]互相依靠,命运相关。更,交互。 [区区]拳拳。形容自己的私情。 [废远]废止奉养祖母而远离。 [乌鸟私情]乌鸟反哺之情。比喻人的孝心。 [愿乞终养]希望求得奉养祖母到最后。 [辛苦]辛酸苦楚。 [二州牧伯]二州,梁州、益州。牧,古代称州的长官。伯,长。这里指太守逵与刺史荣。 [所见明知]所见见的、明明白白知道的。 [实所共鉴]天地神明实在也都看得清清楚楚的。鉴,察。 [矜悯]怜恤。矜,怜悯,同情。 [愚诚](我)愚拙的诚心。 [听]任,这里指准许。 [保卒余年]或许能够使刘氏侥幸地寿终。庶,或许,也许。卒,终。 [生当陨首]活着将为国事献出生命。 [死当结草]死后也当结草报恩。《左传·宣公十五年》载：晋大夫魏武子临死时，嘱咐其子魏颗(huǒ)把武子的爱妾杀了殉葬。魏颗没有照办而把她嫁出去了。后来魏颗与秦将杜回作战，看见一个老人结草，把杜回绊倒，杜回因此被擒。魏颗夜间梦见这个老人，说他是那个再嫁之妾的父亲，特来报恩的。后世用以指报恩。　㉝[臣不胜犬马怖惧之情]这是臣子谦卑的话，用犬马自比。　㉞[拜表]拜上表章。

22. 师　说①

韩　愈

古之学者必有师。师者，所以传道②受业③解惑④也。人非生而知之⑤者，孰能无惑？惑而不从师，其为惑也，终不解矣。生乎吾前，其闻道⑥也固⑦先乎吾，吾从而师之⑧；生乎吾后，其闻道也亦先乎吾，吾从而师之。吾师道⑨也，夫庸知其年之先后生于吾乎⑩？是故⑪无⑫贵无贱，无长无少，道之所存，师之所存也⑬。

嗟乎！师道⑭之不传也久矣！欲人之无惑也难矣！古之圣人，其出人⑮也远矣，犹且⑯从师而问焉；今之众人，其下圣人⑰也亦远矣，而耻学于师。是故圣益圣，愚益愚⑱。圣人之所以为圣，愚人之所以为愚，其皆出于此乎？爱其子，择师而教之；于其身⑲也，则耻师㉑焉，惑矣！彼童子之师，授之书而习其句读㉒者，非吾所谓传其道解其惑者也。句读之不知，惑之不解，或师焉，或不焉㉓，小学而大遗㉔，吾未见其明也。巫医乐师㉕百工㉗之人，不耻相师。士大夫之族㉘，曰师曰弟子云者㉙，则群聚而笑之。问之，则曰："彼与彼年相若也，道相似也，位卑则足羞㉚，官盛则近谀㉛。"呜呼！师道之不复，可知矣。巫医乐师百工之人，君子不齿㉜，今其智乃反不能及，其可怪也欤！

圣人无常师㉝。孔子师郯子㉞、苌弘㉟、师襄㊱、老聃㊲。郯子之徒㊳，其贤不及孔子。孔子曰：三人行，则必有我师㊴。是故弟子不必㊵不如师，师不必贤于弟子，闻道有先后，术业有专攻㊶，如是而已。

李氏子蟠㊷，年十七，好古文，六艺经传㊸皆通习之，不拘于时㊹，学于余。余嘉㊺其能行古道㊻，作《师说》以贻㊼之。

①选自《昌黎先生集》。韩愈(768—824)，字退之。唐代文学家、思想家。河阳（今河南省孟县）人，世称韩昌黎，谥号文，后世称韩文公，倡导古文运动，被后人列为"唐宋八大家"之首。师说，议论从师的道理。说，古代议论文的一种。　②[传道]传授儒家之道。道，指儒家的哲学、政治和伦理道德等方面的原理、原则。　③[受业]传授学业，即传授有关"道"的知识。受，同"授"。业，学业。这里指儒家的六艺经传，如《诗》《书》《礼》《乐》《易》《春秋》等经典，是古代传道时使用的教材。　④[解惑]解答疑难问题。惑，这里指道和业两方面的问题。　⑤[生而知之]生下来就懂得道和业。之，代上文的道和业。　⑥[闻道]懂得圣人之道。　⑦[固]本来。　⑧[从而师之]跟着他向他学习。　⑨[师道]学习圣人之道。　⑩[夫庸知其年之先后生于吾乎]哪里用得着了解他的出生日子比我早还是晚呢？夫，语首助词。庸，岂，哪里。知，了解，知道。先后生于吾，生在我之前或我之后。　⑪[是故]因此，所以。　⑫[无]无论。　⑬[道之所存，师之所存也]道存在的地方，就是老师存在的地方。　⑭[师道]这里指从师学习的风尚传统。　⑮[出人]出于人，超出一般人。　⑯[犹且]尚且。　⑰[下圣人]下于圣人，比圣人低。　⑱[圣益圣，愚益愚]圣人更加圣明，愚人更加愚蠢。　⑲[于其身]对于他自己。身，自身。　⑳[耻师]耻学于师。即以向老师学习

为耻。 ㉑[惑矣]糊涂啊。 ㉒[授之书而习其句读(dòu)]教他识字并且学习读通文句。书,文字。句读,这里指正确地读出文句的停顿。古代称语意完整的句子为句,语意未完中间略作停顿为"读"。"读"亦作"逗"。 ㉓[句读之不知,惑之不解,或师焉,或不(fǒu)焉]不懂得句读,有的去请教老师;在"道"方面有疑难问题,有的反而不去请教老师。或,有的,表示指代。不,同"否"。 ㉔[小学而大遗]学了小的而丢了大的。小,指"句读之不知"。大,指"惑之不解"。 ㉕[巫医]古代巫、医不分,故连举。巫,后来专指从事降神寻鬼的迷信职业者。 ㉖[乐师]乐工,以歌唱演奏为职业的人,在当时社会地位很低。 ㉗[百工]泛指各种手艺人。 ㉘[士大夫之族]士大夫那一类。 ㉙[曰师曰弟子云者](碰到)用老师弟子(相互)称呼这类情况。云者,有"如此如此"的意味。 ㉚[位卑则足羞]以地位低的人为师,就感到羞耻。足羞,足以为羞。 ㉛[官盛则近谀]以职位高的人为师,就以为是近于阿谀奉承。官盛,指官位高。 ㉜[不齿]看不起,不屑与之同列。齿,同列。 ㉝[常师]固定的老师。 ㉞[郯(tán)子]春秋时郯国的国君。《左传·昭公十七年》载,郯子朝鲁,谈及少皞氏时以鸟名官,孔子曾从郯子学习。 ㉟[苌(cháng)弘]周敬王时大夫。《孔子家语》说,孔子至周,向苌弘请教音乐。 ㊱[师襄]春秋时鲁国的乐官。《史记·孔子世家》说,孔子曾跟师襄学琴。 ㊲[老聃(dān)]老子李耳。《史记》和《孔子家语》记载,孔子曾向老子问礼。 ㊳[之徒]这些人。 ㊴[三人行,则必有我师]这句话出自《论语·述而》。原句是:"子曰:'三人行,必有我师焉,择其善者而从之,其不善者而改之。'"意思是鼓励学生随时随地向他人学习。 ㊵[不必]这里是不一定的意思。 ㊶[术业有专攻]在技艺学业上各有专长。术,技艺。业,学业。攻,钻研。 ㊷[李氏子蟠(pán)]指李蟠,韩愈的弟子,唐贞元十九年进士。 ㊸[六艺经传]六经的经文和传文。六艺,这里指六经。旧时称儒家的重要代表作品为"经",解释经文的书为"传"。 ㊹[不拘于时]不受时俗的限制。时,时俗,指当时耻于从师的不良风气。 ㊺[嘉]嘉许、赞赏。 ㊻[行古道]实行古代从师之道。 ㊼[贻(yí)]赠送。

23. 种树郭橐驼传①

柳宗元

郭橐驼②,不知始何名,病偻③,隆然伏行,有类橐驼者,故乡人号之驼。驼闻之曰:"甚善,名我固当。"因舍其名,亦自谓橐驼云。

其乡曰丰乐乡,在长安西。驼业种树,凡长安豪家富人为观游④及卖果者,皆争迎取养。视驼所种树,或移徙,无不活,且硕茂,蚤实以蕃。他植者,虽窥伺效慕,莫能如也。

有问之,对曰:"橐驼非能使木寿且孳⑤也,能顺木之天以致其性焉尔。凡植木之性,其本欲舒,其培欲平,其土欲故,其筑欲密。既然已,勿动勿虑,去不复顾。其莳⑥也若子;其置也若弃;则其天者全,而其性得矣。故吾不害其长而已,非有能硕茂之也;不抑耗其实而已,非有能蚤而蕃之也。"

"他植者则不然。根拳而土易。其培之也,若不过焉则不及。苟有能反是者,则又爱之太殷,忧之太勤,旦视而暮抚,已去而复顾。甚者,爪其肤以验其生枯,摇其本以观其疏密,而木之性日以离矣。虽曰爱之,其实害之;虽曰忧之,其实仇之,故不我若也。吾又何能为哉!"

问者曰:"以子之道,移之官理⑦,可乎?"驼曰:"我知种树而已,官理,非吾业也。然吾居乡,见长人⑧者好烦其令,若甚怜焉,而卒以祸。且暮吏来而呼曰:'官命促尔耕,勖⑨尔植,督尔获,蚤缫⑩而绪⑪,蚤织而缕⑫,字⑬而幼孩,遂而鸡豚。'鸣鼓而聚之,击木⑭而召之,吾小人辍飧饔⑮以劳吏者且不得暇,又何以蕃吾生而安吾性耶?故病且怠。若是,则与吾业者,其亦有类乎?"

问者嘻曰："不亦善夫！吾问养树，得养人术。"传其事，以为官戒也。

---

① 选自《柳河东集》。　② [橐(tuó)驼]骆驼。　③ [偻(lóu)]脊背弯曲。　④ [观游]指供观赏游览的花圃园林。　⑤ [孳]繁殖。　⑥ [莳(shì)]移植花木。　⑦ [官理]当官治民。唐人避高宗名讳，改"治"为"理"。　⑧ [长(zhǎng)人]即治理人民的长官。　⑨ [勖(xù)]勉励。　⑩ [缫(sāo)]煮茧抽丝。　⑪ [绪]丝头。　⑫ [缕]纱。　⑬ [字]抚育。　⑭ [木]这里指梛子。　⑮ [飧(sūn)饔(yōng)]晚饭称飧，早饭称饔。

24. 六国论①

苏 洵

六国②破灭，非兵不利，战不善，弊在赂秦③：赂秦而力亏④，破灭之道也。或曰：六国互丧⑤，率⑥赂秦耶？曰：不赂者以赂者丧。盖⑦失强援，不能独完。故曰：弊在赂秦也。

秦以攻取⑧之外，小则获邑，大则得城，较秦之所得⑨，与战胜而得者，其实百倍；诸侯之所亡，与战败而亡者，其实亦百倍。则秦之所大欲⑩，诸侯之所大患，固不在战矣。思厥⑪先祖父⑫，暴⑬霜露，斩荆棘，以⑭有尺寸之地。子孙视之不甚惜，举以予人⑮，如弃草芥。今日割五城，明日割十城，然后得一夕安寝；起视四境，而秦兵又至矣。然则诸侯之地有限，暴秦之欲无厌⑯，奉之弥⑰繁，侵之愈急，故不战而强弱胜负已判⑱矣。至于⑲颠覆，理固宜然⑳。古人云㉑："以地事秦，犹抱薪救火，薪不尽，火不灭。"此言得之㉒。

齐人未尝赂秦，终继五国迁灭㉓，何哉？与嬴㉔而不助五国也。五国既丧，齐亦不免矣。燕赵之君，始有远略，能守其土，义不赂秦。是故燕虽小国而后亡，斯㉕用兵之效也。至丹以荆卿为计㉖，始速㉗祸焉。赵尝五战于秦，二败而三胜。后秦击赵者再，李牧㉘连却之。洎㉙牧以谗诛㉚，邯郸为郡，惜其用武而不终也。且燕赵处秦革灭㉛殆尽之际，可谓智力孤危㉜，战败而亡，诚不得已㉝。向使㉞三国㉟各爱其地，齐人勿附于秦，刺客不行，良将犹在，则胜负之数㊱，存亡之理，当㊲与秦相较，或未易量。

呜呼！以赂秦之地，封天下之谋臣，以事秦之心，礼天下之奇才，并力西向，则吾恐秦人食之不得下咽㊳也。悲夫！有如此之势，而为秦人积威之所劫，日削月割，以趋于亡。为国者㊴无使为积威之所劫哉！

夫六国与秦皆诸侯，其势㊵弱于秦，而犹有可以不赂而胜之之势；苟以天下之大，而从㊶六国破亡之故事㊷，是又在六国下矣。

---

① 选自《嘉祐集》卷三《权书》。《权书》包括十篇文章，这是第八篇，原题为《六国》。苏洵(1009—1066)，字明允，四川眉山(今四川省眉山县)人，北宋著名的散文家。后人把他和他的儿子苏轼、苏辙合称"三苏"，均列入唐宋八大家。　② [六国]指战国时代除秦以外的齐、楚、韩、魏、燕、赵六国，它们先后都为秦国所灭。　③ [弊在赂秦]弊端在贿赂秦国。赂秦，是指用割让土地给秦的办法求得暂时的和平。　④ [力亏]国力削弱。亏，亏损，削弱。　⑤ [互丧]相继灭亡。　⑥ [率]一概，全都。　⑦ [盖]表示原因，相当于"因为"。　⑧ [以攻取](秦国)用攻战的方式夺取(土地)。以，用，凭。　⑨ [秦之所得]指秦国从六国贿赂所得的土地。　⑩ [所大欲]最向往的。欲，作动词用。　⑪ [思厥]思，发语词。厥，其，他(它)的，

他(它)们的。　⑫[先祖父]泛指前辈。先,对逝去的尊长的敬称。　⑬[暴(pù)]暴露。　⑭[以]才。　⑮[举以予人]拿来送人。举,双手持物。予,给予。　⑯[厌]同"餍",满足。　⑰[弥]愈加。　⑱[判]分。这里是分清楚的意思。　⑲[至于]直到……　⑳[理固宜然]按理本来应当如此。　㉑[古人云]这句以下的引语见《战国策·魏策三》中孙臣和《史记·魏世家》中苏代的话。　㉒[此言得之]这话说对了。得,中。之,指"以地事秦"的弊端。　㉓[迁灭]灭亡。迁,变。　㉔[与嬴(yíng)]指与秦国结交。与,亲近,交好。嬴,秦王的姓。　㉕[远略]对付秦国的长远谋略。　㉖[斯]这。　㉗[至丹以荆卿为计]到燕太子丹把(派)荆轲(做刺客)作为对抗秦国的对策。荆卿,荆轲。史载荆轲刺秦王未成,秦大怒,发兵灭燕。　㉘[速]招致。　㉙[李牧]赵国名将。曾屡次打退秦军。　㉚[洎(jì)]及,等到。　㉛[以谗诛]因为谗言被(赵王)诛杀。公元前229年,秦将王翦攻赵,李牧率军迎击,双方相持不下,秦以重金收买赵王宠臣郭开,诬李牧谋反。赵王中计,罢免李牧,且于次年捕杀之。　㉜[革灭]消灭。革,革除。　㉝[智力孤危]智谋缺少,力量单薄。　㉞[不得已]不得不这样,没有办法。　㉟[向使]当初假如。　㊱[三国]指楚、魏、韩三国。　㊲[数]趋势,命运。下文的"理"也有这个意思。　㊳[当]如果。　㊴[食之不得下咽]吃饭也咽不下去。形容秦王寝食不安,内心惶恐。　㊵[为国者]管理国家的人。　㊶[势]指势力,力量。　㊷[从]跟从,这里是"蹈袭"的意思。　㊸[故事]旧事,前代的事例。

25. 石钟山记①

苏　轼

《水经》②云:"彭蠡③之口有石钟山焉。"郦元④以为下临深潭,微风鼓浪,水石相搏⑤,声如洪钟。是说也,人常疑之。今以钟磬⑥置水中,虽大风浪不能鸣也,而况石乎!至唐李渤⑦始访其遗踪⑧,得双石于潭上,扣而聆之,南声函胡,北音清越⑩,枹止响腾⑪,余韵徐歇⑫。自以为得之⑬矣。然是说也,余尤疑之。石之铿然有声者,所在皆是⑭也,而此独以钟名,何哉?

元丰七年⑮六月丁丑⑯,余自齐安⑰舟行适临汝,而长子迈将赴⑱饶之德兴尉⑲,送之至湖口⑳,因得观所谓石钟者。寺僧使小童持斧,于乱石间择其一二扣之,硿硿焉㉑,余固笑而不信也。至莫夜㉒月明,独与迈乘小舟,至绝壁下。大石侧立千尺,如猛兽奇鬼,森然欲搏人;而山上栖鹘㉓,闻人声亦惊起,磔磔㉔云霄间;又有若老人咳且笑于山谷中者,或曰此鹳鹤㉕也。余方心动㉖欲还,而大声发于水上,噌吰㉗如钟鼓不绝。舟人㉘大恐。徐而察之,则山下皆石穴罅㉙,不知其浅深,微波入焉,涵澹澎湃㉚而为此㉛也。舟回至两山间,将入港口,有大石当中流㉜,可坐百人,空中㉝而多窍,与风水相吞吐,有窾坎镗鞳㉞之声,与向之噌吰者相应,如乐作焉。因笑谓迈曰:"汝识之乎㉟?噌吰者,周景王之无射㊱也,窾坎镗鞳者,魏庄子之歌钟㊲也。古之人不余欺㊳也!"

事不目见耳闻,而臆断其有无,可乎?郦元之所见闻,殆㊴与余同,而言之不详;士大夫终㊵不肯以小舟夜泊绝壁之下,故莫能知;而渔工水师㊶虽知而不能言㊷。此世所以不传也。而陋者㊸乃以斧斤考击而求之㊹,自以为得其实㊺。余是以记之,盖叹郦元之简,而笑李渤之陋也。

---

① 选自《苏东坡全集》。苏轼(1037—1101),字子瞻,号东坡居士,北宋眉山(今四川省眉山县)人,文学家,散文、诗词、书法都独具风格,与其父苏洵、弟苏辙并称"三苏"。石钟山,在今江西省湖口县鄱(pó)阳湖东岸,有南、北二山,在县城南边的叫上钟山,在县城北边的叫下钟山。明清时有人提出石钟山命名原因的不同说法:"盖全山皆空,如钟覆地,故得钟名。"　②[《水经》]书名,相传为汉桑钦著,一说为晋郭璞著。

"彭蠡之口有石钟山焉"引文,今本无,当是传本佚去。北魏郦道元作注,称为《水经注》。 ③[彭蠡(lǐ)]鄱阳湖的又一名称。 ④[郦元]就是郦道元。古人为了行文方便,有时把姓名略去一个字。 ⑤[搏]击,拍。 ⑥[磬(qìng)]古代用玉或石制的乐器,长方形,平面,当中曲折成马鞍形,悬在木架上,用木槌敲击发音。 ⑦[李渤]唐朝人,写过一篇《辨石钟山记》。 ⑧[遗踪]旧址,陈迹,这里指所在地。 ⑨[南声函胡]南边(那块石头)的声音重浊而模糊。函胡,同"含糊"。 ⑩[北音清越]北边(那块石头)的声音清脆而响亮。越,高扬。 ⑪[桴(fú)止响腾]鼓槌停止了(敲击),声音还在传播。 ⑫[余韵徐歇]余音慢慢消失。韵,这里指声音。 ⑬[得之]找到了这个原因。之,指石钟山命名的原因。 ⑭[所在皆是]到处都(是)这样。是,这样。 ⑮[元丰七年]公元1084年。元丰,宋神宗年号。 ⑯[六月丁丑]农历六月丁丑那一天。古人常用"天干"(甲、乙、丙、丁等)十个字和"地支"(子、丑、寅、卯等)十二个字循环相配来表示年月日的次序。 ⑰[齐安]在今湖北省黄冈县。 ⑱[适临汝]到临汝去。临汝,在今江西省临川县境内。一说,在今河南省平顶山市。 ⑲[赴]这里是赴任、就职的意思。 ⑳[饶之德兴尉]饶州德兴县(在今江西省德兴县)的县尉(主管一县治安的官吏)。 ㉑[湖口]在今江西省湖口县。 ㉒[硿硿(kōng kōng)焉]这里指硿硿地(发出声响)。焉,相当于"然",形容词词尾。 ㉓[莫(mù)夜]晚上。"莫"同"暮"。 ㉔[栖鹘(hú)]宿巢的老鹰。鹘,鹰的一种。 ㉕[磔磔(zhé zhé)]鹘的鸣声。 ㉖[鹳(guàn)鹤]水鸟名,似鹤而顶不红,颈和嘴都比鹤长。 ㉗[心动]心中惊恐。 ㉘[噌吰(chēng hóng)]这里形容钟声洪亮沉重。 ㉙[舟人]船夫。 ㉚[罅(xià)]裂缝。 ㉛[涵澹澎湃]波浪激荡。涵澹,水波动荡的样子。澎湃,水动荡撞击向旁边溢出的样子。 ㉜[为此]形成这种声音。此,指噌吰之声。 ㉝[当中流]当着水流的中央部分。 ㉞[空中]中间是空的。 ㉟[窍]窟窿 ㊱[窾坎(kuǎn kǎn)镗鞳(tāng tà)]窾坎,击物声。镗鞳,钟鼓声。 ㊲[汝识(zhì)之乎]识,同"志",记得。 ㊳[周景王之无射(yì)]《国语》记载,周景王二十四年(公元前521年)铸成"无射"钟。 ㊴[魏庄子之歌钟]《左传》记载,鲁襄公十一年(公元前561)郑人以歌钟和其他乐器献给晋侯,晋侯分一半赐给晋大夫魏绛。庄子,魏绛的谥号。歌钟,古乐器。 ㊵[古之人不余欺也]古代的人(称这山为"石钟山")没有欺骗我啊!不余欺,就是"不欺余"。 ㊶[殆]大概。 ㊷[终]总。 ㊸[渔工水师]渔人(和)船工。 ㊹[言]指用文字表达、记载。 ㊺[此世所以不传也]这(就是)世上没有流传下来(石钟山命名由来)的缘故。 ㊻[陋者]鄙陋的人。 ㊼[以斧斤考击而求之]用斧头敲打(石头的办法)来寻求(石钟山)得名的原因。斧斤,都是斧头。古称纵刃的为"斧",横刃的为"斤"。 ㊽[实]事情的真相。

26. 项脊轩志①

归有光

项脊轩,旧南阁子②也。室仅方丈③,可容一人居。百年老屋,尘泥渗漉④,雨泽⑤下注⑥;每移案,顾视⑦无可置者。又北向⑧,不能得日⑨,日过午已昏。余稍为修葺⑩,使不上漏;前辟四窗,垣⑪墙周庭⑫,以当南日,日影⑬反照,室始洞然⑭。又杂植兰桂竹木于庭,旧时栏楯⑮,亦遂增胜⑯。借书满架,偃仰啸歌⑰;冥然⑱兀坐⑲,万籁有声。而庭阶寂寂,小鸟时来啄食,人至不去。三五之夜,明月半墙,桂影斑驳⑳,风移影动,珊珊㉑可爱。

然余居于此,多可喜,亦多可悲。

先是,庭中通南北为一。迨㉒诸父㉓异爨㉔,内外多置小门,墙往往而是㉕。东犬西吠㉖,客逾庖而宴㉗,鸡栖于厅。庭中始为篱,已㉘为墙,凡再变㉙矣。家有老妪,尝居此。妪,先大母㉚婢也,乳㉛二世,先妣㉜抚之甚厚㉝。室西连于中闺㉞,先妣尝一至。妪每㉟谓余曰:"某所,而㊱母立于兹。"妪又曰："汝姊在吾怀，呱呱而泣；娘以指叩门扉曰：'儿寒乎？欲食乎？'吾从板外相为应答……"语未毕，余泣，妪亦泣。余自束发㊳读书轩中，一日，大母过㊴余曰："吾儿，久不见若㊵影，何竟日㊶默默在此，大类女郎也？"比去㊷，以手阖㊸门，自语曰："吾家读书久不效㊹，儿之成㊺，则可待乎！"顷之，持一象笏㊻至，曰："此吾祖太常公㊼宣德间执此以朝，他日汝当用之！"瞻顾㊽遗迹㊾，如在昨日，令人长号㊿不自禁。

轩东，故尝为厨，人往，从轩前过。余扃㊀牖而居，久之，能以足音辨人。轩凡四遭火，得不焚，殆有神护者。……

余既为此志㊁，后五年，吾妻来归㊂。时至轩中，从余问古事，或凭几学书㊃。吾妻归宁㊄，述诸小妹语曰："闻姊家有阁子，且㊅何谓阁子也？"其后六年，吾妻死，室坏不修。其后二年，余久卧病无聊，乃使人复葺南阁子，其制㊆稍异于前。然自后余多在外，不常居。

庭有枇杷树，吾妻死之年所手植也，今已亭亭㊇如盖㊈矣。

---

① 选自《震川先生文集》，有删节。归有光（1506—1571），字熙甫，号震川，昆山（今江苏省昆山市）人，明朝后期散文家。项脊轩，作者书房的名称。作者远祖归道隆宋时曾居住在江苏太仓的项脊泾，所以用"项脊"名书房。轩，有窗的小室。志，记，这里指一种文体。　②［南阁子］项脊轩的旧名。阁子，原为一种小楼，宋以后，称小屋为阁子。　③［方丈］一丈见方。　④［渗漉（lù）］水从孔隙渗漏下来。漉，水慢慢地渗下。　⑤［雨泽］雨水。　⑥［注］灌注。　⑦［顾视］环视。顾，回头看。　⑧［北向］面朝北。向，朝向，面对。　⑨［日］指阳光。　⑩［修葺（qì）］修补。　⑪［垣（yuán）］矮墙。　⑫［周庭］把院子围住。周，围绕，作动词用。庭，指轩前（北面）小院。　⑬［当］这里有"承受"的意思。　⑭［日影］指日光。　⑮［洞然］明亮的样子。　⑯［栏楯（shǔn）］栏杆。　⑰［增胜］增添了美好的景致。胜，胜景，美景。　⑱［偃（yǎn）仰啸歌］时俯时仰地放声歌吟。偃仰，俯仰。啸歌，放声歌吟。　⑲［冥然］静默的样子。　⑳［兀（wù）坐］端端正正地坐着。　㉑［斑驳］色彩错综复杂。这里是指树影深浅浓淡不一。　㉒［珊珊］原指佩玉碰撞时发出的悦耳声响。这里借以形容风吹动枝叶发出的声音。　㉓［迨（dài）］等到。　㉔［诸父］伯叔。　㉕［异爨（cuàn）］分灶起伙，指分家自立。爨，烧煮食物。　㉖［往往而是］处处都是。　㉗［东犬西吠］东家的狗对着西家叫。　㉘［逾庖而宴］穿越厨房去赴宴。　㉙［已］已而，不久。　㉚［凡再变］共变化两次。　㉛［先大母］去世的祖母。先，对已去世者的尊称。　㉜［乳］喂奶，作动词用。　㉝［先妣（bǐ）］去世的母亲。妣，原指母亲，后专称去世的母亲。　㉞［抚之甚厚］待她很好。抚，照顾，对待。厚，优厚。　㉟［中闺］内室。这里指女子的内室。　㊱［每］常常。　㊲［而］同"尔"，你。　㊳［束发］古人以15岁为成童之年，把头发结束起来盘在顶上，叫"束发"。后来就以"束发"作为成童的代称。这里泛指作者的少年时代。　㊴［过］看望。　㊵［若］你。　㊶［竟日］整天。竟，全。　㊷［比去］等到离去。比，等到。　㊸［阖（hé）］即"合"，关上。　㊹［久不效］长期不见效。指家中很长一段时期没有人获得功名。　㊺［成］成就功名。　㊻［象笏（hù）］古代大臣上朝时手里拿的狭长板子，用象牙、玉或木材制成。又称象简、手版。上面可以记事以备忘。　㊼［太常公］归有光祖母的祖父夏昶（chǎng）中过进士，又在宣德年间任太常寺卿。宣德是明宣宗朱瞻基的年号。　㊽［瞻顾］指回顾。　㊾［遗迹］指旧日事物、情景。　㊿［长号（háo）］放声大哭。　㊀［扃（jiōng）］关闭。　㊁［余既为此志］我已经写了这篇志。"此志"指上面的几段，是作者18岁那年写的。这句以下的文字是归有光过十余年后补写的。　㊂［来归］嫁到我家来。古代女子出嫁叫"归"。　㊃［学书］指学写字。　㊄［归宁］女子出嫁后回娘家探亲。　㊅［且］那么。　㊆［制］形式，格局。　㊇［亭亭］高高挺立的样子。　㊈［盖］古代车上的顶篷叫盖。形圆如伞，下有长柄。

三、英语科·词汇表

说　明

　　本词汇表是根据上海市职业技术教育课程改革与教材建设委员会新编的《上海市中等职业学校英语课程标准词汇表(2015 修订稿)》,在《2019 年上海市普通高等院校面向应届中等职业学校毕业生招生考试大纲英语词汇表》的基础上编订的。编订时去除了一些较冷僻的词汇,增补了上述词汇表中未出现的常用词汇,可以根据常用构词法推导出来的副词、形容词、名词等不单列。本词汇表是 2020 年上海市普通高等院校招收中专、职校、技校应届毕业生高考英语的基本词汇,每一词条后均注有词性及基本词义。

　　本词汇表没有将词组列出,学生应掌握在教材中曾出现的一些常用词组的用法。

　　本词汇表的附录包括:

　　Ⅰ. 人称代词、物主代词、反身代词表

　　Ⅱ. 不规则动词表

　　Ⅲ. 基数词和序数词表

略　语　符　号

adj.	形容词	*adv.*	副词
art.	冠词	*conj.*	连词
interj.	感叹词	*n.*	名词
num.	数词	*pl.*	复数
prep.	介词	*pron.*	代词
v.	动词	*aux. v.*	助动词

词 汇 表

A

ability n.	能力,才能
able adj.	能够;有能力的
about adv.	大约;到处,四处
prep.	关于;在各处,四处
above prep.	在……上面
adj.	上面的
adv.	在……之上
abroad adv.	到(在)国外
absence n.	不在,缺席
absolute adj.	绝对的;完全的;专制的
n.	绝对;绝对事物
absorb v.	吸收;接受
academic adj.	学校的,学术的
accent n.	口音;音调
accept v.	接受
access n.	接近的机会;使用(权)
accident n.	事故,意外的事
accompany v.	陪伴;陪同
according to adv.	按照,根据
account n.	账目;描述
accountant n.	会计师;会计人员
accounting n.	会计;会计学
accurate adj.	准确的
accuse v.	指责
achieve v.	达到;取得
ache v.& n.	痛,疼痛
across prep.	横过,穿过
act n.	法令,条例
v.	(戏)表演,扮演(角色),演出(戏);行动,做事
actor n.	男演员
actress n.	女演员

action	n.	行动
active	adj.	积极的,活跃的
activity	n.	活动
actual	adj.	实际的;现实的
AD	n.	公元
adapt	v.	使……适应
add	v.	添加,增加
additional	adj.	附加的,添加的
address	n.	地址
adjust	v.	调整;调节
admire	v.	钦佩;羡慕
admission	n.	准入,接纳
admit	v.	承认;准许(入场,入学,入会)
adopt	v.	采纳
adult	n.	成年人
advance	v.	推进,促进;前进
advantage	n.	优点;好处
adventure	n.	冒险;奇遇
advertise	v.	为……做广告
advice	n.	忠告,劝告,建议
advise	v.	劝告,建议
affair	n.	事,事情
affect	v.	影响
afford	v.	负担得起(……的费用);抽得出(时间),提供
afraid	adj.	害怕的;担心
Africa	n.	非洲
after	adv.	在……后;后来
	prep.	在……之后,在……后面
	conj.	在……以后
again	adv.	再一次;再,又
against	prep.	对着;反对
age	n.	年龄;时代
agency	n.	代理处;代理
ago	adv.	以前
agree	v.	同意;应允
agriculture	n.	农业
ahead	adv.	在前,向前
aid	n.	援助;救护;辅助器具
AIDS	n.	艾滋病

aim	*n.*	目的；目标
	v.	计划,打算；瞄准；针对
air	*n.*	空气；大气
aircraft	*n.*	飞机(单复数同)
airline	*n.*	航空公司；航空系统
airmail	*n.*	航空邮件
airport	*n.*	航空站,飞机场
alarm	*n.*	警报
album	*n.*	照相本
alcohol	*n.*	酒精
alive	*adj.*	活着的；存在的
all	*adv.*	全部地
	adj.	全(部)；总；整
	pron.	全部,全体人员
allow	*v.*	允许,准许
almost	*adv.*	几乎,差不多
alone	*adj.*	单独的,孤独的
along	*adv.*	向前；和……一起,一同
	prep.	沿着；顺着
aloud	*adv.*	大声地
already	*adv.*	已经
also	*adv.*	也
although	*conj.*	虽然,尽管
altogether	*adv.*	总共
always	*adv.*	总是；一直；永远
am	*v.*	be 的人称形式之一
amaze	*v.*	使……惊讶
ambition	*n.*	志向,雄心；野心
ambulance	*n.*	救护车
America	*n.*	美国；美洲
among	*prep.*	在……中间；在(三个以上)之间
amuse	*v.*	(使人)快乐,逗乐
analyze	*v.*	分析
ancient	*adj.*	古代的,古老的
and	*conj.*	和；又；而
anger	*n.*	怒,愤怒
angry	*adj.*	生气的,愤怒的
animal	*n.*	动物
anniversary	*n.*	周年纪念日
	adj.	周年的

137

announce	v.	宣布,宣告
annoy	v.	(使)烦恼
another	adj.	再一;另一;别的;不同的
	pron.	另一个
answer	n.&v.	回答,答复
ant	n.	蚂蚁
anxious	adj.	忧虑的,焦急的
any	pron.	(无论)哪一个;哪些;任何的
anyhow	adv.	不管怎样
anything	pron.	什么事(物);任何事(物)
anyway	adv.	不管怎样
apartment	n.	(美)楼中单元房;一套房间,房间
apologize	v.	道歉;谢罪
apology	n.	道歉,歉意
apparent	adj.	显然的
appeal	n.&v.	呼吁;上诉;(有)吸引力
appear	v.	出现
appetite	n.	食欲
apple	n.	苹果
apply	v.	申请
applicant	n.	申请人;求职者
application	n.	申请
appointment	n.	约会
appreciate	v.	欣赏,感激
April	n.	4月
area	n.	面积;地域,地方,区域;范围,领域
argue	v.	争辩,争论
arise	v.	起立;升起
arm	n.	臂,支架;(美)武器,武力
	v.	以……装备,武装起来
armchair	n.	扶手椅
army	n.	军队
around	adv.	在周围;在附近
	prep.	在……周围;大约
arrange	v.	安排,布置
arrest	v.&n.	逮捕
arrival	n.	到来,到达
arrive	v.	到达;达到
art	n.	艺术,美术;技艺
article	n.	文章;东西,物品;冠词

artificial *adj.*	人造的,人工的
as *adv. & conj.*	像……一样;如同;因为
prep.	作为,当作
ash *n.*	灰,灰末
ashamed *adj.*	惭愧,害臊
Asia *n.*	亚洲
aside *adv.*	在旁边
ask *v.*	问,询问;请求,要求,邀请
asleep *adj.*	睡着的,熟睡
aspect *n.*	方面
assignment *n.*	任命,选派;委派;分配
assistant *n.*	助手,助理
accountant *n.*	会计员,会计师
assure *v.*	使(某人)相信
astonish *v.*	使惊讶
astronaut *n.*	宇航员
at *prep.*	在(几点钟);在(某处)
athlete *n.*	运动员
atmosphere *n.*	大气;气氛
atom *n.*	原子,微粒
attach *v.*	连接
attack *v.*	攻击,袭击
attempt *v.*	试图,尝试
attend *v.*	看护,照料,服侍;出席,参加
attention *n.*	注意,关心
attitude *n.*	态度,看法
attract *v.*	吸引,引起
audience *n.*	观众,听众
author *n.*	作者,作家
August *n.*	8月
aunt *n.*	伯母;舅母;婶;姑;姨
Australia *n.*	澳洲;澳大利亚
auto *n.*	汽车
automatic *adj.*	自动的
autumn *n.*	秋天,秋季
available *adj.*	可得到的
avenue *n.*	大道
average *adj.*	平均的;普通的
n.	平均数
avoid *v.*	避免,躲开;逃避

avoidable *adj*.	可避免的
awake(awoke, awoken) *v.* & *adj*.	唤醒;醒着的
award *n*.	奖品,奖励
aware *adj*.	知道的;明白的
away *adv*.	离开;远离
awful *adj*.	可怕的

B

baby *n*.	婴儿
baby-sitter *n*.	保姆
back *adv*.	回(原处);向后
adj.	后面的
n.	背后,后部;背
background *n*.	背景
backward *adj*.	向后的;落后的
bad(比较级 worse,最高级 worst) *adj*.	坏的;有害的,不利的;严重的
badminton *n*.	羽毛球
bag *n*.	书包;提包;袋子
baggage *n*.	行李
bake *v*.	烤;烘(面包)
bakery *n*.	面包店
balance *n*.	平衡
ball *n*.	球;舞会
ballet *n*.	芭蕾舞
balloon *n*.	气球
bamboo *n*.	竹
banana *n*.	香蕉
band *n*.	乐队
bank *n*.	(河、海、湖的)岸,堤;银行
bar *n*.	条;(长方)块,棒,横木;酒吧;(卖东西的)柜台
barbecue *n*.	烤肉野餐
barber *n*.	(为男人理发的)理发师
bargain *n*.	(经讨价还价之后)成交的商品;廉价货
v.	讨价还价
base *n*.	根据地,基地
baseball *n*.	棒球
basement *n*.	地下室
basic *adj*.	基本的

basket	*n.*	篮子
basketball	*n.*	篮球
bat	*n.*	球拍
	v.	击球；打，击
bath	*n.*	洗澡；浴室；澡盆
bathe	*v.*	洗澡；游泳
bathroom	*n.*	浴室，盥洗室，洗手间
battery	*n.*	电池
battle	*n.*	战斗；战役
BC	*n.*	公元前
beach	*n.*	海滨，海滩
bean	*n.*	豆，豆科植物
bear	*v.*	承受，负担，承担；忍受；容忍
	n.	熊
beast	*n.*	野兽；牲畜
beat(beat, beaten)	*v.*	敲打；跳动；打赢
	n.	（音乐）节拍
beautiful	*adj.*	美丽的
beauty	*n.*	美丽；美人
because	*conj.*	因为
become (became, become)	*v.*	变得；成为
bed	*n.*	床
bedroom	*n.*	寝室，卧室
bee	*n.*	蜜蜂
beef	*n.*	牛肉
beer	*n.*	啤酒
before	*prep.*	在……以前；在……前面
	adv.	以前
	conj.	在……之前
beg	*v.*	请求，乞求，乞讨
begin(began, begun)	*v.*	开始，着手
behave	*v.*	守规矩，行为
behaviour	*n.*	行为，举止
behind	*prep.*	（表示位置）在……后面
	adv.	在后面；向后
being	*n.*	物；生物；人
belief	*n.*	信条，信念
believe	*v.*	相信，认为
bell	*n.*	钟，铃；钟（铃）声；钟形物
belong	*v.*	属，附属

below *prep. & adv.*	在……下面
belt *n.*	（皮）带
bench *n.*	长凳；工作台
bend(bent, bent) *v.*	使弯曲
benefit *n.*	利益
v.	有益于
beside *prep.*	在……旁边；靠近
besides *prep.*	除……以外(还有)
adv.	还有,此外
best(good, well 的最高级) *adj. & adv.*	最好的；最好地,最
n.	最好的(人或物)
bestseller *n.*	畅销书；畅销唱片
better(good, well 的比较级) *adj. & adv.*	较好的,更好的；更好地
n.	较好的事物；较优者
between *prep.*	在(两者)之间；在……中间
beyond *prep.*	(表示位置)在……的那边
bicycle *n.*	自行车
big *adj.*	大的
bike=bicycle *n.*	自行车
bill *n.*	账单；法案,议案；(美)钞票,纸币
billion *num.*	十亿,百亿
biography *n.*	传记；档案；简介
biology *n.*	生物(学)
bird *n.*	鸟
birth *n.*	出生；诞生
birthday *n.*	生日
biscuit *n.*	饼干
bit *n.*	一点,一些,少量的
bite(bit, bitten) *v.*	咬；叮
bitter *adj.*	有苦味的；痛苦的,难过的；严酷的
black *n.*	黑色
adj.	黑色的
blackboard *n.*	黑板
blame *n. & v.*	责备；责怪
blank *n.*	空格；空白(处)
adj.	空的；茫然无表情的
blanket *n.*	毛毯,毯子
bleed *v.*	出血,流血
bless *v.*	保佑,降福
blind *adj.*	瞎的

block	n.	大块;(木、石等)块;街区;路障
	v.	阻塞;阻挡
blog	n.	博客
blood	n.	血,血液
blouse	n.	宽罩衫;(妇女、儿童穿的)短上衣
blow(blew, blown)	v.	吹;刮风;吹气
	n.	击;打击
blue	n.	蓝色
	adj.	蓝色的;悲伤的;沮丧的
board	n.	木板;布告牌;委员会;(政府的)部
	v.	上(船、火车、飞机)
boat	n.	小船,小舟
body	n.	身体
boil	v.	沸腾,烧开;煮……
bomb	n.	炸弹
	v.	轰炸
bone	n.	骨头,骨质
book	n.	书;本子
	v.	预订,订(房间、车票等)
bookcase	n.	书橱
booklet	n.	小册子
bookshelf	n.	书架
bookshop	n.	书店
boot	n.	长筒靴;靴
booth	n.	岗;(为某种用途而设的)亭或小隔间
border	n.	边缘;边境,国界
boring	adj.	乏味的,无聊的
borrow	v.	(向别人)借用;借
boss	n.	领班;老板
both	adj.	两;双
	pron.	两者;双方
bother	v.	打扰;烦恼
bottle	n.	瓶子
bottom	n.	底部;底
bow	v. & n.	鞠躬,弯腰行礼
bowl	n.	碗
box	n.	盒子,箱子
boxing	n.	拳击(运动)
boy	n.	男孩
brain	n.	脑(子)

143

brake	n.	闸
	v.	刹车
branch	n.	树枝;分枝;分公司,分店;支部
brand	n.	商标;牌子
brave	adj.	勇敢的
bravery	n.	勇气
bread	n.	面包
break	n.	间隙
break(broke, broken)	v.	打破(断,碎);损坏,撕开
breakfast	n.	早餐
breath	n.	气息;呼吸
breathe	v.	呼吸
brick	n.	砖;砖块
bride	n.	新娘
bridegroom	n.	新郎
bridge	n.	桥
brief	adj.	简洁的
bright	adj.	明亮的;聪明的
bring(brought, brought)	v.	拿来,带来,取来
Britain	n.	英国;不列颠
British	adj.	英国的;大不列颠的;英国人的
broad	adj.	宽的,宽大的
broadcast(broadcast, broadcast 或 broadcasted, broadcasted)	v.	广播
	n.	广播节目
broom	n.	扫帚
brother	n.	兄;弟
brown	n.	褐色;棕色
	adj.	褐色的;棕色的
brush	v.	刷;擦
	n.	刷子
build(built, built)	v.	建筑;造
building	n.	建筑物
burden	n.	负担;压力
burn(burned, burned 或 burnt, burnt)	v.	燃,烧,着火;使烧焦;使晒黑
	n.	烧伤;晒伤
burst	v.	突然发生;突然发作
bury	v.	埋;埋葬
bus	n.	公共汽车
bush	n.	灌木丛,矮树丛

business	n.	（本分）工作,职业;职责;生意,交易;事业
busy	adj.	忙（碌）的
but	conj.	但是,可是
	prep.	除了,除……外
butter	n.	黄油,奶油
butterfly	n.	蝴蝶
button	n.	纽扣;(电铃等的)按钮
	v.	扣(纽扣)
buy(bought, bought)	v.	买
by	prep.	靠近,在……旁,在……时间,不迟于;被,用,由;乘(车)
bye	interj.	再见

C

cab	n.	(美)出租车
cabbage	n.	卷心菜,洋白菜
cafe	n.	咖啡馆,餐馆
cafeteria	n.	自助餐厅
cage	n.	笼,鸟笼
cake	n.	蛋糕,糕点;饼
calculate	v.	计算
calendar	n.	日历
call	n.	喊,叫;电话,通话
	v.	称呼;呼唤;喊,叫
calm	adj.	镇静的,沉着的
	v.	使安静,使冷静,使镇定;平静下来,镇静下来
camel	n.	骆驼
camera	n.	照相机;摄像机
camp	n.	(夏令)营
	v.	野营;宿营
campus	n.	(大学)校园
can(could)/can't=can not	aux.v.	可能;能够;可以;不能
	n.	(美)罐头,罐子
Canada	n.	加拿大
cancel	v.	取消
cancer	n.	癌
candidate	n.	候选人;求职者

candle *n*.	蜡烛
candy *n*.	糖果
canteen *n*.	餐厅；食堂
cap *n*.	帽子；盖；笔套
capable *adj*.	有能力的
capital *n*.	首都，省会；大写；资本
captain *n*.	（海军）上校；船长，舰长；队长
car *n*.	汽车，小卧车
carbon *n*.	碳
card *n*.	卡片；名片；纸牌
care *n*.	照料；保护；小心
v.	介意……，在乎；关心
career *n*.	职业；生涯
carpet *n*.	地毯
carrot *n*.	胡萝卜
carry *v*.	拿，搬，带，提，抬，背，抱，运等
cartoon *n*.	动画片，卡通；漫画
case *n*.	情况；病例；案件；真相；箱，盒；容器
cash *n*.	现金，现钞
v.	兑现
cashier *n*.	出纳员；司库；收银员
v.	解雇；抛弃
cat *n*.	猫
catalog(ue) *n*.	目录
catch(caught, caught) *v*.	接住；捉住；赶上；染上（疾病）
cattle *n*.	牛（总称）；家畜
cause *n*.	原因，起因
v.	促使，引起，使发生
cave *n*.	洞，穴，地窖
celebrate *v*.	庆祝
cell *n*.	[生物]细胞
cent *n*.	美分(100 cents＝1 dollar)
centigrade *adj*.	摄氏的
centimetre(美 centimeter) *n*.	公分，厘米
central *adj*.	中心的，中央的；主要的
centre(美 center) *n*.	中心，中央
century *n*.	世纪，百年
ceremony *n*.	典礼；仪式
certain *adj*.	（未指明真实名称的）某……；确定的，无疑的；一定会……

certainly	adv.	当然,是的;一定,无疑
certificate	n.	证明,证明书
chain	n.	链;链条
chain store(s)		连锁店
chair	n.	椅子
chairman	n.	主席,会长;议长
chalk	n.	粉笔
challenge	n.	挑战(性)
champion	n.	冠军,优胜者
chance	n.	机会;可能性
changeable	adj.	易变的,变化无常的
change	n.	零钱,找头
	v.	改变,变化;更换;兑换
channel	n.	频道,通道;水渠
chapter	n.	章
chart	n.	图表
character	n.	(汉)字,字体,品格
charge	v.	要求收费,索价;将(电池)充电
	n.	费用,价钱
charity	n.	慈善事业
charming	adj.	迷人的
chat	n. & v.	聊天,闲谈
cheap	adj.	便宜的,贱的
cheat	n. & v.	骗取,哄骗;作弊
check	n.	检查;批改
	v.	校对,核对;检查;批改
cheek	n.	面颊,脸蛋
cheer	n. & v.	欢呼;喝彩
cheese	n.	奶酪
chemical	adj.	化学的
	n.	化学品
chemistry	n.	化学
cheque(美 check)	n.	支票
chess	n.	棋
chest	n.	箱子;盒子;胸部
chicken	n.	鸡,鸡肉
chief	adj.	主要的;首要的
	n.	领导,头儿
child(复 children)	n.	孩子,儿童
childhood	n.	幼年时代,童年

chimney n.	烟囱,烟筒
China n.	中国
Chinese adj.	中国的;中国人的;汉语的
n.	中国人;汉语
chocolate n.	巧克力
choice n.	选择,抉择
choose(chose, chosen) v.	选择
chopsticks n.	筷子
Christian n.	基督教徒和天主教徒的总称
Christmas n.	圣诞节(12月25日)
church n.	教堂;教会
cigar n.	雪茄烟
cigarette n.	纸烟,香烟
cinema n.	电影院;电影
circle n. & v.	圆圈;将……圈起来
citizen n.	公民;居民
city n.	市,城市,都市
civil adj.	国内的;平民(非军人)的,民用的
claim v.	声称
clap v.	拍手,鼓掌
class n.	(学校里的)班;年级;课
classical adj.	传统的;古典的
classify v.	归类
classmate n.	同班同学
classroom n.	教室
clean v.	弄干净,擦干净
adj.	清洁的,干净的
clear adj.	清晰的;明亮的;清楚的
clerk n.	书记员;办事员;职员
clever adj.	聪明的,伶俐的
click v.	点击(计算机用语)
climate n.	气候
climb v.	爬,攀登
clinic n.	诊所
clock n.	钟
clone n.	克隆(无性繁殖出来的有机群体)
close adj.	亲密的;近的,靠近的
adv.	近,靠近
v.	关,关闭
cloth n.	布

clothes	n.	衣服,各种衣物
clothing	n.	(总称)衣服
cloud	n.	云;云状物;阴影
club	n.	俱乐部
coach	n.	教练;马车,长途车
coal	n.	煤;煤块
coast	n.	海岸;海滨
coat	n.	外套;涂层;表皮;皮毛
	v.	给……穿外套;涂上
cock	n.	公鸡
code	n.	密码;代号
coffee	n.	咖啡
coin	n.	硬币
coincidence	n.	巧合
Coke	n.	可口可乐
cold	adj.	冷的,寒的
	n.	寒冷;感冒,伤风
collar	n.	衣领;硬领
colleague	n.	同事
collect	v.	收集,搜集
college	n.	学院;专科学校
colour(美 color)	n.	颜色
	v.	给……着色,涂色
comb	n.	梳子
	v.	梳
combine	v.	使联合;使结合
come(came, come)	v.	来,来到
comedy	n.	喜剧
comfort	n.	安慰,慰问
command	n. & v.	命令
comment	n.	评论
commit	v.	犯(罪)
common	adj.	普通的,一般的;共有的
communicate	v.	交际;传达(感情,信息等)
communism	n.	共产主义
companion	n.	同伴,同事
community	n.	社区
company	n.	公司
compare	v.	比较,对照
compete	v.	比赛,竞赛

complain	v.	抱怨
complaint	n.	抱怨
complete	adj.	完成的
	v.	完成,结束
composition	n.	作文;作曲
computer	n.	电子计算机
concern	n.	关心
	v.	有关
concert	n.	音乐会;演奏会
conclude	v.	完成,结束
condition	n.	条件,状况
conduct	v.	引导,带领
conference	n.	(正式的)会议;讨论
confess	v.	承认
confident	adj.	有信心的
confirm	v.	证实
congratulate	v.	祝贺
connect	v.	连接,把……联系起来
conservation	n.	接触,联系;保存;保护,管理
consider	v.	考虑
considerate	adj.	体贴的
consist	v.	包含;组成,构成
construction	n.	建造,建设;建筑物
consume	v.	消费
contact	n. & v.	联系
contain	v.	包含,包括;能容纳
content	adj.	甘愿的;满意的
	n.	内容;目录
contest	n.	竞赛
continent	n.	大陆,大洲;陆地
continue	v.	继续
contract	n.	合同
	v.	订合同
contribution	n.	贡献
control	v. & n.	控制
convenience	n.	便利
conversation	n.	谈话,交谈
convince	v.	说服;使确信,使信服
cook	n.	炊事员,厨师
	v.	烹调,做饭

cool *adj.*	凉的,凉爽的;酷
co-operate *v.*	合作
copy *n.*	抄本;副本,一本(份,册……)
v.	抄写,复印;(计算机用语)拷(备份盘)
corn *n.*	玉米,谷物
corner *n.*	角;角落;拐角
corporation *n.*	公司;法人团体
correct *v.*	改正;纠正
adj.	正确的,对的;恰当的
cost(cost, cost) *v.*	值(多少钱);花费
n.	费用;成本;代价;损失
cottage *n.*	(郊外的)小屋,村舍;别墅
cotton *n.*	棉花
adj.	棉花的
cough *n.* & *v.*	咳嗽
could *aux. v.* (can 的过去式)	可以……;行
count *v.*	数,点数
counter *n.*	柜台,结账处
country *n.*	国家;农村;乡下
countryside *n.*	乡下,农村
couple *n.*	夫妇;一对
courage *n.*	勇气,胆略
course *n.*	过程;经过;课程
court *n.*	法庭;法院
courtyard *n.*	庭院;院子
cousin *n.*	堂(表)兄弟;堂(表)姐妹
cover *n.*	盖子;罩
v.	覆盖;遮盖;掩盖
cow *n.*	母牛;奶牛
cowboy *n.*	(美国)牛仔;牧场骑士
co-worker *n.*	合作者;同事
crazy *adj.*	疯狂的
cream *n.*	奶油,乳脂
create *v.*	创造;造成
credit *n.*	信用;信赖;信誉
crew *n.*	全体船员
crime *n.*	(法律上的)罪,犯罪
criminal *n.*	罪犯
criticize *v.*	批评;职责
crop *n.*	庄稼;收成

cross	n.	十字形的东西
	v.	越过；穿过
crossing	n.	十字路口；人行横道
crossroads	n.	交叉路口
crowd	n.	人群
	v.	拥挤,群聚
crowded	adj.	拥挤的
cruel	adj.	残忍的,残酷的；无情的
cry	n.	叫喊；哭声
	v.	喊叫,哭
culture	n.	文化
cup	n.	茶杯
cupboard	n.	碗柜；橱柜
cure	n. & v.	治疗；医好
curious	adj.	好奇的；奇异的
currency	n.	货币；现金
currently	adv.	目前,当前
curtain	n.	窗帘
custom	n.	习惯,习俗,风俗习惯
The Customs	n.	海关
customer	n.	（商店等的）顾客,主顾
cut(cut, cut)	v.	切,剪,削,割
	n.	伤口
cycle	v.	骑自行车
cyclist	n.	骑自行车的人

D

dad=daddy	n.	（口语）爸爸,爹爹
daily	adj.	每日的；日常的
	adv.	每天
	n.	日报
damage	n. & v.	毁坏,损害
damp	adj. & n.	潮湿（的）
dance	n. & v.	跳舞
danger	n.	危险
dare	v.	敢,敢于
dark	n.	黑暗；暗处；日暮
	adj.	黑暗的；暗淡的；深色的
dash	v. & n.	快跑,冲刺；短跑
data	n.	数据；资料

date	*n.*	日期；约会
daughter	*n.*	女儿
day	*n.*	(一)天，(一)日，白天
daylight	*n.*	日光，白昼；黎明
dead	*adj.*	死的；无生命的
deadline	*n.*	截止日期
deaf	*adj.*	聋的
deal	*n.*	量，数额；交易
dear	*adj.*	亲爱的；贵的
death	*n.*	死
debate	*n. & v.*	讨论，辩论
debt	*n.*	债务；欠款
decade	*n.*	十年
December	*n.*	12月
decide	*v.*	决定；下决心
decision	*n.*	决定；决心
declare	*v.*	声明；断言
decline	*v.*	婉言谢绝；下降
	n.	下降；衰落
decorate	*v.*	装饰……，修饰……
deep	*adj.*	深
	adv.	深，深厚
deer	*n.*	鹿
defeat	*v.*	击败；战胜
defence(美 defense)	*n. & v.*	防御；防务
defend	*v.*	防守；保卫
degree	*n.*	程度；度数；学位
delay	*v. & n.*	拖延，延误，延迟，延期，耽搁
delete	*v.*	删去
delicious	*adj.*	美味的，可口的
delight	*n.*	快乐；乐事
deliver	*v.*	投递(信件，邮包等)；发表演讲
demand	*v.*	要求
dentist	*n.*	牙科医生
deny	*v.*	否认
depart	*v.*	离开
department(缩 Dept.)	*n.*	部门；(机关的)司，处；(大学的)系
departure	*n.*	离开，启程
depend	*v.*	依靠，依赖，指望；取决于
deposit	*n.*	存款

v.	付定金
depth n.	深,深度
describe v.	描写;叙述
desert n.	沙漠
design n. & v.	设计,策划;图案,图样,样式
desire v. & n.	要求,期望
desk n.	书桌,写字台
despite prep.	尽管
dessert n.	甜点
destination n.	目的地;终点
destroy v.	破坏,毁坏
detail n.	细节
detective n.	侦探
determine v.	决定;决心
develop v.	(使)发展;(使)发达;开发;冲洗(照片)
devote v.	把……奉献;把……专用(于)
dial v.	拨(电话号码)
dialect n.	方言
dialogue(美 dialog) n.	对话
diamond n.	钻石,金刚石
diary n.	日记;日记簿
dictation n.	听写
dictionary n.	词典,字典
die v.	死
diet n.	饮食
differ v.	相异,有区别
difference n.	不同
difficult adj.	困难的,费力的
dig(dug, dug) v.	挖;掘
digest v. & n.	消化;领会;文摘
digital adj.	数字的;数码的
dine v.	吃饭;(尤指正式地)进餐
dining room	食堂,饭厅
dinner n.	正餐,宴会
dioxide n.	二氧化物
diploma n	毕业文凭
direct adj.	直接的
v.	指挥;指导;导演(电影)
direction n.	方向;方位

dirty *adj.*	脏的
disability *n.*	残疾；无能
disabled *adj.*	残废的，残疾的
disadvantage *n.*	不利条件；弱点
disagree *v.*	意见不一致，持不同意见
disappear *v.*	消失
disappoint *v.*	使失望
disaster *n.*	灾难；祸患
discount *n.*	折扣
discourage *v.*	（使）气馁；打消（做……的念头）
discover *v.*	发现
discovery *n.*	发现
discuss *v.*	讨论，议论
disease *n.*	病，疾病
dish *n.*	盘，碟；盘装菜；盘形物
disk＝disc *n.*	磁盘
dismiss *v.*	让……离开；遣散；解散；解雇
display *v. & n.*	展示；展览
distance *n.*	距离
distant *adj.*	远的，遥远的
district *n.*	区；地区；区域
disturb *v.*	扰乱；打扰
dive *v.*	跳水
divide *v.*	分，划分
division *n.*	（算术用语）除
divorce *n. & v.*	离婚
dizzy *adj.*	头昏目眩的
do(did, done) *v. & aux.*	做，干（用以构成疑问句及否定句。第三人称单数现在时用 does）
doctor *n.*	医生，大夫；博士
document *n.*	文件；文献
dog *n.*	狗
doll *n.*	玩偶，玩具娃娃
dollar *n.*	元（美国、加拿大、澳大利亚等国货币单位）
domestic *adj.*	家庭的；国内的
door *n.*	门
dormitory *n.*	学生宿舍（缩写式 dorm）
dot *n.*	点，小点，圆点
double *adj.*	两倍的；双的

	n.	两个；双
doubt	*n. & v.*	怀疑，疑惑
down	*prep.*	沿着，沿……而下
	adv.	向下
download	*n. & v.*	下载（计算机用语）
downstairs	*adv.*	在楼下；到楼下
downtown	*adv.*	往或在城市的商业区（或中心区、闹市区）
	n.	城市的商业区，中心区，闹市区
dozen	*n.*	十二个；几十，许多
drag	*v.*	拖；拽
draw(drew, drawn)	*v.*	绘画，绘制；拉，拖；提取（金钱）
drawer	*n.*	抽屉
dream(dreamt, dreamt 或 dreamed, dreamed)	*n. & v.*	梦，梦想
dress	*n.*	女服，连衣裙；(统指)服装；童装
	v.	穿衣，穿着
drink(drank, drunk)	*v.*	喝，饮
	n.	饮料；喝酒
drive(drove, driven)	*v.*	驾驶，开(车)；驱赶
drop	*n.*	滴
	v.	掉下，落下；投递；放弃
drown	*v.*	溺死；淹没
drug	*n.*	药，药物；毒品
drum	*n.*	鼓
dry	*v.*	使……干；弄干
	adj.	干的；干燥的
duck	*n.*	鸭子
due	*adj.*	预期的；约定的
dull	*adj.*	阴暗的；单调无味的
dumpling	*n.*	饺子
during	*prep.*	在……期间；在……过程中
dust	*n.*	灰尘，尘土
dustbin	*n.*	垃圾箱
duty	*n.*	责任，义务
DVD		数码影碟（digital versatile disk）

E

each	*adj. & pron.*	每人，每个，每件
eager	*adj.*	渴望的，热切的
ear	*n.*	耳朵；耳状物；听力，听觉

early	adj.	早的
	adv.	早地
earn	v.	挣得,赚得
earth	n.	地球;土,泥;大地
earthquake	n.	地震
east	adj.	东方的;东部的
	adv.	在东方,向东方
	n.	东,东方;东部
eastern	adj.	东方的;东部的
easy	adj.	容易的,不费力的
eat(ate, eaten)	v.	吃
economic	adj.	经济的
economy	n.	经济
editor	n.	编辑
educate	v.	教育,培养
effect	n.	效果;作用
effort	n.	努力,艰难的尝试
egg	n.	蛋;卵
eggplant	n.	茄子
either	adj.	两方任一方的;二者之一
	conj.	二者之一,要么……
	adv.	(用于否定句或短语后)也
elder	n.	长者;前辈
elect	v.	(投票)选举
electric	adj.	电的
electrical	adj.	电的;电器的
electricity	n.	电;电流
electronic	adj.	电子的
element	n.	元素;成分
elephant	n.	象
else	adv.	别的,其他的
E-mail & e-mail	n. & v.	电子邮件;发电子邮件
emergency	n.	紧急事件
emotion	n.	情感
emphasize	v.	强调
employ	v.	雇佣
empty	adj.	空的
encourage	v.	鼓励
end	n.	末尾;终点;结束
	v.	结束,终止

enemy n.	敌人;敌军
energetic adj.	精力旺盛的
energy n.	精力,能量
engage v.	从事于;(使)参加
engine n.	发动机,引擎
engineer n.	工程师;技师
England n.	英格兰
English adj.	英国的,英国人的;英语的
n.	英语
enjoy v.	欣赏;享受……之乐趣,喜欢
enough n.	足够;充足
adj.	足够的;充分的
adv.	足够地;充分地
enquiry n.	询问
enroll v.	登记;使加入;把……记入名册;参加;登记;注册
ensure v.	保证
enter v.	进入
enterprise n.	企业
entertain v.	(使)使娱乐;招待,款待
entertainment n.	娱乐
entire adj.	整个的,全部的
entrance n.	入口;入场;进入的权利;入学许可
entry n.	进入
envelope n.	信封
environment n.	环境
envy v. & n.	忌妒,羡慕
equal adj.	平等的
v.	等于,使等于
equality n.	平等
equip v.	提供设备;装备;配备
escape n. & v.	逃跑,逃脱
especially adv.	特别,尤其
establish v.	建立
estimate v.	评价
Europe n.	欧洲
even adv.	甚至,连(……都);更
evening n.	傍晚,晚上
event n.	事件,大事
eventually adv.	最终地

ever adv.	曾经；无论何时
every adj.	每一，每个的
evidence n.	证据；证明
exact adj.	精确的；确切的
exam=examination n.	考试，测试；检查，审查
examine v.	检查；诊察
example n.	例子；榜样
excellent adj.	极好的，优秀的
except prep.	除……之外
exchange n.	交换，调换；交流
excite v.	使兴奋，使激动
excuse n.	借口；辩解
v.	原谅；宽恕
executive n.	决策人；董事会
exercise n.	锻炼，做操；练习，习题
v.	锻炼
exhibition n.	展览；展览会
exist v.	存在
existence n.	存在；生存；存在物
exit n.	出口，太平门
expand v.	扩大；展开
expect v.	预料；盼望；认为
expense n.	消费；支出
expensive adj.	昂贵的
experience n.	经验；经历
experiment n.	实验
expert n.	专家，能手
expire v.	过期，期满
explain v.	解释，说明
explode v.	(使)爆炸
expose v.	揭露
export n.	出口
express v.	表达；表示；表情
n.	快车，特快专递
extra adj.	额外的，外加的
extremely adv.	极其，非常
eye n.	眼睛
eyesight n.	视力；视觉

F

face	n.	脸
	v.	面向,面对
fact	n.	事实,现实
factor	n.	因素
factory	n.	工厂
fail	v.	失败;不及格;衰退
failure	n.	失败
fair	adj.	公平的,合理的
	n.	集市;庙会;展览会
fairly	adv.	公正地,正当地;相当(程度)地
faith	n.	信仰;信念
fall(fell, fallen)	v.	落(下),降落;倒
	n.	(美)秋季
false	adj.	不正确的;假的
fame	n.	名声
familiar	adj.	熟悉的
family	n.	家庭;家族;子女
famous	adj.	著名的
fan	n.	(电影、运动等的)迷,热心的爱好者(支持者),风扇
fancy	adj.	花式的;装饰的
fantastic	adj.	奇特的;(口语)极好的,美妙的,很棒的
fantasy	n.	幻想,梦想
far(比较级 farther,最高级 farthest 或 further, furthest)	adj. & adv.	远的;远地
fare	n.	(乘车或船等的)费用,票(价)
farewell	n.	再见
farm	n.	农场;农庄
fashion	n.	时尚;时髦
fast	adj.	快的,迅速的;紧密的
	adv.	快地,迅速地;紧密地
fasten	v.	扎牢;扣住
fat	n.	脂肪
	adj.	胖的;肥的
father	n.	父亲
fault	n.	缺点,毛病
favour(美 favor)	n.	恩惠;好意;帮助
favourite(美 favorite)	adj.	喜爱的

	n.	特别喜爱的人(或物)
fax	n.	传真
fear	n.	害怕;恐惧;担忧
feather	n.	羽毛
February	n.	2月
federal	adj.	中央的(政府等);联邦的
fee	n.	费,费用
feed(fed, fed)	v.	喂(养);饲(养)
feedback	n.	反馈
feel(felt, felt)	v. & n.	感觉,觉得;摸,触
fellow	n.	同伴;伙伴
female	adj.	女的;女性的;雌性的
fence	n.	栅栏;围栏;篱笆
ferry	n.	渡船
festival	adj.	节日的;喜庆的
fetch	v.	(去)取(物)来
fever	n.	发烧;发热
few	pron.	不多;少数
	adj.	不多的;少数的
field	n.	田地;牧场;场地
fierce	adj.	激烈的
fight(fought, fought)	v. & n.	打仗(架);争论
figure	n.	数字;图形;(人的)体型;人物
file	n.	公文柜;档案,(计算机)文档
fill	v.	填空,装满
film	n.	电影;影片;胶卷
final	adj.	最后的;终极的
finance	n.	财政;金融;资金
find(found, found)	v.	找到,发现;感到
fine	adj.	细的;晴朗的,美好的;(身体)健康的
	n. & v.	罚款
finger	n.	手指
finish	v.	结束;做完
fire	n.	火;火炉;火灾
	v.	开火,开(枪、炮等),射击
firefighter	n.	消防人员
fireworks	n.	焰火
firm	n.	公司;企业
	adj.	坚固的,坚定的
first	num.	第一

	adj. & adv.	第一;首次;最初
	n.	开始;开端
fish	n.	鱼;鱼肉
	v.	钓鱼;捕鱼
fisherman	n.	渔民;钓鱼健身者
fist	n.	拳(头)
fit	adj.	健康的;适合的
	v.	(使)适合;安装
fix	v.	修理;安装;确定,决定
flag	n.	旗;标志;旗舰
flame	n.	火焰,光辉
flash	n.	闪;闪光;转瞬间
flat	adj.	平的
	n.	楼中一套房间;公寓(常用复数)
flight	n.	航班;飞行
float	v.	漂浮,浮动
flood	n.	洪水
	v.	淹没,使泛滥
floor	n.	地面,地板;(楼房的)层
flour	n.	面粉,粉
flow	v.	流动
flower	n.	花
flu	n.	流行性感冒
fluent	adj.	流利的
fly	n.	飞行;苍蝇
fly(flew, flown)	v.	(鸟、飞机)飞;(人乘飞机)飞行;(旗子等)飘动;空运;放(风筝、飞机模型等)
flyover	n.	天桥
focus	v.	集中
	n.	焦点;焦距
fog	n.	雾
folk	adj.	民间的
follow	v.	跟随;仿效;跟得上
following	adj.	接着的,以下的
fond	adj.	喜爱的,爱好的
food	n.	食物,食品
fool	n.	傻子,蠢人
foot(复 feet)	n.	足,脚;英尺
football	n.	(英式)足球;(美式)橄榄球

for prep.	为了……；向……；因为……；对……来说
conj.	因为,由于
forbid(forbade, forbidden) v.	禁止,不许
force v.	强迫,迫使
forecast n. & v.	预告
forehead n.	前额
foreign adj.	外国的
forest n.	森林
forever adv.	永远；永恒地
forget(forgot, forgotten) v.	忘记,忘掉
forgive v.	原谅
fork n.	叉,餐叉
form n. & v.	表格；形式；结构；形成；构成
former adj.	以前的,从前的；(两者之中的)前者
fortunate adj.	幸运的；侥幸的
fortune n.	财产；运气
forward adv.	将来,今后；向前,前进
found v.	成立,建立
fountain n.	喷泉
fox n.	狐狸
free adj.	自由的,空闲的；免费的
freedom n.	自由
freeway n.	高速公路
freeze(froze, frozen) v.	结冰
frequent adj.	经常的；频繁的
fresh adj.	新鲜的
Friday n.	星期五
fridge＝refrigerator n.	冰箱
fried adj.	油煎的
friend n.	朋友
friendly adj.	友好的
friendship n.	友谊,友情
fright n.	惊恐；恐吓
frightened adj.	惊吓的；吃惊的
frog n.	青蛙
from prep.	从；从……起；距；来自
front adj.	前面的；前部的
n.	前面；前部；前线
frost n.	霜

fruit n.	水果;果实
fuel n.	燃料
full adj.	满的,充满的;完全的
fun n.	有趣的事;娱乐,玩笑
function n.	功能;作用
fund n.	基金
funeral n.	葬礼
fur n.	毛皮;皮子
furnished adj.	配备了家具的
furniture n.	(总称)家具
future n.	将来

G

gain v.	获得,赢得;挣得
gallery n.	画廊;美术品陈列室
gallon n.	加仑
game n.	游戏;运动;比赛
garage n.	汽车间(库)
garbage n.	垃圾
garden n.	花园;果园;菜园
gardening n.	园艺学
gas n.	煤气;气体
gate n.	大门
gather v.	聚集;采集
gene n.	基因
general adj.	大体的;笼统的;总的
generation n.	代;一代
generous adj.	慷慨的;大方的
gentle adj.	温柔的;轻轻的
gentleman n.	绅士,先生;有身份、有教养的人
geography n.	地理学
germ n.	细菌
gesture n.	姿势;手势
get(got, got) v.	成为;得到;具有;到达
get-together n.	聚会
gift n.	赠品;礼物
girl n.	女孩
give(gave, given) v.	给,递给;付出,给予
glad adj.	高兴的;乐意的
glance v.	匆匆一看,一瞥

glare v.	瞪眼;怒目而视;闪耀
glass n.	玻璃杯;玻璃;(复)眼镜
glasshouse n.	温室,暖房
goal n.	目标
globe n.	地球仪;地球
glory n.	巨大的光荣;荣誉;赞美
glove n.	手套
glue n.	胶水
go(went, gone) v.	去;走;驶;通到;到达
goal n.	(足球)球门,目标
god n.	神,(大写)上帝
gold n.	黄金
golden adj.	金色的
golf n.	高尔夫球
good(比较级 better,最高级 best) adj.	好;良好
goodness n.	善良,美德
goods n.	商品,货物
goose(复 geese) n.	鹅
gossip v.	说长道短;闲聊
govern v.	统治;管理
government n.	政府
grade n.	等级;(中小学的)学年;成绩,分数
gradually adv.	逐渐地
graduate v.	毕业
graceful adj.	优雅的
grain n.	谷物,谷类
gram n.	克(重量单位)
grammar n.	语法
grand adj.	宏伟的
grandchild n.	(外)孙或孙女;孙辈
granddaughter n.	(外)孙女
grandma＝grandmother n.	奶奶;外婆
grandpa＝grandfather n.	爷爷;外公
grandparents n.	祖父母;外祖父母
grandson n.	(外)孙子
grape n.	葡萄
grasp v.	抓住;紧握
grass n.	草;草场;牧草
grateful adj.	感激的,感谢的
great adj.	伟大的;重要的;极好的

adv.	(口语)好极了,很好
greedy adj.	贪婪的
green adj.	绿色的;青的
n.	绿色
greet v.	问候;向……致敬
grey & gray adj.	灰色的;灰白的
grocery n.	食品杂货店
ground n.	地面
group n.	组,群
grow(grew, grown) v.	生长;发育;种植;变成
grown-up n.	成年人
growth n.	生长,增长
guarantee n. & v.	担保;保证
guard n.	防护装置;警戒
guess v.	猜
guest n.	客人,宾客
guidance n.	引导,指导
guide n.	向导,导游者
guilty adj.	有罪的;犯法的;做错事的
guitar n.	吉他,六弦琴
gun n.	枪,炮
guy n.	家伙;人
gym＝gymnasium n.	体操;体育馆,健身房

H

habit n.	习惯,习性
hair n.	头发
hairdresser n.	理发师
haircut n.	(男子)理发
half adj. & n.	半,一半,半个
hall n.	大厅,会堂,礼堂;过道
ham n.	火腿
hamburger n.	汉堡包
hammer n.	锤子,锣锤
hand n.	手;指针
v.	递;给;交付;交上
handball n.	手球
handbag n.	女用皮包,手提包
handbook n.	手册
handkerchief n.	手帕

handle	n.	柄,把
	v.	处理
handsome	adj.	英俊的
handwriting	n.	书法
handy	adj.	便利的,顺手的
hang(hanged, hanged)	v.	处(人)绞刑;上吊
(hung, hung)	v.	悬挂,吊着;把……吊起
happen	v.	(偶然)发生,碰巧
happy	adj.	幸福的,快乐的,高兴的
harbour(美 harbor)	n.	港口
hard	adv.	努力地;使劲;猛烈地
	adj.	硬的;困难的;艰难的
hardly	adv.	几乎不
hardworking	adj.	努力工作的
harm	n. & v.	伤害;损伤
harmony	n.	和谐
harvest	n. & v.	收割;收获(物)
hate	v. & n.	恨,讨厌
have(had, had)	v.	有;吃;喝;进行;经受
he	pron.	他
head	n.	头;头脑;首脑
	adj.	头部的;主要的;首席的
	v.	率领;出发;(船等)驶向
headquarters	n.	司令部;总部
headline	n.	(报刊的)大字标题
headmaster	n.	(英)中小学校长
health	n.	健康;卫生
hear(heard, heard)	v.	听见;听说,得知
heart	n.	心;心脏;纸牌中的红桃
heat	n.	热
	v.	把……加热
heaven	n.	天,天空
heavy	adj.	重的
height	n.	高,高度
helicopter	n.	直升机
hello	int.	喂;你好
help	n. & v.	帮助,帮忙
hen	n.	母鸡
here	adv.	这里,在这里;向这里
hero	n.	英雄,勇士;男主角

heroine	n.	女英雄；女主角
hesitate	v.	犹豫不决
hide(hid, hidden)	v.	把……藏起来，隐藏
high	adj.	高的；高度的
	adv.	高地
highlight	n.	最显著的部分
highrise	n.	高层建筑
highway	n.	公路
hill	n.	小山；丘陵；土堆；斜坡
hillside	n.	（小山）山腰，山坡
him	pron.	他（宾格）
himself	pron.	他（自己）
hire	v.	租用
his	pron.	他的
history	n.	历史；历史学
hit(hit, hit)	n. & v.	打，撞；击中
hobby	n.	业余爱好，嗜好
hold(held, held)	v.	拿；抱；握住；举行，进行
hole	n.	洞，坑
holiday	n.	假日；假期
home	n.	家
	adv.	到家；回家
homeland	n.	家乡
honest	adj.	诚实的，正直的
honey	n.	蜂蜜
honour(美 honor)	n.	荣誉，光荣
	v.	尊敬；给予荣誉
hook	n. & v.	钩子；衔接，连接
hope	n. & v.	希望
horrible	adj.	令人恐惧的；恐怖的
horse	n.	马
hospital	n.	医院
host	n.	主人；节目主持人
	v.	做主人招待
hot	adj.	热的
hotel	n.	旅馆，饭店，宾馆
hour	n.	小时
house	n.	房子；住宅
housekeeper	n.	女管家，客房部主管
housewife	n.	家庭主妇

how　*adv*.	怎样,如何;多少;多么
however　*adv*.	可是
conj.	然而,可是,尽管如此
huge　*adj*.	巨大的,庞大的
human　*adj*.	人的,人类的
n.	人类
humour(美 humor)　*n*.	幽默,幽默感
hundred　*num*.	百
hunger　*n*.	饥饿
hungry　*adj*.	(饥)饿的
hunt　*v*.	寻找;狩猎,猎取
hurry　*v*.	赶快,急忙
hurt(hurt, hurt)　*v*.	伤害,受伤;伤人感情
husband　*n*.	丈夫

I

I　*pron*.	我
ice　*n*.	冰
ice cream　*n*.	冰淇淋
idea　*n*.	主意,意见;打算,想法
ideal　*adj*.	理想的;完美的
identify　*v*.	确定;识别;使参与;把……看成一样;确定;认同;一致
idiom　*n*.	习语,成语
if　*conj*.	如果,假使;是否,是不是
ignore　*v*.	忽视;不顾
ill　*adj*.	有病的;不健康的
illegal　*adj*.	非法的
imagine　*v*.	想象,设想
immediate　*adj*.	立即的,马上
immigration　*n*.	移民
imitate　*v*.	模仿
imply　*v*.	暗示;含有……的意思
import　*v*. & *n*.	进口;输入
important　*adj*.	重要的
impossible　*adj*.	不可能的
impress　*v*.	留下极深的印象
improve　*v*.	改进,更新
in　*prep*.	在……里(内);在……;以……
adv.	在家,在内,向内

inch n.	英寸
incident n.	事件
include v.	包含,包括
income n.	收入,所得
increase v. & n.	增加;繁殖
indeed adv.	确实;实在
independence n.	独立
indicate v.	指出;象征
individual adj. & n.	个人(的);个体(的)
indoor adj.	室内的
industry n.	工业,产业
infect v.	感染;传染
infer v.	推论;推断
influence n. & v.	影响
inform v.	告诉;通知
information n.	信息
inherit v.	继承;遗传
initial adj.	开始的,最初的
inject v.	注射
injure v.	损害,伤害
injury n.	受伤处
ink n.	墨水,油墨
inn n.	小旅店;小饭店
insect n.	昆虫
insert v.	插入
inside prep.	在……里面
adv.	在里面
insist v.	坚持;坚决认为
inspect v.	检查;检验;审视
inspire v.	鼓舞;激励
install v.	安装
instant adj.	瞬间,刹那;速溶的
instead adv.	代替,顶替
instruct v.	通知;指示;教
instrument n.	乐器;工具,器械
insult n. & v.	侮辱;辱骂
insurance n.	保险
insure v.	给……保险
intend v.	想要,打算
interest n.	兴趣,趣味;利息

international *adj.*	国际的
Internet *n.*	互联网,因特网
internship *n.*	实习
interpreter *n.*	译员
interrupt *v.*	打扰,打断
interview *n. & v.*	采访,会见;面试
into *prep.*	到……里;向内;变成
introduce *v.*	介绍
invent *v.*	发明,创造
invisible *adj.*	看不见的
invitation *n.*	邀请;请帖
invite *v.*	邀请,招待
involve *v.*	卷入
iron *n.*	铁,熨斗
v.	熨烫
island *n.*	岛
issue *n.*	问题;发行
v.	出版;发行
item *n.*	项目;节目

J

jacket *n.*	短上衣,夹克衫
jam *n.*	果酱;阻塞
January *n.*	1月
jar *n.*	罐子;坛子
jaw *n.*	下巴
jazz *n.*	爵士音乐,爵士舞曲
jeans *n.*	牛仔裤
jeep *n.*	吉普车
jet *n.*	喷气式飞机;喷射(器)
jewel *n.*	宝石
jewelry *n.*	(总称)珠宝
job *n.*	(一份)工作
jog *v.*	慢跑
join *v.*	参加,加入;连接;会合
joke *n.*	笑话
journalist *n.*	记者,新闻工作者
journey *n.*	旅行,路程
joy *n.*	欢乐,高兴,乐趣
judge *n.*	裁判;审判员;法官

	v.	判断,断定
juice	*n.*	汁,液
July	*n.*	7月
jump	*n.*	跳跃;跳起
	v.	跳跃;惊起;猛扑
June	*n.*	6月
jungle	*n.*	丛林,密林
junior	*adj.*	初级的;年少的
junk	*n.*	(口语)废品,破烂货
just	*adv.*	刚才;恰好;不过;仅
justice	*n.*	正义;公正;司法

K

keen	*adj.*	渴望的
keep(kept, kept)	*v.*	保持;保存;继续不断;培育,饲养
kettle	*n.*	(烧水用的)水壶
key	*n.*	钥匙;答案;键;关键
keyboard	*n.*	键盘
kick	*v. & n.*	踢
kid	*n.*	小孩
kill	*v.*	杀死,弄死
kilogram	*n.*	千克
kilometre	*n.*	千米(公里)
kind	*n.*	种;类
	adj.	善良的;友好的
kindergarten	*n.*	幼儿园
king	*n.*	国王
kingdom	*n.*	王国
kiss	*n. & v.*	吻,亲吻
kitchen	*n.*	厨房
kite	*n.*	风筝
knee	*n.*	膝盖
knife(复 knives)	*n.*	小刀;匕首;刀片
knock	*n. & v.*	敲;打;击
know(knew, known)	*v.*	知道,了解;认识;懂得
knowledge	*n.*	知识,学问

L

lab=laboratory	*n.*	实验室
label	*n. & v.*	标签;给……贴标签

labour(美 labor)	n.	劳动
lack	n. & v.	缺乏,缺少
lady	n.	女士;夫人
lake	n.	湖
lamb	n.	羔羊
lame	adj.	跛的,瘸的;残废的
lamp	n.	灯,油灯;光源
land	n.	陆地;土地
	v.	登岸(陆);降落
landlord	n.	房东
landmark	n.	地标建筑
language	n.	语言
lantern	n.	灯笼;提灯
lap	n.	(人坐时)大腿部;(跑道的)一圈
large	adj.	大的;巨大的
last	adj.	最近刚过去的;最后的
	adv.	最近刚过去;最后地
	n.	最后
	v.	持续
late	adj.	晚的,迟的
	adv.	晚地,迟地
lately	adv.	最近,不久前
later	adj.	晚些的,迟些的
latest	adj.	最近的,最新的;最晚的
latter	n.	(两者之中的)后者
laugh	n. & v.	笑,大笑;嘲笑
laughter	n.	笑;笑声
laundry	n.	洗衣店;要洗的衣服
law	n.	法律,法令;定律
lawn	n.	草坪
lawyer	n.	律师
lay(laid, laid)	v.	放,搁
lazy	adj.	懒惰的
lead(led, led)	v.	领导,带领
leaf(复 leaves)	n.	(树,菜)叶
leaflet	n.	传单;散页印刷品
league	n.	联盟,社团
leak	v.	漏;渗
learn(learnt, learnt; learned, learned)	v.	学习,学会
least	n.	最少,最少量

leather n.	皮革
leave(left, left) v.	离开;把……留下,剩下
lecture n.	讲课,演讲
left adj.	左边的
adv.	向左
n.	左,左边
leg n.	腿;腿脚;支柱
legal adj.	合法的
lemon n.	柠檬
adj.	柠檬色(味)的
lemonade n.	柠檬水
lend(lent, lent) v.	借(出),把……借给
length n.	长,长度;段,节
less(little 的比较级) adj. & adv.	少于,小于
lesson n.	课;功课;教训
let(let, let) v.	让
letter n.	信;字母
level n.	水平线;水平
liberate v.	解放,使获自由
library n.	图书馆,图书室
license n.	执照;许可证
lid n.	盖子
lie n. & v.	谎言;说谎
v.(lay, lain)	躺;卧;平放;位于
life(复 lives) n.	生命;生涯;生活;人生;生物
lift v.	举起,抬起
n.	(英)电梯
light n.	光,光亮;灯,灯光
v.	点(火),点燃
adj.	明亮的;轻的;浅色的
lightning n.	闪电
like prep.	像,跟……一样
v.	喜欢,喜爱
likely adj.	很可能的
limit v.	限制;减少
line n.	绳索,线;排,行,线路
link v.	连接;联系
lion n.	狮子
lip n.	嘴唇
liquid n. & adj.	液体;液体的

list *n. & v.*	一览表,清单;列举
listen *v.*	听,仔细听
literature *n.*	文学
litre(美 liter) *n.*	升;公升(容量单位)
litter *v.*	乱丢杂物
little(比较级 less,最高级 least) *adj.*	小的,少的
adv.	很少地,稍许
n.	没有多少,一点
live *v.*	生活;居住;活着
adj.	活的,活着的;实况,现场(直播)的
lively *adj.*	活泼的;充满生气的
living *adj.*	活着的
n.	生计
load *n.*	担子,货物
loaf *n.*	一个面包
loan *n. & v.*	贷款
local *adj.*	当地的;地方的
locate *v.*	坐落于
lock *n.*	锁
v.	锁,锁上
lonely *adj.*	孤独的,寂寞的
long *adj.*	长的,远的
adv.	长久
look *n.*	看,瞧
v.	看,观看;看起来
loose *adj.*	松散的;宽松的
lorry *n.*	卡车
loss *n.*	丧失;损耗
lose(lost, lost) *v.*	失去,丢失
Lost & Found	失物招领处
lot *n.*	许多,好些
loud *adj.*	大声的
loudspeaker *n.*	扬声器,喇叭
lounge *n.*	休息厅,休息室
love *n. & v.*	爱;热爱;很喜欢
lovely *adj.*	美好的;可爱的
low *adj. & adv.*	低;矮
luck *n.*	运气,好运
luggage *n.*	(总称)行李
lunch *n.*	午餐,午饭

lung *n*.	肺；肺脏
luxury *n*.	奢侈

M

machine *n*.	机器
mad *adj*.	发疯的；生气的
madam(=madame) *n*.	夫人，女士
magazine *n*.	杂志
magic *adj*.	有魔力的
magnificent *adj*.	壮丽的，宏伟的
mail *n*.	邮政，邮递
v.	（美）邮寄
main *adj*.	主要的
mainland *n*.	大陆
maintain *v*.	维持；保持；维修，保养
major *adj*.	主要的
n.	（大学中的）主修科目
v.	主修
majority *n*.	多数，过半数，大多数
make *v*.	制造，做；使得
male *adj*.	男（性）的；雄的
man(复 men) *n*.	成年男人，人，人类
manage *v*.	管理；设法对付
mankind *n*.	人类；(总称)人
manmade *adj*.	人造的，人工的
manner *n*.	方式，态度，举止；礼貌(*pl*.)
mansion *n*.	大厦，大楼
manufacture *v*.	（大量）制造
many(比较级 more,最高级 most) *pron*.	许多人或物
adj.	许多的
map *n*.	地图
march *n*.	游行，行进
March *n*.	3月
mark *n*.	标记；分数
v.	标明，作记号于
market *n*.	市场，集市
marriage *n*.	结婚，婚姻
marry *v*.	（使）成婚，结婚
marvellous *adj*.	令人惊奇的；绝妙的
mask *n*.	面具；口罩

master v.	精通,掌握
n.	主人;大师;硕士
masterpiece n.	杰作
match v.	使相配,使成对
n.	比赛;火柴
mate n.	伙伴;同事
material n.	材料,原料
mathematics n.	(通常缩略为 maths)数学
matter n.	要紧事,事情;问题
v.	要紧,有重大关系
maximum n.	最大量
may aux.v.	可以;也许,可能
May n.	5月
maybe adv.	可能,大概,也许
mayor n.	市长
meal n.	一餐(饭)
mean v.	意思是,意指
meaning n.	意思;含义
means n.	方法,手段;财产
meantime adv.	其间;同时
meanwhile adv.	同时
measure v.	测量
n.	尺寸;措施
meat n.	(猪、牛、羊等的)肉
mechanic n.	技工;机械工人
medal n.	奖牌
medical adj.	医学的,医疗的
medicine n.	药
medium(pl. mediums 或 media) n.	媒介物;媒体,传媒
adj.	中间的,中等的
meet v. & n.	遇见,见到
n.	会;集会
meeting n.	会;集会;会见;汇合点
melon n.	瓜(尤指西瓜、甜瓜等)
melt v.	融化;熔化
member n.	成员,会员
memo n. =memorandum	备忘录
memorize v.	记住;熟记
memory n.	回忆,记忆
mend v.	修理,修补

mental	*adj.*	精神的；脑力的
mention	*n. & v.*	提到，说起
menu	*n.*	菜单
merchant	*n.*	商人
mercy	*n.*	怜悯
merry	*adj.*	高兴的，愉快的
mess	*n.*	凌乱
message	*n.*	消息，音信
metal	*n.*	金属
	adj.	金属制成的
method	*n.*	方法，办法
metre(美 meter)	*n.*	米，公尺
microphone	*n.*	话筒
microwave	*n.*	微波
middle	*n.*	中间；当中；中级的
midnight	*n.*	午夜
mild	*adj.*	温和的，暖和的；凉爽的
mile	*n.*	英里
milk	*n.*	牛奶
	v.	挤奶
million	*num.*	百万
	n.	百万个（人或物）
millionaire	*n.*	百万富翁
mind	*n.*	思想，想法
	v.	介意，关心
mine	*pron.*	我的〈名词性物主代词〉
	n.	矿藏，矿山
mini	*n.*	超短的衣服；小型的东西
	adj.	超短的；小型的
minimum	*n.*	最小量
minister	*n.*	部长；牧师
minor	*adj.*	较次要的
minus	*prep. & adj.*	减去；负的
minute	*n.*	分钟；一会儿，瞬间
miracle	*n.*	奇迹
mirror	*n.*	镜子
miss	*v.*	失去，错过，缺；想念，惦记
Miss	*n.*	小姐，女士（称呼未婚妇女）
mistake	*n.*	错误
	v.	弄错

mistress n.	女主人,主妇
misunderstand v.	误会;曲解
mix v.	混合,搅拌
mixture n.	混合物
mm(缩)＝millimeter n.	毫米
mobile adj.	可动的,移动式的
model n.	模型,原形;范例;模范
modern adj.	现代的
modest adj.	谦虚的;谦逊的
moment n.	片刻,瞬间
Monday n.	星期一
money n.	钱;货币
monitor n.	(班级内的)班长;纠察生;监视器
v.	监控;监听;监测;监视
monkey n.	猴子
month n.	月,月份
monument n.	纪念碑,纪念物
mood n.	心情;情绪
moon n.	月球;月光;月状物
mop n.	拖把
v.	拖地
moral adj.	道德的
n.	寓意,道德启示
more(much 或 many 的比较级) adj. & adv.	较多的,再
n.	更多的量
moreover adv.	而且;此外
morning n.	早晨,上午
mosquito n.	蚊子
most(much 或 many 的最高级) adj. & adv.	最多
n.	大部分,大多数
mother n.	母亲
motor n.	发动机,马达
motorcycle n.	摩托车
motto n.	箴言,格言
mountain n.	山,山脉
mourn v.	哀痛,哀悼
mouse(复 mice) n.	鼠,耗子;(计算机)鼠标
mouth n.	嘴,口
move v.	移动,搬动,搬家;使感动
movie n.	(口语)电影

much	adj.	许多的,大量的
	adv.	非常;更加
	n.	许多,大量
mud	n.	泥,泥浆
multiple	adj.	多个的,多种的
murder	n. & v.	谋杀
museum	n.	博物馆,博物院
mushroom	n.	蘑菇
music	n.	音乐,乐曲
musical	adj.	音乐的,爱好音乐的
	n.	音乐片
musician	n.	音乐家,乐师
must	aux. & v. & n.	必须,应当;必定是;必须做的事;不可少的事物
mysterious	adj.	神秘的
mystery	n.	神秘的事物

N

nail	n.	钉,钉子;指甲
name	n.	名字,姓名;名称
	v.	命名,名叫
nap	n.	小睡
napkin	n.	餐巾;(英)尿布
narrow	adj.	狭窄的
nation	n.	民族,国家
national	adj.	全国性的;民族的,国家的
nationality	n.	国籍
native	adj.	本土的,本国的
nature	n.	自然;性质;种类
natural	adj.	自然的,天然的
naughty	adj.	顽皮的,不听话的
navy	n.	海军
near	adj.	近的
	adv.	附近,邻近
	prep.	在……附近
nearby	adj.	附近的
	adv.	在附近
nearly	adv.	将近,几乎
neat	adj.	整洁的;灵巧的
necessary	adj.	必需的,必要的

neck	n.	颈,脖子
necklace	n.	项链
need	n.	需要,需求
	v.	需要,必须
needle	n.	针
negative	adj.	否定的;反面的;消极的;负的,阴极的
neglect	v.	忽视,忽略
neighbour(美 neighbor)	n.	邻居,邻人
neither	adj.	两者都不;也不
	pron.	(两者之中)没有一个
	conj.	(与 nor 连用)既不……也不;也不
nephew	n.	侄子;外甥
nervous	adj.	紧张不安的
net	n.	网;网状物
network	n.	网络;网状系统
never	adv.	决不,从来没有
new	adj.	新的;新鲜的
news	n.	新闻;消息
newspaper	n.	报纸
next	adj.	最近的,隔壁的;下一次
	adv.	然后,下一步
	n.	下一个人(东西)
nice	adj.	令人愉快的;好的,漂亮的
niece	n.	侄女;外甥女
night	n.	夜;夜间
no	adv.	不,不是
	adj.	没有,无,不
noble	adj.	高尚的
nobody	n.	渺小人物
	pron.	没有人,谁也不
nod	v. & n.	点头
noise	n.	声音;噪声,喧闹声
none	pron.	无任何东西或人,无一人
noodle	n.	面条
noon	n.	中午,正午
nor	conj.	也不
normal	n. & adj.	正常的(状态)
north	adj.	北的;朝北的;从北来的
	adv.	向(在、从)北方

	n.	北;北方;北部
northeast	n.	东北(部)
northern	adj.	北方的,北部的
northwest	n.	西北
nose	n.	鼻;突出的部分;尖端;船头
not	adv.	不,没
note	n.	便条,笔记;钞票;音符
	v.	记下,记录;注意
notebook	n.	笔记簿;笔记本电脑
nothing	n.	没有东西,没有什么
	adv.	一点也不;并不
notice	n.	布告,通告;注意
	v.	注意,注意到
novel	n.	(长篇)小说
November	n.	11月
now	adv.	现在
	conj.	既然
nowadays	adv.	当今,现在
nowhere	adv.	任何地方都不
number(缩 No.)	n.	数,数字,号码;数量
	v.	编号;计入
nurse	n.	护士;保育员
nursery	n.	托儿所;苗圃
nut	n.	坚果,坚果仁(胡桃,栗子等)
nutrition	n.	营养

O

obey	v.	服从,顺从,听从
object	n.	物,物体;宾语
	v.	反对
objective	adj.	客观的;目标的
	n.	目标,目的
observe	v.	观察,观测;遵守
obstacle	n.	障碍物
obtain	v.	获得
obvious	adj.	显然的
occasion	n.	场合;时机,机会
occasional	adj.	偶尔的
occupation	n.	职业
occupy	v.	占据

occur v.	发生;被想到
ocean n.	海洋
o'clock n.	……点钟
October n.	10月
odd adj.	古怪的;不成对的;零散的;奇数的,单数的
of prep.	(表示所属,数量,其中)……的
off adj. & adv. & prep.	离开,脱离,(走)开
offend v.	冒犯;触怒;伤害……的感情
offer n. & v.	提供;建议;出(价);开(价)
office n.	办公室
official adj.	官方的,政府的
n.	(公司、团体或政府的)官员
often adv.	经常,常常
oil n.	油
v.	给(机器等)加油,上油,涂油
old adj.	老的;旧的
Olympic n.	奥林匹克
adj.	奥林匹克的
omit v.	省略
on adv.	(穿,放……)上;连通;进行下去
prep.	在……之上
once adv. & conj. & n.	一次,一度;从前
oneself pron.	自己;自身
one-sided adj.	单面的;片面的
onion n.	洋葱
online adj. & adv.	在线的;在线地
only adj. & adv.	唯一的,仅有的
onto prep.	到……上面
open adj.	开着的,开口的;公开的,公然的;开放的
v.	打开
opera n.	歌剧
operate v.	操作;运转,开动,起作用;动手术
operation n.	手术;操作
opinion n.	看法,见解
opponent n.	对手
opportunity n.	机会
oppose v.	反对;反抗
opposite adj.	对面的,对立的

183

	n.	相反的事物
or *conj.*		或,否则
oral *adj.*		口头的
orange *adj.*		橙色的
	n.	橘子,橙子
order *n.*		次序,顺序
	v.	命令;定购;点菜
orderly *adj.*		整齐的;有秩序的
ordinary *adj.*		普通的,平常的
organ *n.*		器官;机构,机关
organization *n.*		组织;机构
organize *v.*		组织
orient *n.*		东方
origin *n.*		起源,由来
orphan *n.*		孤儿
other *adj.*		其他的
	pron.	别的东西
otherwise *adv.*		否则,要不然
ought(to) *aux.v.*		应该,应当
out *adj.*		出外,在外的
	adv.	向外
outcome *n.*		结果
outdoor *adj.*		室外的;野外的
outer *adj.*		外部的,外面的
outing *n.*		(集体的)短途旅行;远足;外出
outline *n.*		提纲;概要
	v.	画出……的轮廓;概述,略述
output *n.*		产量;输出
outside *n.*		外面,外表,外界
	adj.	外面的,外表的,外界的
	adv.	在外面,外表,出界
	prep.	在……外
outstanding *adj.*		突出的,显著的
oven *n.*		烤箱
over *adv.*		结束;越过
	prep.	在……上方;遍及
overcoat *n.*		大衣
overcome *v.*		克服
overflow *n. & v.*		泛滥;溢出
overlook *v.*		俯瞰,俯视;忽视

overseas	*adj.*	海外的
	adv.	海外
owe	*v.*	欠(债等)，把……归于
own	*adj.*	自己的
	v.	拥有
ownership	*n.*	所有制
ox	*n.*	公牛
oxygen	*n.*	氧气

P

pace	*n.*	(一)步；步速
Pacific	*n.*	太平洋
	adj.	太平洋的
pack	*n.*	包，捆；(猎犬、野兽等的)一群
	v.	打包
package	*n.*	一包，一袋，一盒
packet	*n.*	小包
page	*n.*	页，页码
pain	*n.*	疼痛，疼；辛苦，努力(*pl.*)
paint	*n.*	油漆
	v.	粉刷；绘画
pair	*n.*	一双，一对
palace	*n.*	宫，宫殿
pale	*adj.*	苍白的，灰白的
panda	*n.*	熊猫
paper	*n.*	纸；报纸；文件；票据；论文；试卷
paragraph	*n.*	(文章的)段落
parcel	*n.*	包裹
pardon	*n.*	原谅，宽恕；对不起
parent	*n.*	父(母)，双亲
park	*n.*	公园
	v.	停放(车辆等)
parrot	*n.*	鹦鹉
part	*n.*	部分；成分；角色；部件，零件
	adj.	局部的，部分的
	v.	分离；分开；分割
participate	*v.*	参与
particular	*adj.*	特殊的，个别的
partner	*n.*	搭档，合作者
part-time	*adj. & adv.*	兼职的；部分时间的(地)

party	n.	聚会,晚会;党派
pass	v.	传,递;经过;通过
	n.	穿过,经过;通行证
passage	n.	(文章等的)一节,一段;通道;走廊
passenger	n.	乘客,旅客
passion	n.	激情,热情
passive	adj.	被动的
passport	n.	护照
password	n.	口令;密码
past	adv.	过
	n.	过去,昔日;往事
	prep.	过……;走过某处
patent	n.	专利
path	n.	路;小道
patience	n.	容忍;耐心
patient	n.	病人
	adj.	耐心的
pattern	n.	式样
pause	n. & v.	中止,暂停;停止
pay	v.	付钱;给……报酬
	n.	工资
peace	n.	和平
peach	n.	桃子
peanut	n.	花生
pear	n.	梨子;梨树
pearl	n.	珍珠
pen	n.	钢笔,笔;(关禽,畜的)栏,圈
pencil	n.	铅笔
penny(复 pence)	n.	(英)便士;美分
people	n.	人,人们;人民
per	prep.	每,每一
percent	n.	百分之……
percentage	n.	百分率
perfect	adj.	完美的,极好的
	v.	使完美
perform	v.	表演;履行;行动
perhaps	adv.	可能;或
period	n.	时期,时代
permanent	adj.	永久的,长久的
permission	n.	允许,许可,同意

permit	v.	许可,允许
person	n.	人
personal	adj.	个人的,私人的
persuade	v.	说服,劝说
pet	n.	宠物,爱畜
petrol	n.	石油
phone(=telephone)	v.	打电话
	n.	电话,电话机
photograph	n.	照片
phrase	n.	短语;习惯用语
physical	adj.	身体的;物理的
physician	n.	内科医生
physicist	n.	物理学家
physics	n.	物理(学)
pianist	n.	钢琴家
piano	n.	钢琴
pick	v.	拾起,采集;挑选
picnic	n. & v.	野餐
picture	n.	图片;画片;照片
pie	n.	甜馅饼
piece	n.	一块(片,张,件……)
pig	n.	猪
pile	n.	堆
	v.	堆积
pill	n.	药丸,药片
pillow	n.	枕头
pilot	n.	飞行员
pin	n.	别针
	v.	(用别针等)别住;钉住
pine	n.	松树
pineapple	n.	菠萝
pink	adj.	粉红色的
pioneer	n.	先锋,开拓者
pipe	n.	管子,输送管;烟斗
pity	n.	怜悯,同情
pizza	n.	比萨饼
place	n.	地方,处所
	v.	放置,安置;安排
plain	adj.	家常的;普通的
	n.	平原

plan	n. & v.	计划,打算
plane	n.	飞机
planet	n.	行星
plant	v.	种植,播种
	n.	植物;工厂
plastic	adj.	塑料的
plate	n.	板;片;牌;盘子;盆子
platform	n.	讲台;(车站的)月台
play	v.	玩;打(球);比赛;播放
	n.	玩耍;戏剧
playground	n.	操场,运动场
pleasant	adj.	令人愉快的;舒适的
please	v.	请;使人高兴,使人满意
pleasure	n.	高兴,愉快
plenty	n.	充足;大量
plug	n.	塞子;电插头
	v.	(用塞子)把……塞住
plus	prep.	加,加上
pocket	n.	(衣服的)口袋
poem	n.	诗
poet	n.	诗人
point	v.	指,指向
	n.	点;分数
poison	n.	毒药
pole	n.	杆;电线杆
police	n.	警察,警务人员
policy	n.	政策,方针
polite	adj.	有礼貌的,有教养的
political	adj.	政治的
politics	n.	政治
pollute	v.	污染
pond	n.	池塘
pool	n.	水塘,水池
poor	adj.	贫穷的;可怜的;不好的,差的
pop	adj.	通俗的,流行的
	n.	流行音乐(或歌曲)
popular	adj.	流行的,大众的;受欢迎的
population	n.	人口,人数
pork	n.	猪肉
port	n.	港口,码头

portable	adj.	便于携带的,手提式的;轻便的
porter	n.	(火车站或旅馆处的)搬运工
position	n.	位置
positive	adj.	积极的;正的,阳性的
possess	v.	拥有;占有
possible	adj.	可能的
possibility	n.	可能,可能性
possibly	adv.	可能地,也许
post	n.	邮政,邮寄,邮件;职位
	v.	投寄;邮寄
postage	n.	邮费
postbox	n.	邮箱
postcard	n.	明信片
postcode	n.	(英)邮政编码
poster	n.	(贴在公共场所的大型)招贴;广告(画)
postpone	v.	推迟,延期
pot	n.	锅,壶,瓶,罐
potato	n.	土豆,马铃薯
potential	n.	潜能;可能性
	adj.	潜在的;可能的
pound	n.	磅;英镑
pour	vi.	倾泻,不断流出
powder	n.	粉,粉末
power	n.	力,动力,电力;权力;势力;强国,大国
practical	adj.	实际的,适用的
practice	n. & v.	练习;练习,实践
practise	v.	练习;实践
praise	n. & v.	赞扬,表扬
pray	v.	祈祷;祈求
precious	adj.	宝贵的,珍贵的
predict	v.	预言;预料
prefer	v.	宁愿(选择),更喜欢
prepare	v.	准备,预备;调制,配制
preserve	v.	保护;保存,保藏;保持,维持
present	adj.	出现的,出席的
	n.	礼物,赠品
	v.	呈奉,奉送
president	n.	总统;主席;会长;校长

press	v.	压,按
	n.	新闻界;出版社
pressure	n.	压迫,压力;压强
pretend	v.	假装,装作
pretty	adj.	漂亮的,俊俏的
	adv.	相当,颇,很,非常
prevent	v.	防止,预防
price	n.	价格,价钱
pride	n.	自豪,骄傲
primary	adj.	初等的;初级的
principle	n.	原则;原理
print	v.	印刷;打印
prison	n.	监狱
private	adj.	私人的
prize	n.	奖赏,奖品
probable	adj.	很可能的,很有希望的
probably	adv.	大概,或许,很可能
problem	n.	问题,难题
produce	v.	生产;制造
product	n.	产品
profession	n.	(需要有高等教育学位的)职业(如医生或律师)
professional	adj.	专业的;职业的;职业性的
	n.	专业人员;职业运动员
professor	n.	教授
programme(美 program)	n.	节目;项目
progress	n.	进步,上进
	v.	进行;进步,进展
project	n.	工程
promise	n. & v.	答应,允诺
promote	v.	促进,发扬;提升;推销
pronounce	v.	发音
proof	n.	证据;证明
proper	adj.	恰当的,合适的
property	n.	财产
propose	v.	提议,建议
protect	v.	保护
protein	n.	蛋白质
protest	n. & v.	抗议,反对
proud	adj.	自豪的;骄傲的

prove	v.	证明
provide	v.	提供
province	n.	省
pub	n.	酒店,酒吧
public	adj.	公共的,公众的
	n.	公众
publish	v.	出版,发行
pull	v.	拉,拖
	n.	拉力,引力
pulse	n.	脉搏;(光、能量、波等的)脉动,搏动
punish	v.	惩罚,处罚
pupil	n.	(小)学生
pure	adj.	纯的,不掺杂的
purpose	n.	目的,意图
purse	n.	钱包
push	n. & v.	推
put	v.	放,摆
puzzle	n.	难题;(字、画)谜
	v.	使迷惑;使为难

Q

qualification	n.	资格;条件
qualify	v.	(使)合格,(使)胜任
quality	n.	质量,性质
quantity	n.	量,数
quarrel	v.	争吵,吵架
quarter	n.	四分之一;一刻钟;季度;住处;军营
queen	n.	皇后,女王
question	v.	询问
	n.	问题
queue	n. & v.	排队
quick	adj.	快;敏捷的;急剧的
	adv.	快地;敏捷地
quiet	adj.	安静的;寂静的
quilt	n.	被子
quit	v.	停止;放弃
quite	adv.	完全,十分
quiz	n.	考查,测验

R

race	n.	种族,民族;赛跑;比赛,竞赛
radar	n.	雷达
radio	n.	无线电;收音机
rail	n.	铁路
railway	n.	铁路;铁道
rain	n.	雨,雨水
	v.	下雨
raincoat	n.	雨衣
raise	v.	使升高;饲养;筹(款);招(兵);集结
rank	n.	等级;地位
	v.	排列;分等
rapid	adj.	快的,迅速的
rare	adj.	罕见的,稀有的
rat	n.	老鼠
rate	n.	比率
rather	adv.	相当;宁可
raw	adj.	生的,未煮过的;未加工的
ray	n.	光辉;光线
reach	v.	到达,伸手(脚等)够到
react	v.	起作用;作出反应
read	v.	读;朗读
ready	adj.	准备好的;愿意的,乐意的;预先准备好的,现成的
real	adj.	真实的,确实的
reality	n.	现实;实际存在的事物
realise(美 realize)	v.	认识到;实现
reason	v.	评理;劝说
	n.	理由,原因
recall	v.	召回;回想起,记起
	n.	召回;回忆
receipt	n.	收据
receive	v.	收到,得到
recent	adj.	近来的,最近的
reception	n.	接待
recite	v.	背诵
recognise(美 recognize)	v.	认出
recommend	v.	推荐
record	n.	记录;唱片
	v.	录制,记录

recover v.	痊愈；恢复
recycle n. & v.	回收利用
red n.	红色
adj.	红色的
reduce v.	减少，缩减
refer v.	谈到，提及；查阅，参考
reform n. & v.	改革
refund v.	退还；偿还
n.	退款；偿还金额
refuse v.	拒绝，不愿
regard v.	把……看作
regards n.	问候，致意
regret n. & v.	可惜，遗憾；痛惜，哀悼
regular adj.	规则的；经常的
regulation n.	规则，规章
relate v.	有关；涉及
relationship n.	关系
relative n.	亲属，亲戚
adj.	相对的，比较的
relax v.	(使)放松，轻松
release v.	释放；排放
religion n.	宗教
reluctant adj.	不情愿的
rely v.	依靠，依赖
remain v.	余下，留下；保持，仍是
remark n. & v.	评论；话语
remember v.	记得，想起
remind v.	提醒，使记起
remote adj.	遥远的
remove v.	移动，拿走；脱掉(衣服等)
rent n. & v.	租金
repair n. & v.	修理；修补
repeat v.	重说；重做
replace v.	取代
reply n. & v.	回答，答复
report n. & v.	报道，报告
represent v.	代表
republic n.	共和国
request n.	请求，要求的事物
require v.	需求；要求

rescue n. & v.	营救,援救
research n.	研究,调查
reserve n. & v.	储备;预定
resist v.	抵抗,反抗;抗拒;抗(酸),耐(热等)
resource n.	资源;物力,财力
respect v. & n.	尊敬,尊重;方面
respond v.	回答;响应
responsible adj.	负责任的
rest n.	休息;其余的人(物)
v.	休息,歇息
restaurant n.	饭馆,饭店
restroom n.	(公共场所的)盥洗室,洗手间;公共厕所
result n.	结果,效果
v.	发生,导致
resume n.	简历
retire v.	退休
return v.	归还;返回;回报;报答
review v.	回顾;复习
n.	复查;复习;评论
revision n.	复习,温习
revolution n.	革命,变革
reward n.	奖赏
rice n.	稻米;米饭
rich adj.	富裕的,有钱的
ride v.	骑(马、自行车);乘车
n.	乘车旅行
ridiculous adj.	荒唐的,可笑的
right n.	权利
adj.	对,正确的;右,右边的
adv.	正确地;恰恰,完全地
ring v.	(钟、铃等)响;打电话
n.	电话,铃声;环形物(如环、圈、戒指等)
ripe adj.	成熟的
rise v.	上升,上涨;起立
n.	增加,提升;加薪
risk v. & n.	冒险
river n.	江;河;水道;巨流
road n.	路,道路

rob	v.	抢夺,抢劫
robot	n.	机器人
rock	n.	岩石,大石头;摇动,摇滚乐
	v.	摇,摇晃
rocket	n.	火箭
role	n.	角色;作用,任务
roll	v.	滚动,打滚
	n.	面包圈,小圆面包;卷状物
Roman	adj.	罗马的;罗马人的
	n.	罗马人
romantic	adj.	浪漫的
Rome	n.	罗马(意大利首都)
roof	n.	屋顶,顶部
room	n.	房间,室;空间;地方
root	n.	根;根源,起源
rope	n.	绳,索
rose	n.	玫瑰花
rotten	adj.	腐烂的;变质的
rough	adj.	粗糙的;风浪急的;粗暴的;粗野的;粗俗的;粗加工的;粗制的
routine	n.	程序;日常工作;例行程序
	adj.	日常的;例行的
round	adv.	转过来
	prep.	环绕一周,围着
	adj.	圆的;球形的
row	n.	(一)排,(一)行
	v.	划(船)
rub	v. & n.	擦,磨擦
rubber	n.	橡胶
rubbish	n.	垃圾;废物
rude	adj.	无理的,粗鲁的
ruin	n.	废墟,毁坏;灭亡
	v.	毁灭;使破产
rule	n.	规则,规定
	v.	统治;支配
ruler	n.	统治者;直尺
run	vi.	跑,奔跑
	vt.	经营,管理
rush	vi.	冲,奔跑
	vt.	使急速行动;急送

Russia	n.	俄国,俄罗斯
Russian	n.	俄国人;俄语
	adj.	俄国的,俄国人的;俄语的

S

sad	adj.	(使人)悲伤的
safe	adj.	安全的
	n.	保险柜
safety	n.	安全,平安
sail	n.	航行
	v.	航行,开航
salad	n.	色拉(西餐中的一种凉拌菜)
salary	n.	薪金,薪水
sale	n.	卖,出售;廉价出售
salt	n.	盐
same	n.	同样的事
	adj.	同样的,同一的
sand	n.	沙,沙子
sandwich	n.	三明治(夹心面包片)
satellite	n.	卫星
satisfy	v.	满足,使满意
Saturday	n.	星期六
sauce	n.	酱汁;调味汁
save	v.	救,挽救,节省
say	v.	说,讲
scan	v.	快读;扫描
scare	v.	使害怕
scarf	n.	领巾;围巾
scene	n.	(戏剧、电影等的)一场,场景,场面
schedule	n.	时间表,课程表,(火车等的)时刻表;安排表,计划(表)
scholarship	n.	奖学金
school	n.	学校
science	n.	科学,自然科学
scientific	adj.	科学的
scientist	n.	科学家
scissors	n.	剪刀,剪子
scold	v.	责备,训斥
score	n. & v.	得分
	n.	分数;二十,二十个

scream	n.	尖叫
screen	n.	幕,荧光屏
sea	n.	海;海洋
seafood	n.	海鲜,海产食品
search	n. & v.	搜寻,搜查
seaside	n.	海滨
season	n.	季;季节
seat	n.	座位,座
	v.	使就座;有……座位
second	n.	秒
	adj.	第二的;第二次的
	adv.	第二,其次
secret	n.	秘密,内情
secretary	n.	秘书;书记
section	n.	段,部分;部门
secure	adj.	安全的,安心的
see	v.	看见,看到;领会,拜会
seed	n.	种子
seek	v.	寻找,寻求
seem	v.	似乎,好像
seize	v.	抓住(时机等)
seldom	adv.	很少,不常
select	v.	选择,挑选,选拔
self	n.	自己,自我,自身
sell	v.	卖,售
semester	n.	学期;半年
send	v.	打发;派遣,送;邮寄
senior	adj.	年长的,资深的;高年级的
	n.	上级;长辈;高年级生
sense	n.	感觉,意识;意义;意思
sentence	n.	句子
	n. & v.	判决,宣判
separate	v.	使分开,使分离
	adj.	单独的,分开的
September	n.	9月
serious	adj.	严肃的,严重的,认真的
servant	n.	仆人,佣人
serve	v.	招待(顾客等),服务,服役;供应(饭菜);端上
service	n.	服务

set	v.	释放;安置
	n.	装备,设备
settle	v.	安家,定居,解决
several	pron.	几个,数个
severe	adj.	严重的,严厉的;严格的
sew	v.	缝
sex	n.	性,性别
shade	n.	阴凉处,树荫处
shake	v.	(使)动摇,震动
shall	v.	(表示将来)将要,会;……好吗
shame	n.	遗憾的事,羞愧
shape	n.	形状,外形
	v.	使成型,制造,塑造
share	vt.	分享,共同使用
sharp	adj.	锋利的,尖的
shave	v.	刮(脸,胡子)
sheep(复 sheep)	n.	(绵)羊
sheet	n.	薄片,薄板;床单
shelf(复 shelves)	n.	架子;搁板;隔层
shelter	n.	庇护;避难所;遮盖物
	v.	保护;使掩避
shine	v.	发光;照耀
	n.	光泽;阳光
ship	n.	船,轮船
	v.	运送,装运
shirt	n.	男衬衫
shock	vt.	使震惊
	n.	震惊;引起震惊的事件;(医)休克
shoe	n.	鞋
shoot	v.	射击,射中,发射;投(篮);拍摄
shop	v.	买东西
	n.	商店;车间
shopkeeper	n.	店主;零售商人
short	adj.	短的;矮的,短缺的;不足的
shot	n.	射击,开枪,开炮,射击声;子弹
should(shall 的过去时态)	v.	应当,应该,会
shoulder	n.	肩膀;(道路的)路肩
shout	n. & v.	喊,高声呼喊
show	v.	给……看,出示,显示
	n.	展示;演出

shower	n.	阵雨；淋浴
shut	v.	关上，封闭；禁闭
shy	adj.	害羞的
sick	adj.	有病的，患病的；(想)呕吐的
side	n.	边，旁边；面，侧面
sidewalk	n.	(美)人行道(英 pavement)
sigh	n. & v.	叹气，叹息
sight	n.	情景，风景；视力
sightseeing	n.	游览，观光
sign	n.	符号，标记；招牌；标牌
	v.	签(名)；写下
signal	n.	信号，暗号
	v.	发信号
signature	n.	签名
silence	n.	安静，沉默
silent	adj.	静的，无声的
silk	n.	(蚕)丝，丝织品
silly	adj.	傻的，愚蠢的
silver	n.	银
similar	adj.	相似的，像的
simple	adj.	简单的，简易的；单纯的，朴实的；天真的
since	adv.	从那时以来
	conj.	从……以来，……以后，由于
	prep.	从……以来
sincere	adj.	真诚的
sing	v.	唱，唱歌
single	adj.	单一的，单个的
sink	vi.	下沉；消沉
sir	n.	先生，阁下
sister	n.	姐；妹
sit	v.	坐
site	n.	地点；场所
situation	n.	形势，情况
size	n.	尺寸；大小
skate	v.	溜冰，滑冰
ski	n & v.	滑雪板；滑雪
skill	n.	技能，技巧
skim	v.	浏览；略读
skin	n.	皮，皮肤；兽皮

skirt	n.	女裙
sky	n.	天；天空
slave	n.	奴隶
sleep	v. & n.	睡觉
sleepy	adj.	想睡的，困倦的，瞌睡的
slide	n.	幻灯片
slight	adj.	轻微的，细小的
slim	adj.	苗条的，纤细的
slow	adv.	慢慢地，缓慢地
small	adj.	小的，少的
smart	adj.	灵巧的，伶俐的；(人、服装等)时髦的，帅的
smell	v.	嗅，闻到；发气味
	n.	气味
smile	n. & v.	微笑
smoke	n.	烟
	v.	冒烟；吸烟
smooth	adj.	光滑的；平坦的
snack	n.	小吃
snake	n.	蛇
	v.	蛇般爬行；蜿蜒行进
sneeze	v.	打喷嚏
snow	n.	雪
	v.	下雪
so	adv.	如此，这么；同样
	conj.	因此，所以
soap	n.	肥皂
social	adj.	社会的，社交的
society	n.	社会
sock	n.	短袜
sofa	n.	(长)沙发
soft	adj.	软的；柔和的
soil	n.	土壤，土地
soldier	n.	士兵，战士
solid	adj.	结实的，固体的
	n.	固体
solution	n.	解答；解决(办法)
solve	v.	解决，解答
some	adj.	一些，若干；有些；某一
	pron.	若干，一些

somebody	pron.	某人；有人；有名气的人
someone	pron.	某一个人
something	pron.	某事；某物
sometimes	adv.	有时
son	n.	儿子
song	n.	歌唱；歌曲
soon	adv.	不久，很快，一会儿
sorrow	n.	悲伤，悲痛
sorry	adj.	对不起的，抱歉的；难过的
sound	v.	听起来；发出声音
	n.	声音
	adj.	健康的；健全的；(睡眠等)充分的
soup	n.	汤
source	n.	来源；出处
south	adj.	南(方)的；向南的
	adv.	在南方；向南方
	n.	南；南方；南部
southeast	n.	东南
southern	adj.	南部的，南方的
southwest	n.	西南
souvenir	n.	(旅游)纪念品，纪念物
space	n.	空间
spaceship	n.	宇宙飞船
spare	adj.	空闲的；多余的，剩余的
	v.	分出，腾出(时间，人手)
speak	v.	说，讲，谈话；发言
special	adj.	特别的，专门的
speech	n.	演讲
speed	n.	速度
	v.	(使)加速
spell	v.	拼写
spend	v.	度过；花费(钱、时间等)
spirit	n.	精神
spit	v.	吐唾沫；吐痰
spoil	v.	损害；宠坏，溺爱
spoon	n.	匙，调羹
sport	n.	体育运动，锻炼；(复，英)运动会
spot	n.	斑点，污点；地点
	v.	沾上污渍，弄脏
spread	v.	延伸；展开

spring	n.	春天,春季;泉水,泉
spy	n.	密探,间谍
	v.	当间谍;暗中监视;刺探
square	n.	广场
	adj.	平方的;方形的
stable	adj.	稳定的;牢固的;坚定的
stadium	n.	(露天)体育场
stage	n.	舞台;阶段
stair	n.	楼梯
stamp	n.	邮票
stand	v.	站;起立;忍受
	n.	立场;摊位
standard	n. & adj.	标准(的)
star	n.	星,恒星
stare	v.	盯,凝视
start	v.	开始,着手;出发
starve	v.	饿死
state	n.	状态;情形;国家,(美国的)州
	v.	陈述;声明;说明
station	n.	站,所,车站;电台
statue	n.	雕像
stay	n. & v.	停留,逗留,呆;继续,保持
steady	adj.	稳固的;平稳的
steak	n.	牛排,肉排,鱼排
steal	v.	偷,窃取
steam	n.	汽,水蒸气
steel	n.	钢,钢铁
step	n.	脚步;台阶,梯级
	v.	走;跨步
stick	v.	粘住,钉住;坚持
	n.	木棒(棍);枝条
still	adj.	不动的,平静的
	adv.	仍然,还
stimulate	v.	刺激;激励
stir	v.	搅动;激动
stocking	n.	长筒袜
stomach	n.	胃,胃部
stomachache	n.	胃疼
stone	n.	石头,石料,宝石
stop	n.	停;(停车)站

	v.		停，停止，阻止
store	*n.*		商店
	v.		储藏，存储
storm	*n.*		风暴，暴（风）雨
story	*n.*		故事，小说
stove	*n.*		（供烹饪用的）火炉，煤炉；电炉
straight	*adj.*		一直的，直的
	adv.		一直地，直接地
strait	*n.*		海峡
strange	*adj.*		奇怪的，奇特的；陌生的
strategy	*n.*		战略，策略
strawberry	*n.*		草莓
stream	*n.*		小河；溪流
street	*n.*		街，街道
strength	*n.*		力量，力气
stress	*n.*		压力；紧张
	v.		强调，着重
strict	*adj.*		严格的；严密的
strike	*v.*		打击，侵袭；（钟）鸣；敲（响）
	n.		罢工
string	*n.*		细绳，线，带
strong	*adj.*		强（壮）的；坚固的；强烈的；坚强的
structure	*n.*		结构，构造
struggle	*v. & n.*		斗争，奋斗，挣扎
student	*n.*		学生
study	*v.*		学习；研究
	n.		书房
stupid	*adj.*		愚蠢的，笨的
subject	*n.*		题目；主题，学科；主语；主体
subway	*n.*		地道；地铁
succeed	*v.*		成功
success	*n.*		成功
such	*adv.*		那么
	pron.		（泛指）人，事物
	adj.		这样的，那样的
sudden	*adj.*		突然的
suffer	*v.*		受苦，遭受
sugar	*n.*		糖
suggest	*v. & n.*		建议，提议；暗示，启发
suit	*v.*		适合

	n.	一套(衣服)
suitable	*adj.*	合适的,适宜的
suitcase	*n.*	(旅行用)小提箱,衣箱
sum	*n.*	总数,一笔(钱)
summary	*n.*	摘要,概要
summer	*n.*	夏天,夏季
sun	*n.*	太阳,阳光
Sunday	*n.*	星期日
sunshine	*n.*	阳光
supermarket	*n.*	超级市场
supper	*n.*	晚餐,晚饭
supply	*v. & n.*	供给,供应
support	*v. & n.*	支持,赞助
suppose	*v.*	猜想,假定,料想
sure	*adj.*	确信,肯定
	adv.	(口语)的确,一定,当然
surf	*v.*	作冲浪运动;上网
surface	*n.*	表面
surgeon	*n.*	外科医生
surprise	*v.*	使惊奇,使诧异
	n.	惊奇,诧异
surround	*v.*	围绕,包围
survey	*n. & v.*	调查
survive	*v.*	幸存,活下来;幸免于;比……活得长
sweat	*n.*	汗,汗水
	v.	出汗
sweep	*v.*	扫除,扫
sweet	*n.*	甜食;蜜饯;甜点,糖果
	adj.	甜的;新鲜的;可爱的;亲切的
switch	*n.*	开关
swim	*v. & n.*	游泳;游
system	*n.*	体系;系统

T

table	*n.*	桌子;表格
tablet	*n.*	药片
tag	*n.*	标签
tail	*n.*	尾巴;尾部
tailor	*n.*	裁缝
take	*v.*	拿;拿走;做;服用;乘坐;花费

tale	n.	传说,故事
talent	n.	才能,人才;天才
talk	n. & v.	谈话,讲话,演讲;交谈
tall	adj.	高的
tap	n.	(自来水、煤气等)龙头
tape	n.	磁带,录音带;胶布;透明胶纸
target	n.	目标,靶子,对象
task	n.	任务,工作
taste	n.	品尝,尝味;味道
	v.	品尝,尝味
tax	n.	税,税款
taxi	n.	出租汽车
tea	n.	茶;茶叶
teach	v.	教书,教
team	n.	队,组
teamwork	n.	合作,协同工作
teapot	n.	茶壶
tear	n.	眼泪
	v.	流泪;扯破,撕开
technique	n.	技术;技巧,方法
technology	n.	技术
teenager	n.	(13~19岁的)青少年,十几岁的少年
telephone	v.	打电话
	n.	电话
tell	v.	告诉;讲述;吩咐;识别;辨别
temper	n.	心情;脾气
temperature	n.	温度
temple	n.	庙宇,寺院
temporary	adj.	临时的
tend	v.	照顾,护理;易于,趋于
tent	n.	帐篷
tennis	n.	网球
theory	n.	理论
term	n.	学期;术语;条款
terrible	adj.	可怕的;糟糕的
terrify	v.	使人感到恐怖
test	v. & n.	测试,考查;试验
text	n.	文本,课文
textbook	n.	课本,教科书
than	conj.	比

205

thank	v.	感谢,致谢,道谢
	n.	(复)感谢,谢意
that	adj. & pron.	那,那个
	conj.	引导各类从句
	adv.	那么,那样
theatre(美 theater)	n.	剧场,戏院
then	adv.	当时,那时;然后;那么(通常用于句首或句尾)
theory	n.	理论
therapy	n.	疗法,治疗
there	n.	那里,那儿
	adv.	在那里,往那里;(作引导词)表"存在"
therefore	adv.	因此,所以
these	adj. & pron.	这些
thick	adj.	厚的
thief	n.	窃贼,小偷
thin	adj.	薄的;瘦的;稀的
thing	n.	东西;(复)物品,用品;事情,事件
think	v.	想;认为;考虑
thirsty	adj.	渴的
this	adj. & pron.	这,这个
thorough	adj.	彻底的
those	adj. & pron.	那些
though	conj.	虽然
	adv.	然而
thought	n.	思考,思想,念头
thousand	num.	千
thread	n.	线
threat	n.	威胁
throat	n.	喉咙
through	prep.	穿(通)过,从始至终
	adv.	穿(通)过;自始至终
throughout	prep.	遍及,贯穿
throw	v.	投,掷,扔
thunder	n.	雷
	v.	打雷
thunderstorm	n.	雷雨
Thursday	n.	星期四
thus	adv.	因此;从而;这样;如此
ticket	n.	票;券

tidy	adj.	整洁的,干净的
	v.	弄整洁,弄干净
tie	v.	(用绳,线)系,拴
	n.	领带;绳子;结;关系
tiger	n.	老虎
tight	adj.	紧的
till	conj. & prep.	直到,直到……为止
time	n.	时间;时期,钟点;次,回
timetable	n.	(火车、公共汽车等)时间表;(学校)课表
timid	adj.	胆怯的
tin	n.	(英)罐头,听头
tiny	adj.	极小的,微小的
tip	n. & v.	顶端,尖端;告诫;提示(给)小费
tire	v.	(使)疲劳
tired	adj.	疲劳的,累的
title	n.	标题,题目;头衔;称号
to	prep.	(表示接受动作的人或物)给;对,向,到
toast	n.	祝酒;干杯;烤面包片
	v.	祝酒;烤,烘
tobacco	n.	烟草,烟叶
today	adv. & n.	今天;现在,当前
toe	n.	脚趾
together	adv.	一起,共同
toilet	n.	厕所
tomato	n.	西红柿,番茄
tomb	n.	坟墓
tomorrow	adv. & n.	明天
ton	n.	(重量单位)吨
tongue	n.	舌,舌头;语言
tonight	adv. & n.	今晚,今夜
too	adv.	也,还;又;太,过分;很,非常
tool	n.	工具,器具
tooth(复 teeth)	n.	牙齿
toothache	n.	牙痛
toothbrush	n.	牙刷
toothpaste	n.	牙膏
top	n.	顶部,(物体的)上面
	adj.	最高的;最好的

topic	n.	题目,话题
torch	n.	火把,火炬;手电筒
tornado	n.	龙卷风;飓风
total	adj.	总数的;完全的,全然的
	n.	合计,总计
	v.	合计为
touch	v.	触摸,接触;触动,感动
tour	n. & v.	参观,观光,旅行
tourism	n.	旅游(业),观光(业)
tourist	adj.	旅游的,观光的
	n.	旅游者,观光者
toward(s)	prep.	向,朝,对于
towel	n.	毛巾
tower	n.	塔
town	n.	城镇,城
toy	n.	玩具,玩物
trace	n.	痕迹;踪迹
	v.	跟踪;追溯
track	n.	轨道,田径
trade	n.	贸易
	v.	用……进行交换
trademark	n.	商标
tradition	n.	传统
traffic	n.	交通,来往车辆
tragedy	n.	悲剧
train	n.	火车
	v.	培训,训练
transfer	n.	(公共汽车、飞机等)转移;(工作的)调动;(权力的)移交;(财产的)转让
	v.	转移(地方),(使)换乘;调动(工作);移交(权力、责任等);转让(财产等)
translate	v.	翻译
transport	n. & v.	运输
trap	n.	陷阱
travel	n. & v.	旅行
treasure	n.	金银财宝;财富
	v.	珍爱;珍视
treat	v.	对待,看待
tree	n.	树

tremble	*n*. & *v*.	发抖;摇动
trick	*n*.	诡计;戏法
trip	*n*.	旅行,旅程
trouble	*v*.	使苦恼,使忧虑,使麻烦
	n.	问题,疾病,烦恼,麻烦
trousers	*n*.	裤子,长裤
truck	*n*.	卡车,运货车;车皮
	v.	装车;用货车运
true	*adj*.	真的,真实的;忠诚的
trust	*n*. & *v*.	相信,信任,信赖
truth	*n*.	真理,事实,真相;实际情况
try	*n*. & *v*.	试,试图,努力;审理,审判
T-shirt	*n*.	T恤衫
Tuesday	*n*.	星期二
tunnel	*n*.	隧道;地道;地下通道
turkey	*n*.	火鸡
turn	*v*.	旋转,翻转,转弯;(使)变得;(使)成为
	n.	轮流,(轮流的)顺序
TV(缩)＝television	*n*.	电视;电视机
twice	*adv*.	两次;两倍
twin	*n*.	双胞胎之一
type	*v*.	打字
	n.	类型
typewriter	*n*.	打字机
typhoon	*n*.	台风
tyre(美 tire)	*n*.	轮胎

U

ugly	*adj*.	丑陋的;难看的
umbrella	*n*.	雨伞
uncle	*n*.	叔;伯;舅;姑夫;姨父
under	*adv*. & *prep*.	在……下面,向……下面
underground	*adj*.	地下的
	n.	地铁
underline	*v*.	在……下面划线
understand	*v*.	懂得;理解
uniform	*n*.	制服
union	*n*.	联合,联盟;工会
unit	*n*.	单元;单位
unite	*v*.	联合,团结

universe	n.	宇宙
university	n.	大学
unless	conj.	如果不,除非
unlike	prep.	不像
until	prep. & conj.	直到……为止
up	adv.	向上;在上方;起来
	adj.	上行的;起床的
	prep.	向……上面
update	n. & v.	更新
upon	prep.	在……上面
upset	adj.	心烦的,苦恼的
	v.	使心烦意乱
upstairs	adv.	在楼上,到楼上
up-to-date	adj.	现代的;最新的
urban	adj.	城市的
urgent	adj.	急迫的;紧要的
use	n. & v.	利用,使用,应用
usual	adj.	通常的,平常的

V

vacation	n.	假期,休假
valley	n.	山谷
value	n.	价值;益处
vapour	n.	蒸汽
variety	n.	种种,种类
various	adj.	各种各样的,不同的
vary	v.	改变;变化
vase	n.	(花)瓶;瓶饰
vast	adj.	巨大的,广阔的
vegetable	n.	蔬菜
vehicle	n.	交通工具
very	adv.	很,非常
	adj.	(加强语气)就是,正是
vest	n.	背心,马甲
victim	n.	牺牲品;受害者
victory	n.	胜利
video	n.	录像;视频
view	n.	看法,见解;风景,景色
	v.	观看;看待
village	n.	村庄,乡村

violence	n.	暴力行为
violin	n.	小提琴
virtue	n.	美德,正直的品行,德行
virus	n.	病毒
visa	n.	签证,背签
visible	adj.	可见的;看得见的
visit	n. & v.	参观,访问,拜访
vitamin	n.	维生素
vocabulary	n.	词汇,词汇表
vocation	n.	职业
voice	n.	说话声;语态
volleyball	n.	排球
volunteer	n. & v.	自愿;自愿服务;志愿者
vote	v.	选举;投票
voyage	n.	航行,旅行

W

wage	n.	工资
waist	n.	腰,腰部
wait	n. & v.	等,等候
waiter	n.	(男)侍者,服务生
wake	v.	醒来,唤醒
walk	n. & v.	步行,散步
Walkman	n.	随身听
wall	n.	墙
wallet	n.	皮夹
want	v.	要,想要;需要;缺乏;缉拿,追捕
war	n.	战争
ward	n.	病房,病室;(英)牢房
warm	adj.	暖和的;热情的
warn	v.	警告;告诫
wash	n. & v.	洗涤,洗
waste	n. & v.	浪费
watch	n.	手表,表
	v.	观看,注视,当心
water	n.	水
	v.	浇水
waterfall	n.	瀑布
wave	n.	波,波浪
	v.	挥手,挥动

way	n.	路,路线;方式,手段
weak	adj.	弱的,差的;淡的
wealth	n.	财产,财富
weapon	n.	武器
wear	v.	穿,戴;穿破,磨损;面带;使疲乏;(将胡须、头发)留成……的样子
weather	n.	天气
web	n.	网,网络
wedding	n.	婚礼,结婚
Wednesday	n.	星期三
week	n.	星期
weekend	n.	周末
weigh	v.	称……的重量,重……;考虑;权衡
weight	n.	重量
welcome	adj. & n. & v.	欢迎;受欢迎的
welfare	n.	福利
well	adj.	健康的
	adv.	好地
	n.	井
well-known	adj.	出名的,众所周知的
west	adj.	西的;向西的
	adv.	在西方;向西方
	n.	西部,西方
western	adj.	西方的
wet	adj.	湿的,潮的
whale	n.	鲸
what	adj. & pron.	什么
whatever	adj. & pron.	无论什么,不管什么
wheat	n.	小麦
wheel	n.	轮
	v.	滚动,转动;用车运
when	conj. & adv. & pron.	什么时候
whenever	conj. & adv.	无论何时
where	adv. & conj. & pron.	在哪里
wherever	conj. & adv.	无论在哪里
whether	conj.	是否
which	adj. & pron.	那(哪)一个(些)
while	conj.	而,然而;在……的时候,正当……时;虽然,尽管
	n.	一会儿

whisper	n. & v.	低声说;耳语;密谈
whistle	n.	口哨
	v.	吹口哨
white	adj.	白色的
	n.	白色
who	pron.	谁
whoever	pron.	无论谁;究竟是谁
whole	adj.	整个的
whom	pron.	who 的宾格
whose	pron.	谁的
why	adv.	为什么
wide	adj.	宽的
wife	n.	妻子
wild	adj.	野生的;荒凉的
wildlife	n.	野生动物
will	n.	意志;遗嘱
	aux. v.	将,会
willing	adj.	乐意的;愿意的
win	v.	获胜
wind	n.	风
window	n.	窗户,视窗
wine	n.	酒
wing	n.	机翼;翅膀
winter	n.	冬天,冬季
wipe	v. & n.	擦;擦净
wire	n.	电线
wisdom	n.	智慧
wise	adj.	聪明的,明智的
wish	n.	愿望,祝愿
	v.	希望,想要;祝愿
with	prep.	关于;带有;以;和;用;有
withdraw	v.	收回;撤退
within	prep.	在……里面
without	prep.	没有
witness	n.	目击者;见证人
	v.	目击
wolf	n.	狼
woman	n.	妇女,女人
wonder	v.	对……疑惑,想知道
wonderful	adj.	美妙的,精彩的;太好了

wood	n.	木头,木材;(复)树林
wool	n.	羊毛
word	n.	词,单词;话;消息,音讯
work	n.	工作,劳动;著作,作品
	v.	工作;(机器等)运转,活动
world	n.	世界
worm	n.	蠕虫
worry	n.	烦恼,担忧
	v.	担心
worth	adj.	有……的价值,值得……的
would	aux.v.	will 的过去式
wound	n.	创伤,伤口
	v.	伤,伤害
wrap	v.	包;裹
wreck	v. & n.	(船等的)失事,遇难
wrinkle	n.	皱纹
wrist	n.	手腕
write	v.	写;写作
wrong	adj.	错误的;不正常的;有毛病的
	n.	不公正,冤屈

X

X-ray	n.	X射线;X光

Y

yard	n.	码;院子;场地
year	n.	年
yellow	adj.	黄色的
yes	adv.	是,好,同意
yesterday	n. & adv.	昨天
yet	adv.	尚,还,仍然
young	adj.	年轻的
youth	n.	青春;青年

Z

zebra	n.	斑马
zero	n. & num.	零;零度;零点
zip	v. & n.	拉开(或扣上)……的拉链;拉链
zone	n.	区域;范围
zoo	n.	动物园

附：

Ⅰ. 人称代词、物主代词、反身代词表

人 称 代 词

人 称	单 数		复 数	
	主格	宾格	主格	宾格
第一人称	I	me	we	us
第二人称	you	you	you	you
第三人称	he	him	they	them
	she	her		
	it	it		

物 主 代 词

物主代词 \ 单复数	单 数			复 数		
	第一人称	第二人称	第三人称	第一人称	第二人称	第三人称
形容词性物主代词	my	your	his / her / its	our	your	their
名词性物主代词	mine	yours	his / hers / its	ours	yours	theirs

反 身 代 词

人 称	单 数	复 数
第一人称	myself	ourselves
第二人称	yourself	yourselves
第三人称	himself	themselves
	herself	themselves
	itself	themselves

Ⅱ. 不规则动词表

Infinitive 不定式	Past Tense 过去式	Past Participle 过去分词
awake	awoke, awaked	awoken
be	was/were	been
bear	bore, borne	born
beat	beat	beaten
become	became	become
begin	began	begun
bend	bent	bent
blow	blew	blown

Infinitive 不定式	Past Tense 过去式	Past Participle 过去分词
break	broke	broken
bring	brought	brought
broadcast	broadcast, broadcasted	broadcast, broadcasted
build	built	built
burn, burnt	burned, burnt	burned
burst	burst	burst
buy	bought	bought
cast	cast	cast
catch	caught	caught
choose	chose	chosen
come	came	come
cost	cost	cost
cut	cut	cut
deal	dealt	dealt
dig	dug	dug
dive	dived;(美)dove	dived
do	did	done
draw	drew	drawn
dream	dreamt, dreamed	dreamt, dreamed
drink	drank	drunk
drive	drove	driven
eat	ate	eaten
fall	fell	fallen
feed	fed	fed
feel	felt	felt
fight	fought	fought
find	found	found
fit	fitted, fit	fitted
fly	flew	flown
forbid	forbade	forbidden
forecast	forecast, forecasted	forecast, forecasted
foresee	foresaw	foreseen
forget	forgot	forgotten
freeze	froze	frozen

Infinitive 不定式	Past Tense 过去式	Past Participle 过去分词
get	got	got；(美)gotten
give	gave	given
go	went	gone
grow	grew	grown
hang	hung, hanged	hung, hanged
have, has	had	had
hear	heard	heard
hide	hid	hidden
hit	hit	hit
hold	held	held
hurt	hurt	hurt
keep	kept	kept
know	knew	known
lay	laid	laid
lead	led	led
learn	learnt, learned	learnt, learned
leave	left	left
lend	lent	lent
let	let	let
lie	lay	lain
light, lit	lighted, lit	lighted
lose	lost	lost
make	made	made
mean	meant	meant
meet	met	met
pay	paid	paid
put	put	put
read	read/red/	read/red/
rebuild	rebuilt	rebuilt
ride	rode	ridden
ring	rang	rung
rise	rose	risen
run	ran	run
say	said	said

Infinitive 不定式	Past Tense 过去式	Past Participle 过去分词
see	saw	seen
sell	sold	sold
send	sent	sent
set	set	set
shake	shook	shaken
shine	shone	shone
shoot	shot	shot
show	showed, shown	showed
sing	sang, sung	sung
sit	sat	sat
sleep	slept	slept
slide	slid	slid
smell	smelt, smelled	smelt, smelled
speak	spoke	spoken
speed	sped, speeded	sped, speeded
spell	spelt, spelled	spelt, spelled
spend	spent	spent
spread	spread	spread
spring	sprang, sprung	sprung
stand	stood	stood
steal	stole	stolen
strike	struck	struck, stricken
swim	swam	swum
take	took	taken
teach	taught	taught
tear	tore	torn
tell	told	told
think	thought	thought
throw	threw	thrown
understand	understood	understood
wake	woke, waked	woken, waked
wear	wore	worn
win	won	won
write	wrote	written

Ⅲ. 基数词和序数词表

基　数　词		序　数　词	
1	one	1st	first
2	two	2nd	second
3	three	3rd	third
4	four	4th	fourth
5	five	5th	fifth
6	six	6th	sixth
7	seven	7th	seventh
8	eight	8th	eighth
9	nine	9th	ninth
10	ten	10th	tenth
11	eleven	11th	eleventh
12	twelve	12th	twelfth
13	thirteen	13th	thirteenth
14	fourteen	14th	fourteenth
15	fifteen	15th	fifteenth
16	sixteen	16th	sixteenth
17	seventeen	17th	seventeenth
18	eighteen	18th	eighteenth
19	nineteen	19th	nineteenth
20	twenty	20th	twentieth
21	twenty-one	21st	twenty-first
22	twenty-two	22nd	twenty-second
23	twenty-three	23rd	twenty-third
30	thirty	30th	thirtieth
40	forty	40th	fortieth
50	fifty	50th	fiftieth
60	sixty	60th	sixtieth
70	seventy	70th	seventieth
80	eighty	80th	eightieth
90	ninety	90th	ninetieth
100	one hundred	100th	one hundredth
101	one hundred(and)one	101st	one hundred and first
102	one hundred(and)two	102nd	one hundred and second
300	three hundred	300th	three hundredth

续表

基 数 词		序 数 词	
1 000	one thousand	1 000th	thousandth
3 000	three thousand	3 000th	three thousandth
10 000	ten thousand	10 000th	ten thousandth
1 000 000	million	1 000 000th	millionth

图书在版编目（CIP）数据

2020年上海市普通高等学校面向应届中等职业学校毕业生招生统一文化考试考试说明：语文·数学·外语／上海市教育考试院编—上海：复旦大学出版社，2019.11
ISBN 978-7-309-14692-9

I．①2… II．①上… III．①语文课－高等职业教育－入学考试－考试大纲②数学课－高等职业教育－入学考试－考试大纲③外语课－高等职业教育－入学考试－考试大纲 IV．①G632.474

中国版本图书馆CIP数据核字（2019）第232257号

2020年上海市普通高等学校面向应届中等职业学校毕业生
招生统一文化考试考试说明：语文·数学·外语
上海市教育考试院　编
责任编辑：宋文涛　袁乐琼

复旦大学出版社有限公司出版发行
上海市国权路579号　邮编：200433
网址：fupnet@fudanpress.com　　http://www.fudanpress.com
门市零售：86-21-65642857　　团体订购：86-21-65118853
外埠邮购：86-21-65109143
印刷厂：上海斯迈克彩印包装厂

开本　787×1092　1/16　印张 14.25　字数 346 千
2019 年 11 月第 1 版第 1 次印刷
印数 1-5000

ISBN 978-7-309-14692-9/G·2041
定价：36.00元

如有印装质量问题，请向复旦大学出版社有限公司发行部调换。
版权所有　　侵权必究